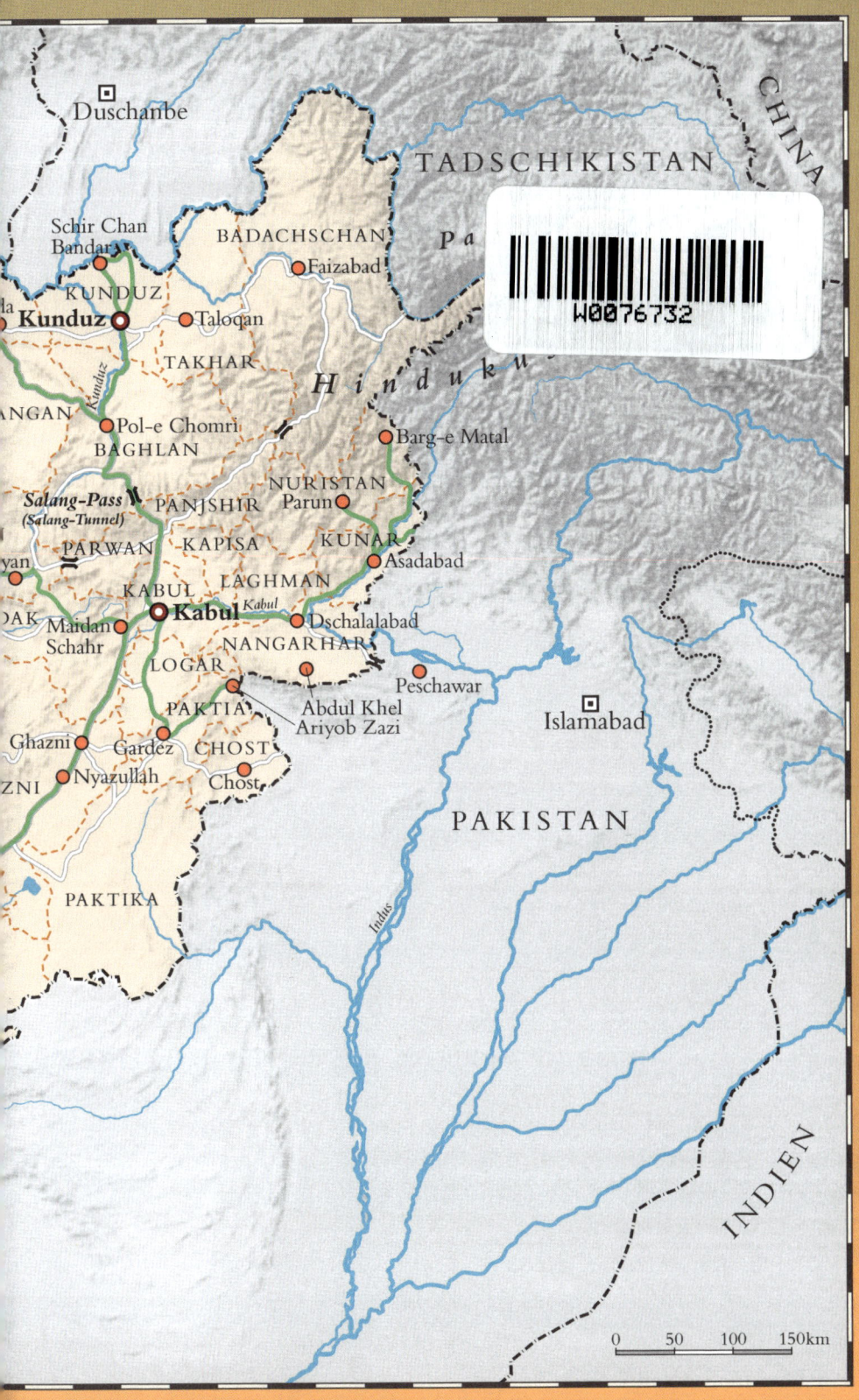

CHRISTOPH REUTER
»WIR WAREN GLÜCKLICH HIER«

CHRISTOPH
REUTER

»WIR WAREN
GLÜCKLICH HIER«

Afghanistan nach
dem Sieg der Taliban

Ein Roadtrip

Deutsche Verlags-Anstalt

Für Bente

Penguin Random House Verlagsgruppe FSC® N001967

1. Auflage
Copyright © 2023 by Deutsche Verlags-Anstalt, München
in der Penguin Random House Verlagsgruppe GmbH,
Neumarkter Str. 28, 81673 München,
und SPIEGEL-Verlag Rudolf Augstein GmbH & Co. KG,
Hamburg, Ericusspitze 1, 20457 Hamburg
Karte: Peter Palm, Berlin
Umschlaggestaltung: Büro Jorge Schmidt, München
Umschlagabbildungen: Juan Carlos / DER SPIEGEL
Satz: KCFG – Medienagentur, Neuss
Druck und Bindung: GGP Media GmbH
Printed in Germany
ISBN 978-3-421-07005-0

www.dva.de

INHALT

VORWORT

Manchmal hörten wir nachts die Goldschakale heulen. Ihre heiseren, hohen Laute klangen wie herangewehtes menschliches Gelächter. Als sei da irgendwo in der Ferne ein ausgelassenes Fest im Gange – in der Wüste von Nimruz im Südwesten, an den verschneiten Berghängen von Nuristan im Nordosten.

Da feierte niemand. Doch die akustische Fata Morgana hatte etwas Symbolisches. Je länger ich durch Afghanistan reiste, desto unlösbarer verstrickt in Täuschungen und Illusionen ist mir das Land erschienen. Nicht erst jetzt, sondern schon vor zehn, 20 Jahren. Nun aber, seit dem jähen Sieg der Taliban im August 2021, eröffnete sich eine Möglichkeit, die im Drama um den chaotischen Abzug der letzten ausländischen Truppen weitgehend untergegangen war: Wir konnten plötzlich überallhin. Ganz Afghanistan stand uns offen, zum ersten Mal seit 20 Jahren.

Wer sich früher nur in der Blase Kabul aufhielt, merkte nicht unbedingt, wie Afghanistan für uns immer kleiner wurde. Drei Jahre lang, von 2008 bis 2011, lebte ich in Kabul, und schon damals schrumpfte das Land. Immer weniger Provinzen, Straßen waren noch bereisbar, ohne Anschläge und Entführung zu riskieren. Im Sommer 2021, Wochen vor ihrem Untergang, blieben von der Republik Afghanistan noch das Pandschschir-Tal, die Route von Kabul nach Pakistan und ein halbes Dutzend Stadtstaaten, die mit Inlandsflügen verbunden waren.

Was aber taten, dachten, wollten die Menschen im riesigen Rest des Landes?

Nun hatten die Taliban gesiegt, war das westliche Projekt, ein demokratisches, friedliches Afghanistan aufzubauen, krachend gescheitert, wäre jeder Drehbuchschreiber gefeuert worden für einen Plot, in dem 20 Jahre Militärintervention, Zigtausende Tote und mehr als 1000 Milliarden Dollar das Land in einem gigantischen Looping wieder dorthin zurückgeschleudert hatten, wo es schon 2001 stand: beherrscht von kruden Radikalen. Die diesmal tatsächlich ganz Afghanistan einnahmen. Und es seither kontrollieren.

Wie konnte das geschehen sein?

Es gab keine einfache Antwort, aber uns tat sich eine grandiose Möglichkeit auf: losfahren und dann immer weiter, so weit wir kämen, bevor das kostbare Zeitfenster sich wieder schließen würde. Bevor die Taliban keine Journalisten mehr ins Land ließen oder ein erneuter Bürgerkrieg das Reisen unmöglich machen würde. Mehrere Monate lang war ich, waren wir ab September 2021 unterwegs durch ein verwirrtes Land: in die unwirtlichen Felsgebirge Zentralafghanistans, die Wüsten des Südens, Kunduz und die Ufersümpfe des Pandsch-Flusses im Norden, die sagenumwobenen Bergwälder Nuristans im Osten, wo die Alten noch die vorislamischen Götterstatuen ihrer Vorfahren im Keller aufbewahren und alle Dschihadistentruppen von al-Qaida bis zum »Islamischen Staat« seit Jahren die Zufahrtswege blockierten.

Davon, vor allem, handelt dieses Buch: ein Roadtrip durchs neue Emirat der Taliban. Jede dieser Reisen hatte ein Ziel,

aber nicht minder aufschlussreich waren die endlosen Fahrten dorthin: die verwunderte Einsicht von Dorfbewohnern,
jahrelang die Anwesenheit der Ausländer verflucht zu haben
und nun erst zu merken, dass die ja drei Viertel des Staates
finanziert hatten; abendliche Gespräche in kleinen Restaurants und ländlichen Herbergen über die großen Themen:
Wollten wir die Taliban? Was überhaupt haben wir gewollt?
Was machen wir nun, da wir auf uns allein gestellt sind?

Überall erlebten wir selbstlose Güte und Großzügigkeit,
unglaublichen Mut, ebenso rabiate Gier, Verschwörungsglau-
ben, Missgunst. Die Begegnungen waren wie die Landschaft,
nackte Felsberge, smaragdgrüne Täler, gleißende Wüsten
und Zedernwälder, ein steter Wechsel der Extreme.

Wir trafen auf Taliban, die mit flirtendem Lächeln an-
boten, unser Gepäck zu tragen. Andere schlugen auf uns ein
und drohten mit Erschießung, sollten wir Bilder von ihnen
veröffentlichen. Lokale Kommandeure hielten uns immer
wieder stundenlang fest, schlicht weil sie es konnten. Lauter
widersprüchliche Facetten, aber gemeinsam ergaben sie ein
Abbild der Realität.

Bereits 2002, auf meiner ersten Reise durch Afghanistan,
war ich einer abstrusen Nachricht des Pentagon nachgegan-
gen. Die US-Luftwaffe sei in der entlegenen Provinz Uruzgan vom Boden aus unter Beschuss geraten, habe in Notwehr mehrere Dörfer zu Trümmern geschossen. Ich fuhr
hin, als einziger Journalist, und vor Ort zeigte sich Schicht
um Schicht, was wirklich geschehen war: ein Blutbad auf
Bestellung der lokalen US-Verbündeten, die ihre eigenen
Rechnungen zu begleichen hatten und dessen Opfer den
amerikanischen Militärs vorher nicht einmal bekannt gewesen waren. Doch im Krieg brauchten die USA Feinde und

stellten keine Fragen. Es war ein Menetekel des späteren Scheiterns.

Die Ausländer hatten zwei Jahrzehnte lang dem Wunschbild eines demokratischen Staates nachgejagt, das nicht funktionierte, ja von dem sie nicht einmal wussten, wie sie es erreichen sollten. Viele Afghanen verstanden nicht, was die Ausländer wollten, hingen der irrigen Annahme an, dass diese Fremden auf ewig blieben und finstere Pläne hegten. Aufeinanderfolgende afghanische Regierungen plünderten vollkommen ungeniert den eigenen Staat und dachten gar nicht daran, sich für ihn verantwortlich zu fühlen. Die Taliban wiederum glaubten, dass sie die Ausländer vertreiben könnten, jene aber weiterhin den Unterhalt Afghanistans finanzieren würden. Illusionen auf Kollisionskurs.

Durchs Land zu rollen, hält die Perspektive auf Augenhöhe. Das macht es nicht einfacher, aber das Bild nuancierter. Seit Theodor Fontanes Ballade »Das afghanische Trauerspiel« von 1858 kommen Bücher über Afghanistan vor allem in den letzten Jahrzehnten mit demselben Trauerflor daher: Nur noch zum Weinen komme Gott nach Afghanistan, dem dunklen Land der Misere, der Verlierer, des Endes. Ein Reigen der Abgesänge.

Nicht, dass diese Analyse grundsätzlich falsch wäre. Aber dennoch fehlt ihr etwas: eine Erklärung, warum Millionen Afghanen und selbst Afghaninnen trotz allem an ihrem Land hängen. Warum es zig Reisende, Bleibende auf Zeit in seinen Bann gezogen hat.

Und die Antworten darauf, warum überhaupt alles so gekommen ist. Was dazu geführt hat, dass alles so tödlich, so teuer vermasselt wurde. Und was jetzt aus Afghanistan wird.

Ich glaube, die Gründe dafür sind so zahlreich und manchmal auch so absonderlich, dass erst eine Reise ins Innere dieser Welt eine halbwegs unvoreingenommene Annäherung ermöglicht.

In den Schilderungen der Fahrten sind stets »wir« unterwegs, was wechselnde Begleiter umfasst: Fotografen, Übersetzer, Rechercheure, die mit dem leicht irreführenden Titel »Fixer« bezeichnet werden, womit keine Drogenabhängigen gemeint sind, sondern als Entlehnung aus dem Englischen jene, die Termine, Genehmigungen, Zugänge »fixen«. Dazu kommen in einigen Fällen weitere Reporter und Fahrer. Manchmal waren wir zu zweit unterwegs, meist zu dritt oder viert. Manchmal wuchs unsere Reisegruppe noch weiter an, wie auf dem irren Trip in die Berge von Daikundi, auf dem wir die Fahrer und Besitzer unserer beiden nacheinander kollabierten Wagen nicht für Tage im Nirgendwo zurücklassen wollten, sondern mitnahmen, zusätzlich zum Fahrer des nächsten Gefährts, was uns schlussendlich dazu brachte, einen Bus zu nehmen.

Nur allein unterwegs war ich nie in Afghanistan.

Und für weitere Passagiere ist noch Platz.

Suchen Sie sich also einen Platz zwischen wackelnden Sitzbänken, Gepäck und Trockenobst. Vergessen Sie die Sicherheitsgurte. Die Fahrt wird rau, traurig, manchmal von rabenschwarzer Heiterkeit, aber eines nicht: langweilig.

KAPITEL 1

Schmachtende Blicke, entsicherte Gewehre im neuen »Emirat Afghanistan«

Von Mazar-e Scharif bis Kabul; September 2021

Die Sonne ging langsam unter im Schilf über dem breit und ruhig dahinfließenden Amudarja. In einer halben Stunde würden die usbekischen Grenzer ihren Posten schließen. Es war ruhig, außer uns war niemand mehr gekommen am frühen Abend des 3. September 2021. Keine Schlange von Einreisenden markierte den Weg, erst eine müde Grenzerin musste uns zeigen, wo wir uns anstellen sollten. Ein paar Meter noch über sommerdürres Gras, dort wartete vor der Brücke der Fahrer eines Kleinbusses und freute sich über zwei letzte Passagiere.

Dann begann die 800 Meter lange Fahrt über die »Brücke der Freundschaft« des großen, sonst belebten Grenzübergangs Hairatan ganz im Norden Afghanistans. Jetzt lag er beinahe verlassen da. Die Brücke war einst gebaut worden von der Sowjetarmee, deren letzter Weg beim Abzug 1989 hier entlanggeführt hatte. Als Allerletzter hatte Generalleutnant Boris Wsewolodowitsch Gromow ihre nördliche Hälfte zu Fuß überquert. Monate später war die Berliner Mauer gefallen, die Sowjetunion implodiert, Afghanistan in Vergessenheit geraten, von den Bürgerkriegsmilizen zerlegt, von den Taliban erobert, 2001 verloren und nun abermals erobert worden.

Unser Kleinbus rollte vorbei an einigen usbekischen Soldaten, dann weiter über die menschenleere Mitte der Brücke, auf der einige verlassene Fahrzeuge den Fahrer zum Slalomkurs nötigten. Es war ein vollkommen legaler Grenzübertritt, ich hatte ein gültiges Visum, wenn auch ausgestellt von der just untergegangenen Republik Afghanistan. Aber ein jähes flaues Gefühl durchzog mich. 19 Jahre lang, seit ich das erste Mal in Afghanistan gewesen war, bedeutete eine Begegnung mit den Taliban wahlweise Lebensgefahr und Entführung oder zumindest eine mühsam verhandelte, konspirative Begegnung, deren Ausgang nie sicher war.

Doch nun war die Begegnung unausweichlich.

Und da standen sie: langbärtig und vor allem langhaarig, manche mit üppigen Locken, bewaffnet und lächelnd. Am Brückengeländer lehnten zwei junge Kämpfer und fotografierten sich gegenseitig im Sonnenuntergang, als sie uns vorbeirollen sahen. Einer schaute herüber mit Augenaufschlag und einem breiten, schmachtenden Lächeln. Eine jähe Geste, als seien wir die erwarteten Gäste einer frivolen Party. Es war absurd.

An der Grenzstation Hairatan warteten zwei LKWs auf Abfertigung. Die Gebäude waren beim Kollaps der alten Regierung fast gänzlich intakt geblieben. Nur das Glas einer Zwischentür war gesplittert. In der Passstube residierte ein stämmiger Kämpfer mit regloser Miene und fast schulterlangem, gescheiteltem Haar, das nach vorn in zwei Spitzen auslief, ungefähr im Stil einer Doris-Day-Perücke. Auf dem Kopf saß die strassbesetzte Kappe im paschtunischen Stil, darüber trug der Mann noch eine Oakley-Sonnenbrille. Gemächlich blätterte er durch die Pässe, trug die Daten eines Lastwagens in eine große Kladde ein, ließ sich Namen und Geburtsorte der Journalisten vorlesen.

Mein Visum für den Grenzübertritt war vom Personal der afghanischen Botschaft in Dubai ausgestellt worden, das sich noch der untergegangenen Republik Afghanistan verpflichtet fühlte. Auch der Einreisestempel war noch ohne Hoheitsabzeichen der Islamisten. Das störte niemanden.

Einer der Männer führte uns zum Röntgengerät für das Gepäck, wo allerdings niemand ernsthaft auf den Monitor schaute, auch durchsucht wurde hier nichts. »Können wir Ihre Taschen tragen?«, fragte stattdessen der Kämpfer. Bis auf den Chef mit dem Stempel und der Sonnenbrille waren alle sehr jung, unsicher, verhielten sich bemüht zuvorkommend. Als stünde man an der Rezeption eines verstaubten Grandhotels, dessen Personal die bedauernswerten Umstände durch größere Servicebemühungen wettmachen wollte.

Das nun war die neue Taliban-Herrschaft. Tage zuvor in Kabul waren noch Tausende, manchmal Zehntausende gegen die Mauern und Stacheldrahtrollen rund um den Flughafen angerannt, waren manche niedergetrampelt, angeschossen, verprügelt worden, um die 170 Verzweifelte draußen, 13 US-Marines und zwei britische Soldaten drinnen ums Leben gekommen beim Selbstmordanschlag des »Islamischen Staates«. Der Kreislauf der Angst, der Bilder und Nachrichten von der Angst, die noch größer werdende Panik der Zurückgebliebenen hatten die Lage wie einen Strudel der Apokalypse aussehen lassen.

Dann hatten die Taliban am 31. August auch den Flughafen übernommen, mit der letzten abhebenden amerikanischen Maschine Minuten vor Mitternacht hatten sich die Tore geschlossen, und nun?

Wir waren mit unserer Einreise nicht ins vollkommen Ungewisse gestolpert. Ein paar Kollegen, Kanadier, Schweizer, Australier, US-Amerikaner, waren unbehelligt in Kabul geblieben, die ganze Zeit. Andere hatten die Route über Usbekistan schon ein, zwei Tage vor uns genommen. Um jetzt einreisen zu können, musste man erst in die usbekische Hauptstadt Taschkent fliegen, konnte dann den Expresszug nach Samarkand nehmen und für die letzten fünf Stunden Fahrt ein Taxi. Alles sei ruhig, antworteten die vorgefahrenen Kollegen auf unsere Fragen. Die Taliban hatten Journalisten aus der Kategorie ungläubige Ausländer in die Kategorie offiziell willkommene Gäste gesteckt, insofern galten unsere Erfahrungen nicht unbedingt für den Rest des Volkes.

Dennoch: Was wir sahen und sehen würden in den nächsten Tagen, Wochen, war nicht das Grauen eines Rachefeldzugs – sondern die allgegenwärtige Angst davor, dass er noch kommen werde.

Der unwirkliche Empfang am Grenzposten blieb keine Ausnahme. Am Ausgang des Geländes saß ein Kämpfer mit schwarzem Turban auf einem Bürostuhl und nickte den Vorbeigehenden zu. Dahinter wartete das Taxi. Viele Geschäfte im Ort Hairatan waren geschlossen. Kinder spielten auf den Straßen, Frauen waren kaum zu sehen. An einem Checkpoint stand ein Humvee, einer jener klobigen, breiten Geländewagen, mit denen amerikanische Soldaten seit 2002 in Afghanistan unterwegs gewesen waren. Später hatte die afghanische Armee sie bekommen, und nun hatten die

Taliban sie übernommen. So stand der Humvee nun da, mit Bordkanone und mit Sprühdose aufgetragener Flecktarnmusterung. Die Posten mit AK-47-Gewehren wirkten ratlos, was sie von den ausländischen Journalisten halten sollten, winkten das Taxi einfach weiter.

Die Straße nach Mazar-e Scharif führte durch Dünenlandschaft, an vielen Stellen blockierten Sandwehen die halbe Straße. Die viertgrößte Stadt Afghanistans war innerhalb eines Tages fast kampflos an die Taliban gefallen, ein ganzes Armeecorps hatte nach vorherigen Verhandlungen kapituliert. Vielleicht erklärte das die momentane Milde der neuen Machthaber: Nicht mal die Mosaike ihres Erzfeinds Ahmad Schah Massud an den Kreisverkehren hatten sie bislang zerstört oder übermalt. Massud hatte während der ersten Taliban-Herrschaft in den 1990er-Jahren erfolgreich seine Heimat, das Pandschschir-Tal, ja den ganzen Nordosten Afghanistans gegen deren anrückende Truppen verteidigt. Zwei Tage vor den Terrorangriffen vom 11. September 2001 war er von zwei Selbstmordattentätern von al-Qaida umgebracht worden, was ihn vollends zum Helden aller Gegner der Taliban gemacht hatte. Nun schaute sein Abbild, lächelnd wie stets, auf deren Rückkehr.

Im siebengeschossigen Hotel Ghazanfar wirkte die doppelte Sicherheitsschleuse vor dem Eingang obsolet, waren die einstigen Bombenleger doch nun selbst die Regierung. Die Rezeptionistin, die hier im Juli noch gearbeitet hatte, war verschwunden. Der Rezeptionist fragte, ob man ihn nach Deutschland mitnehmen könne. Wenn nicht jetzt, dann vielleicht auf dem Rückweg?

Kaum in den Zimmern angekommen, krachte minutenlang Gewehrfeuer in den Himmel. Warum die Taliban in die

17

Luft schossen, blieb unklar. Erst kursierte das Gerücht, die letzte Widerstandsbastion im Pandschschir-Tal sei gefallen. Was nicht stimmte. Dann hieß es, die Ernennung der neuen Regierung werde gefeiert. Doch auch die war noch nicht einberufen.

Warum auch immer, die Taliban schossen begeistert selbst mit schwerem Kaliber in den Nachthimmel, in Mazar, Kabul und anderen Städten. Allein ins Emergency Hospital in Kabul wurden nach Angaben der dortigen Ärzte 17 Tote, etwa 40 Verletzte eingeliefert, die von den herabregnenden Geschossen des Freudenfeuers getroffen worden waren.

Nach den Schüssen wurde es still in Mazar-e Scharif. Rund um die berühmte Blaue Moschee, wo sonst im Sommer die Menschen in der Abendkühle flanierten, war es leer. Der Wirt einer Hähnchenbude verweigerte einen Tisch, beim Kebab-Stand um die Ecke war es genauso. Im Emirat war die Sperrstunde angebrochen. Männer mit langen Holzknüppeln gingen durch die Straßen, sagten nichts, ignorierten uns Ausländer.

Noch vor Sonnenaufgang ging es weiter nach Süden, durch die leere Stadt, einen kleinen Umweg nehmend über das außerhalb gelegene Westtor, wo Anfang Juli das Erscheinen eines einzelnen Taliban-Kämpfers die ganze Stadt in Angst versetzt hatte. Jetzt standen dort zwei, schauten kurz in die Autos, winkten uns und alle weiter. Nach einer Viertelstunde begann die Reise durchs Unbekannte. Denn das Land jenseits des Westtors, die Provinz Baghlan und die Berge nördlich vom Salang-Tunnel, Afghanistans wichtigste Nord-Süd-Verbindung, waren seit Jahren, ja anderthalb Jahrzehnten für Westler zu gefährlich gewesen, um dort mit dem Auto durchzufahren. Wer nach Mazar kommen wollte, nahm das Flugzeug, auch viele Afghanen taten es. Soldaten sowieso, aber auch Regierungsangestellte, berufstätige Frauen, Studenten.

Wo die Taliban herrschten, kontrollierten sie die Wege. In den umkämpften Grauzonen errichteten sie immer wieder für Stunden Impromptu-Checkpoints. Wer dort glaubhaft behaupten konnte, Bauer zu sein, hatte nichts zu befürchten. Aber die Taliban kontrollierten die Hände, ob sie schrundig seien wie die eines Bauern. Sie kontrollierten die Telefone, und auch wer keines dabeihatte, machte sich verdächtig.

Die nach Osten hin stetig grüner werdenden Hügel von Baghlan existierten. Aber für mich waren sie lange so unzugänglich gewesen wie die Sageninsel im Ozean. Auch Kunduz, die legendäre Einsatzstadt der Bundeswehr etwas nördlich unserer Route, war jahrelang ein No-Go gewesen, mit dem Auto sowieso. Selbst mit dem Flugzeug sei es keine gute Idee, sagten 2019 unsere beiden afghanischen Rechercheure: »Sobald ihr landet, weiß die ganze Stadt, dass Ausländer angekommen sind.« Offiziell beherrschte damals die Regierung Kunduz, das bereits seit 2015 zweimal für Tage von Taliban überrannt worden war. In Wirklichkeit kontrollierten die Taliban längst alles, was außerhalb der militärischen Stellungen und Zentralen geschah.

Nun rollten wir durch Orte und Städte, die ich 2010 zum letzten Mal gesehen hatte. Pol-e Chomri, die Provinzhauptstadt von Baghlan, war ein müffelndes Kaff wie ehedem, staubig und laut. Aber es fühlte sich aufregend an, dort tatsächlich wieder hinkommen zu können.

Ab hier führte die Straße am Fluss entlang, schlängelte sich langsam hoch in die Berge. Die alte, vertraute Route nach Kunduz, die ich drei Jahre lang bis 2011 immer wieder genommen hatte, als ich für den *stern* als Korrespondent in Kabul lebte, aber das deutsche Interesse eher der Bundeswehr in Kunduz galt. Damals war die Straße noch in gutem Zustand gewesen. Diesmal kamen wir vorbei an zahllosen Stellen, die aussahen wie Schlaglöcher – nur metergroß, tief, markiert mit ein paar Steinen, die man umrunden musste auf kleinen, von zahllosen Reifenspuren markierten Schlenkern durchs Geröll. Es waren zumeist die Krater von Anschlägen der Taliban, die ihre Sprengsätze im Asphalt vergraben oder in Dükern platziert hatten, den kleinen Unterquerungen der Straße für gelegentlich wasserführende Bäche. Damit hatten sie Patrouillen der afghanischen Armee und andere in die Luft gesprengt.

Vielleicht waren es auch die Krater von Luft- oder Drohnenangriffen der US-Truppen, die just einem Auto auf der Straße gegolten hatte. Das war nicht mehr zu erkennen. Ausweislich ihrer Umfahrungen waren die Krater alt. An vielen standen kleine Gruppen von Kindern mit Schaufeln und winkten, als wir zum ersten Mal vorbeikamen. Sie wollten Geld, dafür würden sie die Gruben verfüllen, signalisierten sie mit ihrer Ausrüstung.

Aber sie schaufelten nichts. Auch als wir Wochen, Monate später auf derselben Route weitere Male auf dem Weg nach Kunduz und zurück an ihnen vorbeikamen, standen dieselben Kinder mit denselben Schaufeln neben denselben Gruben. Nichts hatte sich verändert.

Die Explosionen, der Krieg, das waren Veränderungen der Topographie gewesen, die einfach eingebettet wurden ins Dasein, genutzt als Argumentationshilfe, ein paar Afghani von den Autofahrern zu erbetteln. Fast niemand zahlte, jeder kannte die Gruben. Aber offensichtlich hatte auch niemand, weder der Staat noch die Dorfbewohner der Umgebung, Anstrengungen unternommen, die Straße wieder zu reparieren. Die Kinder wären empört gewesen, hätten jemand die Löcher einfach verfüllt und ihnen damit die minimale Chance auf die kümmerlichen Spenden genommen.

Alles, was geschehen war, war eben geschehen. Firmen mit Baggern, riesigen, rauchenden Teermaschinen und Walzen waren irgendwann vor ein, zwei Jahrzehnten gekommen und hatten die Straßen hergerichtet. Schon 2007 fuhr man von Kabul nach Kunduz jenseits der Städte wie auf einer deutschen Bundesstraße. Aber dann war der Krieg gekommen, waren die Taliban näher gerückt, wieder zurückgeschlagen worden, hatten die Herrschaft über die Nacht übernommen, sich tags wieder zurückgezogen, aber die Strecke vermint. Und so waren über die Jahre immer mehr Krater hinzugekommen.

Für mich war es eine Kurvenfahrt des Glücks. Im Mai war ich nach Kabul geflogen. US-Präsident Joe Biden hatte sich festgelegt auf den vollständigen Abzug zum 11. September 2021, eine sonderbare Art, den 20. Jahrestag der furchtbaren Anschläge mit dem endgültigen Eingeständnis der Niederlage zu begehen. Aber ich glaubte, wie viele, dass es zumindest übergangsweise auf eine gemeinsame Regierung der bisherigen Amtsinhaber und der Taliban hinauslaufen werde. Die Millionenmetropole Kabul wäre nicht so leicht zu erobern.

Aber schon im Frühsommer mehrten sich die Anzeichen des Zusammenbruchs: Im Norden kollabierten ganze Provinzen innerhalb von Tagen, in denen zuvor alle paar Jahre ein Bezirk an die Taliban gegangen war. Auf den Korridoren der afghanischen Ministerien breitete sich Unruhe, bald

Panik aus. Ich blieb nicht drei, sondern sieben Wochen lang, verließ Afghanistan Mitte Juli. Einen Monat vor dem Fall.

Als die Taliban Kabul im Verlauf des 15. August 2021 jählings überrannten, war die brennende Frage für mich: Wie jetzt wieder hineinkommen ins Land? Ein erster Versuch zehn Tage später mit dem Evakuierungsflieger der Rettungsorganisation »Kabul-Luftbrücke« endete nach 18 Stunden auf dem Flughafen der Hauptstadt mit der Deportation durchs US-Militär nach Katar. Von dort flog ich zurück nach Berlin, dann nach Taschkent, um im nächsten Anlauf über die usbekische Grenze schließlich in ein dramatisch anderes Land zurückzukommen als jenes, das ich sechs Wochen zuvor verlassen hatte.

Nun rollten wir gespannt gen Süden. Auf der etwa 350 Kilometer langen Strecke bis Kabul lagen überraschend wenige Checkpoints der neuen Machthaber, und an noch weniger von ihnen wurden wir angehalten. Auch hier: junge, sehr junge Taliban, viele mit langem Haar und Blume in der Munitionsweste. Aufgekratzt heiter, dass sie nun die Mächtigen waren. Die meisten posierten gern für Fotos, manche lächelten so strahlend wie die beiden Jungs an der Brücke. Andere schauten staunend und leicht verunsichert auf die Ausländer, die gleichermaßen verunsichert auf sie schauten.

Erst zufällig, in einem Straßenrestaurant gegenüber der Weggabelung hoch ins Pandschschir-Tal, stießen wir auf die Veteranen. Jene Taliban-Einheiten, die seit Tagen das Refugium erobern wollten, wohin sich Versprengte der afghanischen Armee und Geheimdienste zurückgezogen hatten. In den 1990ern hatten die Taliban über Jahre versucht, Pandschschir zu erobern, waren aber stets am Terrain und an den Kämpfern des legendären Kommandeurs Ahmad Schah

22

Massud gescheitert. Al-Qaida hatte ihn kurz vor den Anschlägen des 11. September umgebracht. Nachdem zwei vermeintliche Journalisten in sein Hauptquartier geschleust worden waren, hatten sie ihre angebliche Kamera gesprengt, als das Interview beginnen sollte. Doch auch sein Tod ermöglichte es den Taliban nicht, das Tal einzunehmen, vielmehr waren sie im Laufe der folgenden US-Invasion im ganzen Land besiegt worden.

Pandschschir hatte den Nimbus des Uneinnehmbaren. Nun saßen hier die Elitekämpfer der Taliban, von denen fast jeder ein amerikanisches M4-Sturmgewehr hatte, manche noch mit Prägung »Eigentum der USA«, und gaben sich siegessicher. »Wir haben Amerika geschlagen, in die Flucht getrieben«, verkündete Maulawi Schirawi, Feldkommandeur für den Süden des Tals und Taliban-Polizeichef der Provinz Baghlan. Folglich könne auch der nahe Sieg gegen die Verteidiger des Pandschschir-Tals nicht mehr fern sein, »obwohl das Gelände schon schwierig ist«.

Der Kommandeur, leicht untersetzt, gerade einmal 1,60 Meter groß und mit einem eher unvorteilhaften Brillengestell auf der Nase, sah etwas kurios aus zwischen den weit größeren Kämpfern. Aber seine Autorität schien völlig unangefochten, genauso wie seine sehr eigenwillige Interpretation des amerikanischen Abzugs vor wenigen Tagen.

Die Taliban hatten von drei Seiten angegriffen, waren im Norden über fast 4000 Meter hohe Bergpässe gekommen und hatten dort die Kleinstadt Pariyan erobert. Auch der Weg durch den legendären Salang-Tunnel, die einzige ganzjährig befahrbare Route zwischen Kabul und Nordafghanistan, vor mehr als einem halben Jahrhundert gebaut von der Sowjetunion, war wieder frei. Der Verkehr lief wieder normal, nichts war mehr davon zu merken, dass hier angeblich noch vor Tagen eine Kampfzone gewesen war.

Neben dem kleinen Feldkommandeur saß ein weiterer Emir, der bislang respektvoll geschwiegen hatte, aber nun auch noch mal etwas sagen wollte: »Wir haben sie alle besiegt«, sortierte er ihren Angriff in die große historische Perspektive, »die Amerikaner, die Russen, die Briten! Alle besiegt!« Gut, das mit den Briten war 1842 gewesen und »besiegt« ein etwas weitreichender Terminus dafür, die Expeditionstruppen aller drei Imperien so lange bekriegt zu haben, bis die Regierungen in London, Moskau und Washington irgendwann befanden, genug sei genug. Was war so dringend am Hindukusch zu verteidigen?

Aber immerhin: Vor 180 Jahren war es den Kriegern von Wazir Akbar Khan, 1989 den Mudschaheddin und 2021 den Taliban gelungen, die mächtigsten Streitmächte der Welt aus ihrem Land zu vertreiben. Afghanistan also musste, so hätte man folgern können, seit Generationen ein in sich ruhender Staat sein, wenn doch seine Kämpfer jede Invasionsarmee nach Jahren oder gar Jahrzehnten des Konflikts doch immer wieder zum Abzug nötigen konnten. Eine Nation, deren Volk zusammensteht.

Es war nichts von all dem. Afghanistan war zutiefst zerstritten und gespalten entlang ethnischer und konfessioneller Bruchlinien, zwischen Traditionalisten und Modernisierern, überdies arm gewesen und schlagartig mit dem Wegfall der ausländischen Milliardenzahlungen noch viel ärmer geworden. Afghanistan, das war nun wie ein Schlauchboot auf hoher See, dessen Ventilstöpsel die Taliban gerade herausgezogen hatten und nun voller Stolz hochhielten. Sie hatten gesiegt, sie hatten die Ausländer und deren afghanische Verbündete vertrieben. Sehr viel weiter hatten sie nie gedacht.

Was würde nun werden?

Den Antworten auf die großen Existenzfrage würden wir uns in den kommenden Wochen und Monaten in kleinen Schritten nähern. Fahrend, denn immerhin das war nun möglich, seit jählings das ganze Land bereisbar geworden war.

Unspektakulär verlief unsere weitere Fahrt durch spektakuläre Täler und Gebirgslandschaften, die sich hin zur Schomali-Ebene öffneten, der grünen Oasenlandschaft nördlich von Kabul. Nur just am allerletzten Kontrollposten vor Kabul hieß es plötzlich: »Wo ist Ihr Passierschein?«, die Akkreditierung der neuen Machthaber. Wieder: eine Gang freundlicher Halbwüchsiger mit Gewehren, der 20-jährige Chef telefonierte abwechselnd mit zwei Smartphones. Niemand sprach irgendeine Fremdsprache fließend, nur auf Arabisch gelang bruchstückhaft die Kommunikation.

Pässe, Presseausweise wurden kontrolliert, alle fotografiert, »es dauert nur noch fünf Minuten«. Das hieß es in den folgenden anderthalb Stunden immer wieder, in denen die einreisenden Fremden in der kleinen Hütte des Postens mit Tee und Keksen bewirtet wurden.

Die schlichte Logik, dass man eine materielle Akkreditierung von der Pressestelle in Kabul mangels Flügen nur bekommen könne, indem man nach Kabul fahre, verfing nicht recht. »Noch fünf Minuten.« Weitere Telefonate. In der Zwischenzeit versuchte einer der Jungen, die auf mehrere Anwesende gerichtete Kalaschnikow des Mannes neben ihm mit seinem großen Zeh zu entsichern, zwängte sich ein Wachhabender mit einer Panzerabwehrrakete über der Schul-

25

ter in das winzige Häuschen, führte ein anderer Gebets-
videos auf seinem Handy vor.

Alle lächelten immer wieder verunsichert, als fiele ihnen
sonst nichts ein, was sie mit den Fremden tun könnten. Verhören wäre auch nicht gegangen mangels Sprachkenntnis-
sen, Verprügeln, Fesseln und Verschleppen war nun verboten. Bis schließlich ein Anruf kam, uns ziehen zu lassen.
Hinein nach Kabul, wo der Verkehr schon wieder so chaotisch verlief wie vorher, wo noch weniger Frauen zu sehen
waren als früher und sich die Straßen am Abend rasch leer-
ten. Die Nacht hatte vielerorts schon früher den Taliban gehört, nur lungerten sie jetzt vor den Türen auch mitten in
der Hauptstadt.

An alle Einheiten war offenbar der Befehl ausgegeben
worden: Seid nett zu den Ausländern! Die Taliban fuhren
zwar weiterhin in voller Gefechtsmontur mit Hand am Anschlag durch die Straßen. Aber wenn ein Fotograf per Handzeichen signalisierte, dass sie doch bitte ihre Waffen recken
mögen: bitte, klar. Selbst ein händchenhaltendes Duo vom
Taliban-Geheimdienst, einem Herzstück ihres jahrelangen
Guerillakampfes, von denen der eine mit betrübter Miene
meinte, sie dürften nicht fotografiert werden, ließ sich dann
doch ablichten.

Im ansonsten fast leeren Informationsministerium emp-
fing am Morgen der neue Verantwortliche für ausländische
Medien die Journalisten in perfektem Englisch und mit
geschliffenen Manieren. Die Akkreditierung, gültig für das
gesamte Land, war innerhalb weniger Minuten ausgestellt.
Schneller als früher. Nur brauchte sie damals keiner.

Man warte nun darauf, dass die anderen Beamten zurückkämen, sagte Mohammad Ahmadzai. »Aber ich bin stolz

darauf, meiner Heimat zu dienen!« So viele seien geflohen, sagt der Beamte, der 20 Jahre im pakistanischen Peschawar lebte, »ich nicht«.

Wer nicht kriminell oder korrupt gewesen sei, habe im Emirat nichts zu fürchten. Für Journalisten »sehe ich überhaupt keine Probleme! Höchstens wird es hier oder dort mal Missverständnisse geben.«

Ich dagegen hatte das fortwährend genährte Gefühl, in einem grundsätzlichen Missverständnis unterwegs zu sein.

Dann, als wir noch nicht mal drei Tage im Land waren, erlebten wir abrupt, was der Monate später geschasste Ahmadzai vermutlich auch als »Missverständnis« beschrieben hätte. Ein beinahe tödliches.

Am 6. September 2021 verbreiteten die Taliban morgens die Nachricht, nun endgültig das rebellierende Pandschschir-Tal erobert zu haben. Im Satellitensender Al Jazeera liefen Bilder von Taliban in der Provinzhauptstadt des Tals, auf Twitter welche von triumphierenden Kämpfern in der Residenz von Ahmad Massud, dem Anführer der Pandschschiris und Sohn des legendären Widerstandshelden Ahmad Schah Massud. Doch der Nimbus vom uneinnehmbaren Tal hatte sich als Muster ohne Wert erwiesen.

Denn diesmal war der Kampf offenbar schnell entschieden. Die Siegesmeldung schien zu stimmen, also brachen mehrere Journalistenteams nach Pandschschir auf, auch wir. Bis zum Checkpoint einige Kilometer hinter dem Taleingang verlief die zweistündige Fahrt normal. Die lange Galerie von Märtyrerbildern der Soldaten aus Pandschschir entlang der Straße war mit viel Aufwand zerrissen, übermalt, zerschossen worden.

Am Kontrollposten im Ort Gulbahar herrschte Chaos.

Flüchtende Zivilisten kamen zu Fuß aus dem Tal, Taliban-Kämpfer rollten in Pick-ups herein, ein Kämpfer in Schwarz befahl uns zu warten. Drei Lastwagen, auf denen junge Männer dicht gedrängt auf der Ladefläche standen, kamen vorbei. Fliehende? Gefangene? Wir machten Fotos, filmten, was zuvor an keinem Posten ein Problem gewesen war, im Gegenteil.

Doch hier nun wurde es rasend schnell eines. Gebrüll, ein erstes Handgemenge und der barsche Befehl zu verschwinden. Pandschschir sei eine Gefechtszone. So komplett schien der Sieg nicht zu sein. Die Taliban hatten sich verstolpert in ihren gegenläufigen Wünschen, haltlose Propaganda in die Welt zu setzen und gleichzeitig Journalisten einzuladen, die solchen Meldungen dann nachgingen. Und auch noch dokumentierten, dass alles ein wenig anders war.

Wir kehrten um und fuhren zurück, vorbei an den zerfetzten Märtyrer-Postern, filmten kurz und bemerkten zu spät, dass wir verfolgt wurden. Nun waren sie richtig wütend. Zwei brüllende Geistliche mit Turban und zwei Kindersoldaten mit M16-Gewehren sprangen aus dem Wagen, der uns ausbremste. Einer der Geistlichen versuchte mich am Hemd durchs Fenster aus dem Auto zu zerren. Noch unheimlicher waren die beiden Halbwüchsigen, die mit ihren entsicherten Gewehren zitternd auf uns zielten und mit geübten Tritten gegen die Tür am Aussteigen hinderten.

Heikle Minuten und ein zerrissenes Hemd später ließen sie von uns ab. Aber schon im nächsten Dorf blockierten kurz darauf andere Taliban mit gezückter Kalaschnikow die Straße vor ihrem temporären Hauptquartier, zwangen uns zum Anhalten. Sie waren ruhiger und ließen Handschellen kreisen. Alle Aufnahmen seien sofort zu löschen. Auch ein weiteres Mal im Gelöscht-Ordner. Sonst würden wir festgenommen.

Falls dennoch irgendwo ein Bild oder Video der Szenen am Checkpoint veröffentlicht werde, sei die Konsequenz unausweichlich: »You will go!«, sagte einer der Männer auf Englisch.

»Go?«

»Wir werden euch töten.« Ganz ruhig, als ob er den aktuellen Bußgeldkatalog des Emirats erklärte.

Auch andere Kollegen wurden an diesem Nachmittag festgehalten, bedroht, selbst die Reporter von Al Jazeera aus Katar, obwohl der Golfstaat einer der wichtigsten Verbündeten der Taliban ist. Ein italienischer Journalist, der mit einem Kommandeur unbehelligt in den unteren Teil des Tals gekommen war, wurde am Abend Dutzende Kilometer vom Taleingang entfernt abgepasst, verlor Kamera und Telefon.

Es war sinnlos, den Befehlshabenden zu erklären, lediglich der Taliban-Propaganda gefolgt zu sein. Es war sinnlos, irgendetwas zu erklären. Sie bestimmten, wo die rote Linie verlief, die zu überschreiten sehr rasch gefährlich werden konnte.

Knapp drei Tage im »Islamischen Emirat Afghanistan«, und wir hatten die Spannbreite des neuen Willkommens für Ausländer durchmessen, vom lächelnden Kofferträger bis knapp vor das Erschießungskommando.

Über Monate würde ich bis zum nächsten Sommer quer durchs Land in alle Richtungen unterwegs sein, zwei Drittel der Provinzen durchreisen, ein Dutzend Mal von Taliban festgesetzt, ungefähr ebenso oft freundlich bewirtet werden, mich vor ihnen unterwegs verstecken, mit ihnen streiten, endlos verhandeln, aber mir doch nie sicher sein: Was war echt, was Fassade?

Aber vielleicht war das gar nicht die Frage. Sondern vielmehr ging es darum, was gerade die tagesaktuelle Doktrin war: Was immer an Befehlen aus ihren verschiedenen Machtzentren in Kandahar oder Pakistan kam, das führten sie aus, und waren es noch so extreme Richtungswechsel. »Seid freundlich zu den Ausländern!« Oder: »Verhaftet diese Ungläubigen!« Man könnte es Disziplin nennen. Aber die Männer und ihr Gehorsam wirkten auf mich eher wie eine Sekte.

KAPITEL 2

Ins Herz des Wahnsinns – meine erste Reise nach Afghanistan

Provinz Kandahar, Uruzgan; Juli 2002

Die Meldung klang so abstrus, dass nichts anderes übrigblieb, als hinzufahren. Herauszubekommen, was in den Weilern von Uruzgan, einer hügeligen Steppenprovinz Zentralafghanistans, wirklich geschehen war. Offiziell war ein Militärflugzeug der US-Luftwaffe in der Nacht zuvor auf einem nächtlichen Patrouillenflug vom Boden mit Kalaschnikows angegriffen worden und habe in Notwehr zurückgeschossen.

So vermeldete es das Pentagon am 1. Juli 2002. Es war früh in diesem Krieg, der ja offiziell schon als beendet galt – aber in seiner ganzen mörderischen Wucht erst noch beginnen sollte. Doch diese erste Reise würde mich ins Innerste Afghanistans führen: topographisch, aber mehr noch politisch, hin zum Kern des Scheiterns der gesamten Intervention. Auf den Weg gemacht hatte ich mich wegen der Ungereimtheiten der Notwehrmeldung. Wie hätten Männer mit Kalaschnikows ein Flugzeug treffen sollen? Und wie hätte dessen Besatzung die Quelle der Schüsse lokalisieren können? Was als Verdacht begann, sollte bald eine Lüge offenlegen, die später den vollkommenen Irrsinn des Washingtoner Kalküls zeigte.

Dass die Luftwaffe im Verlauf ihrer erklärten Notwehr vier Dörfer beschossen und bombardiert und dabei fast 50 Menschen getötet hatte, wurde nicht so detailliert übermittelt. Aber auf jeden Fall habe man dort die Taliban und al-Qaida-Terroristen bekämpft.

Die allerdings waren seit Monaten aus der ganzen Provinz Uruzgan verschwunden.

Noch abwegiger erschien, dass die Besatzung eines hoch fliegenden Patrouillenflugs es überhaupt kümmern sollte, wenn jemand am Boden eine Kalaschnikow abfeuert – und dass umgehend mindestens eine AC-130 und ein B-52-Langstreckenbomber die Schützen in der Dunkelheit lokalisieren und angreifen konnten.

Die Berichte der ersten Tage danach wurden etwas detaillierter: So seien auch Flugabwehrwaffen abgefeuert worden, während anderswo erwähnt wurde, dass es sich um missverstandenes Freudenfeuer einer Hochzeitsfeier gehandelt habe. Jedenfalls war eine Brautfeier in dieser Nacht von den amerikanischen Fliegern angegriffen, waren allein dort Dutzende Menschen getötet worden.

Doch der Kern der amerikanischen Geschichte funktionierte nicht. Und kein Journalistenteam hatte sich nach Uruzgan auf den Weg gemacht. Es gab auch in ganz Afghanistan fast keine Überlandstraßen mehr, der Weg von Kabul dorthin dauerte Tage.

So kam ich das erste Mal nach Afghanistan: von Pakistan aus über das im Süden des Landes gelegene Kandahar, was die Strecke auf zwei Tage verkürzte. Kabul war zwar die offizielle Hauptstadt, aber das Straßennetz war ruiniert, Inlands-flüge gab es noch keine. Also fuhren wir von Pakistan aus über den nächstgelegenen Grenzübergang nach Südafghanistan. Damals reiste ich für den *stern*, als dessen Korrespondent ich auch sechs Jahre später nach Kabul ziehen würde.

Das öffentliche Interesse am Geschehen im Land war nach dem kurzen Drama des Krieges, der völligen Niederlage und dem Verschwinden der Taliban in Deutschland schon wieder versandet. Bin Laden war entkommen, von Mullah Omar, dem rätselhaften einäugigen Gründer der Taliban, fehlte jede Spur. Warum also sich noch dafür interessieren, wie es weiterging?

Auch sonst trafen wir auf der ganzen Reise im Süden keine Ausländer. Kandahar, noch bis ein halbes Jahr zuvor das Epizentrum der Taliban, die von hier aus ihren Eroberungszug gestartet hatten, war ein verschlafener, hitzestarrender Ort, dessen neuer Militärkommandeur die ruhige Lage pries. Es sei ruhig weit und breit, in allen Provinzen des Südens, konstatierte er. So ruhig, dass wir nicht recht einsahen, warum wir vier seiner Soldaten und ein zweites Auto mitnehmen sollten. Aber wichtiger war dem Kommandeur vor allem, dass wir die überschaubaren 20 Dollar pro Mann und Tag und 150 für das Auto zahlten.

Unbehelligt rumpelten wir auf kaum markierten Fels-pisten, quälten uns durch mehr als knöcheltiefe Abschnitte puderfeinen Sandes mitten durch die Provinzen Kandahar und Uruzgan, die Heimatprovinz Mullah Omars. Das alte Kerngebiet der Taliban. Nur dass die nicht mehr da waren. »Ach«, sagte am Abend ein Afghane am Feuer eines Rast-hauses in der Steppe: »Ja, bei den Taliban war ich auch! Ja, jetzt ist es vorbei mit denen«, lakonisch, nicht unfroh, denn seither konnte er wieder Opium anbauen. Das hatten die Taliban 2001, im letzten Jahr ihrer Herrschaft, noch rigoros verboten als Versuch, ihrer Regierung internationale Anerkennung zu verschaffen. Es war wohl der letzte Versuch. Anfang März 2001 ließen sie die riesigen Buddha-Statuen in Bamiyan sprengen. Monate später war ihr »Emirat Afghanistan« untergegangen in den US-amerikanischen Angriffswellen in Reaktion auf Osama Bin Ladens Terrorattacken auf New York und Washington.

Nun also wieder Opium, die Preise waren hoch nach dem Ausfall der letzten Ernte. Auf vielen Parzellen entlang der Pisten standen noch die verdorrten Mohnpflanzen, an den parallel laufenden Ritzspuren der Kapseln als abgeerntet zu erkennen. Denn der klebrige Saft, der aus den Schnitten in die grüne Mohnkapsel austrat, war das Opium, das auf diese Weise geerntet wurde. Die Stängel und Kapseln ließ man einfach stehen und verdorren. Auf den Märkten wurde offen Teriyak angeboten, die schwarzbraune, steinhart geronnene Mohnpaste, die sich so jahrelang lagern ließ. Erlaubt war der Mohnanbau nicht, aber verboten auch nicht mehr, denn die Urheber des Verbots waren verschwunden und bauten im Zweifelsfall nun selber wieder Mohn an.

Die Sonne war schon hinter den schroffen Berghängen verschwunden, als wir am Abend des zweiten Tages in De Tschine Kalay ankamen, einem Dorf nur wenige Kilometer südlich der angegriffenen Orte. Dunkelheit erlöste die Menschen von der Hitzestarre des Tages. Mittags hatten mehr als 50 Grad jede Bewegung zur Qual gemacht. Nun kamen die Bewohner aus den geduckten Lehmbauten. Im grünen Innenhof des Dorfobersten von De Tschine versammelten sich die Männer, tranken leise grünen Tee. Ihre Ge-

34

sichter glänzten schemenhaft im Widerschein einer Petroleumlampe, als Niaz Mohammad berichtete, was am Abend des 30. Juni geschehen war.

Während er sprach, ließ unser Fahrer den Motor an, um einen Luftfilter zu kontrollieren. Als er versehentlich auch noch die Hupe berührte, trafen ihn Blicke und Flüche: »Pssst! Nicht so laut! Wenn das die Amerikaner hören! Hinterher bombardieren die uns auch noch.«

So wie sie es mit den Dörfern etwa 30 Kilometer nördlich getan hatten. Nur aus Selbstschutz, ließ das Pentagon später verlautbaren und hat an dieser Version immer festgehalten.

Der 30. Juni 2002 war ein großer Tag gewesen für den 24-jährigen Bauern Abdalmalik aus dem Dorf Kakrak. Er feierte Verlobung. Seine Opiumernte, die erste nach Jahren der Dürre und des Anbauverbots, war so gut gewesen, dass er es sich endlich leisten konnte zu heiraten.

Als am Mittag seine 17-jährige Braut ins Haus kam, entluden die Männer ihre Kalaschnikow-Magazine in den flirrenden Himmel. Zum Feiern war es tagsüber viel zu heiß; nachts erst, als die Temperaturen auf 30 Grad gesunken waren, kochten die Frauen, spielten die Kinder. Gäste aus Kandahar, Kabul, selbst dem pakistanischen Quetta waren angereist.

Während Abdalmalik und seine Gäste in Kakrak feierten, beobachtete ein paar Kilometer südlich in der Kreisstadt Deh Rawud der Bezirksverantwortliche Abdul Rahim vom Dach der Ortskommandantur etwas, was alle Statements des Pentagon jählings zur Makulatur machte: einen Konvoi aus US-Humvees. Denn die waren der rollende Beweis dafür, dass nicht eine Flugzeugbesatzung in Notwehr zurückgeschossen hatte, sondern die Operation schon zwei Tage früher begonnen haben musste. So lange mussten die klobigen Geländewagen von der Basis in Kandahar bis nach Uruzgan gebraucht haben, konnten nicht erst nach dem vermeintlich just erfolgtem Beschuss des US-Flugzeugs entsandt worden sein. Die Mär von der Notwehr also war eine amerikanische Lüge, die vertuschen sollte, warum dieser Angriff eigentlich stattgefunden hatte.

Rahim war beim Erzählen gar nicht klar, welche immense Bedeutung es für die nächtliche Bombardierung hatte, ob ein solcher in den Monaten zuvor nie gesehener Konvoi vor oder nach dem Angriff durchrollte. »Ich habe sie genau gezählt«, gab er an, »15 Wagen, etwa um Mitternacht. Ich dachte erst, sie wollten zu mir, aber sie fuhren vorbei.« Richtung Kakrak, von wo am Mittag das Freudenfeuer der Hochzeitsgäste zu hören gewesen war.

Dort senkte sich eine Stunde später ein ohrenbetäubendes Dröhnen vom nächtlichen Himmel. Langsam, tief und auf einmal so nah, dass Said Gul, ein Nachbar des Bräutigams, es von seinem Dach aus sehen konnte: Ein »fliegendes Schlachtschiff« vom Typ AC-130, eine mit 105-Millimeter-Geschütz und schweren Maschinengewehren umgerüstete Hercules, flog eine langsame Kurve über das Haus, das Dorf. Und eröffnete das Feuer. 1800 Schuss in der Minute können die Gatling-Maschinengewehre abfeuern. »Es hat Tod geregnet«, sagte uns später Baychan, der junge Cousin des Bräutigams, der wie viele Menschen in Afghanistan nur einen Namen trägt.

Die Geschosse durchschlugen Lehmwände und -dächer, Schrapnelle rasten durch Möbel, Decken, zerfetzten allein von der Verlobungsgesellschaft Dutzende Menschen. »Zum

Bestatten haben wir die Hände und Füße gezählt«, erinnerte sich Baychan, denn die seien noch am besten erhalten gewesen. Im halb zerstörten Haus der Nachbarn fanden wir jetzt noch, mehr als eine Woche später, durchsiebte, grotesk deformierte Blechtöpfe, Kessel. Die Toten, mehrere Kinder darunter, waren in ein einziges Grab gebettet worden. Aber was tun mit dem Blut, das überall in den dürren Boden gesickert war? Am Hofrand unter Bäumen hoben sie ein Grab aus und bestatteten darin das Blut.

Nach dem ersten Angriff war das Flugzeug abgedreht – und wiedergekommen, hatte die Fliehenden in die Felder und Aprikosengärten verfolgt, »man hat sie erschossen, obwohl es doch dunkel war«. Wir saßen zusammen mit Said Gul, dem Nachbarn, dessen Blick ins Leere ging, er kehrte zurück in die Erinnerung der Nacht. Dann stand er auf, marschierte vor uns durchs Holz, die Zweige zerkratzten seine Arme: »Da.« Er wandte den Kopf zur Seite, ohne hinzuschauen: »Und da.« Ein kleines Mädchen sei an der ersten Stelle getroffen worden, Said Guls Cousin an der zweiten.

Der Tod hinterließ Spuren. Krater, einen halben Meter tief. Lehmmauern, übersät mit Einschusslöchern. Bäume, in denen armdicke abgeschossene Äste hingen, zerfetzt von Splittern. Im Durchgang zum Innenhof lagen noch 28 Paar Schuhe – Kindersandalen, Frauenschuhe.

Syasang, das zweite Dorf, wenige Kilometer nördlich, wurde Minuten später zum ersten Mal beschossen. Auch hier feierte eine Familie Verlobung, auch hier hatte es ein paar Schüsse aus einer Kalaschnikow gegeben – aber die Attacke der Amerikaner traf den Hof nebenan. »Wir schliefen«, sagte Dschamula, die Großmutter. Auf großen Holzgestellen im Freien lagen sie, ihr Mann, drei Söhne, die Familien zweier ihrer Töchter, ein halbes Dutzend Enkel. Die erste Granate zerstörte die Außenmauer, die nächsten zwei explodierten im Hof, töteten Dschamulas jüngsten Sohn und drei Enkel. Und wieder kehrte das Flugzeug zurück, hinterließ eine Schneise zerfetzter Baumkronen entlang des Baches. 60 Meter weit kam ihre achtjährige Enkelin. Sie starb am Ufer.

Auch in Mazar und Schartoghay, zwei weiteren Dörfern, wurden die Menschen im Schlaf überrascht, Bauern in ihren Häusern, eine Nomadenfamilie in ihrem Zelt. Gegen halb vier morgens war der letzte Luftangriff vorüber. Etwa 50 Menschen waren tot, mehr als 100 verletzt. Niemand wusste, warum dieser Sturm der Vernichtung aus der Luft über sie gekommen war.

Keine Stunde später, so die Aussagen aus allen Dörfern, rückten amerikanische Bodentruppen in die Dörfer ein und mit ihnen afghanische Kämpfer: um die Häuser zu stürmen, Granatsplitter einzusammeln und das gesamte Tal abzuriegeln. Im Morgengrauen landeten zwei Chinook-Hubschrauber, brachten noch mehr Soldaten und evakuierten einige der Schwerstverletzten, ohne dass deren Verwandte erfuhren, wohin sie gebracht wurden. Alle Wege blieben bis zum Mittag gesperrt, kein Verletzter durfte hinaus, kein Arzt hinein.

Die ersten Verwundeten, die am späten Abend Kandahar erreichten, »waren regelrecht entkommen«, sagte ein UN-Diplomat, Koautor eines unter Verschluss gehaltenen Berichts über das Bombardement. Sie hätten ja nicht gewusst, ob die US-Soldaten auch sie umbringen wollten. Der Diplomat war nur bereit zu reden, wenn sein Name nicht genannt werde: »Ich halte das nicht mehr aus. Erst wird die Dorfbevölkerung massakriert, und eine Woche später kommen wir und kündigen freundlich lächelnd an, zum Trost ein paar Brunnen zu bohren. Das ist pervers.«

Noch in der Nacht, als sich die Nachricht vom Angriff verbreitete, brach ein Konvoi aus Vertretern verschiedener UN-Organisationen aus Uruzgan auf. Im Morgengrauen des 2. Juli erreichten sie Kakrak – und sahen die Amerikaner in der Ferne abziehen, »eine ganze Karawane von Geländewagen«, erinnerte sich der UN-Ermittler. »Die Amerikaner wussten die ganze Zeit genau, was dort geschah!«

Auf einer Pressekonferenz des Pentagon erklärte US-Verteidigungsminister Donald Rumsfeld, er könne noch nichts sagen, »denn ich kenne die Fakten nicht«, man könne sie doch noch gar nicht kennen. Sicher sei nur, dass die eigenen Truppen auf feindliches Feuer reagiert hätten. Auch dass dort überhaupt Menschen getötet wurden, bestritt das Pentagon zunächst.

»Aber wenn«, fragte der UN-Ermittler, »dort tatsächlich mit Flugabwehr-Geschützen auf die Amerikaner gefeuert worden wäre, warum haben nicht einmal die US-Truppen Spuren davon gefunden, obwohl sie sofort nach dem Bombardement einrückten?« Auch die Stunden zuvor abgegebenen Kalaschnikow-Schüsse als Flakfeuer zu deuten, stehe in krassem Missverhältnis zum Ausmaß des Angriffs – und erkläre obendrein nicht, wieso Bodentruppen sich schon lange vorher auf den Weg gemacht hatten. Der Angriff auf die vier Dörfer, so schien es, war kein Kollateralschaden. Die Granaten hatten ihre Ziele exakt getroffen. Allein: Es waren die falschen Ziele. Warum?

Als amerikanische und afghanische Bodentruppen im Morgengrauen des 1. Juli einrückten, bestürmten die Überlebenden die Übersetzer. In Mazar antwortete einer, es sei ein Irrtum gewesen. Ein Anrufer habe behauptet, Taliban-Kommandeure seien im Dorf. In Kakrak beteuerte ein anderer Übersetzer, der Gouverneur von Kandahar selbst habe das Blutbad veranlasst. Tage später verurteilte ebenjener Gouverneur Gul Agha Scharzai die US-Angriffe aufs Schärfste. Dabei waren es die Männer seines Geheimdienstchefs Hadschi Gulalai, die in jenen frühen Morgenstunden zusammen mit den Amerikanern eingerückt waren. Wären sie erst nach den Luftangriffen von Kandahar aus aufgebrochen, hätten sie nicht in einer Stunde geschafft, wofür wir zwei Tage, die Krankenwagen einen brauchten.

Die Schergen des Geheimdienstchefs verhafteten drei Männer und plünderten mehrere Häuser, auch das des Bräutigams Abdalmalik, nahmen 18 Kilo Opium mit, über 100 000 pakistanische Rupien – umgerechnet rund 1700 Euro –»und sogar einen Sack Reis«, wunderte sich Abdalmalik: »Sie wussten, dass Geld im Haus war.« Wo geheiratet wird, ist Geld: die Brautgabe und Geschenke oder die Barschaft der Familie, die das Fest bezahlt.

Aber das sei gar nicht der Grund, vermutete der Mann, der zu Tode erschöpft war und doch seit Tagen kaum geschlafen hatte: »Sie sind gekommen, weil wir für Karzai sind. Sie nicht.« Er zeichnete ein Bild, das unübersichtlicher, nuancierter war als das Schwarz-Weiß-Schema der Amerikaner, für die alle Afghanen entweder auf ihrer Seite standen oder Mitglieder der Taliban waren: »Wir sind Popalzai, vom selben Stamm wie Karzai«, sagte Abdalmalik, »wir waren die Einzigen in dieser Gegend, die ihm im Krieg vergangenen Herbst geholfen haben, als er mit seinen Männern hier kämpfte gegen die Taliban.« Als Hilfstruppen der US-Militärs.

Der neue Gouverneur von Kandahar und sein Geheimdienstchef aber waren vom Stamm der Barakzai – alte Rivalen der Popalzai. Außerdem seien beide von der Zentralregierung in Kabul abgesetzt worden – was zu ihrem Unmut beitrug, sie aber nicht weiter kümmerte. »Die zwei sind erbitterte Gegner Karzais. Wenn es irgendeinen Grund gegeben hat, uns zu treffen, dann den, allen zu zeigen, wer hier die Macht hat!«

Und das konnte, nach Ansicht des neuen Herrschers von Kandahar, nur einer sein: er selbst, der schwer beleibte Gul Agha Scharzai, dessen riesiges Hauptquartier in Kandahar schon von Weitem an den bunten, blinkenden Lichterketten erkennbar war, in deren Schein Schwerbewaffnete in Fantasieuniformen auf ausgebauten Autositzen wachten. Gerade hatte er die Gouverneure der übrigen fünf Südprovinzen einbestellt, um eine gemeinsame »Armee des Südens« zu bilden – unter seiner Führung und in Gegnerschaft zur nationalen Armee des neuen Staatsoberhauptes Hamid Karzai, der in Kabul regierte, aber vielfach als »Bürgermeister« der Hauptstadt verspottet wurde.

Sein Kontrahent Gul Agha Scharzai war ein Mann, der seine Zuhörer mit Monologen über sein Hobby, Science-Fiction-Romane, traktierte, sich halbwüchsige »Teejungen« hielt, um sie zu missbrauchen, und sich um Direktiven aus der Hauptstadt nicht scherte.

Wenn überhaupt, würde er sich den US-Truppen fügen. Aber die Amerikaner hatten kein Interesse am Fall Gul Agha Scharzais, im Gegenteil: Er war ihr Mann, ihre Schöpfung. Als die CIA-Späher im Herbst 2001 nach den Feinden ihrer Feinde gesucht hatten, fanden sie ihn, einen der Paten des Schmuggelgeschäfts, in der pakistanischen Grenzstadt Quetta. Er war schon einmal Gouverneur seiner Heimatstadt

Kandahar gewesen, präziser: der mächtigste Warlord der Stadt, bis die Taliban ihn fortgejagt hatten.

Schon im Dezember 2001 war er aus dem Exil zurück- gekehrt – als Anführer einer kleinen Miliz und in Begleitung amerikanischer Special-Forces-Einheiten, die sich in einer verfallenen einst sowjetischen Luftwaffenbasis eingerichtet hatten. Über die kommenden Jahre sollte aus der Trümmer- wüste »Kandahar Airfield« erwachsen, der gigantische Hub der US-Streitkräfte im Süden, die umso mehr auf Luftopera- tionen angewiesen sein würden, je schlechter die Sicherheits- lage in Afghanistan wurde.

Und Gul Agha Scharzai, dessen Name wörtlich übersetzt bedeutete »Ehrwürdiger Herr Blume, Abkömmling des Lö- wen«, lieferte: Land rund um die alte Basis, das seine Män- ner den Bauern wegnahmen. Beton, Kies, Sand, Wasser, Treibstoff, was immer die US-Truppen brauchten.

Doch das Wichtigste, was er liefern konnte im amerikani- schen »war on terror«, der ja weitergehen sollte, auch wenn nun keine Terroristen mehr da waren: Aufklärung. Namen. Aufenthaltsorte. Dass Gul Agha Scharzai nicht nur mit den Taliban verfeindet war, sondern auch mit dem von den USA eingesetzten Präsidenten Karzai, dass die beiden Männer rivalisierenden Stämmen angehörten, interessierte oder stör- te die Besatzer nicht.

Präsident George W. Bush hatte am 20. September, neun Tage nach den Anschlägen auf New York und Washington, das Credo ausgegeben, jedes Land in der Region müsse sich jetzt entscheiden: »Entweder es steht an unserer Seite – oder der Seite der Terroristen.« Für uns oder gegen uns, das galt fortan für alle und jeden. Nun waren die Taliban inner- halb von zwei Monaten gestürzt worden, fast deren gesamte

Führung war abgetaucht, verschwunden, wie weggeschmolzen in der Hitze Afghanistans. Von Osama Bin Laden ganz zu schweigen. Die US-Truppen im Land, allen voran die Special Forces, sollten, ja mussten Feinde liefern. Doch was tun, wenn die Feinde von gestern gar nicht mehr kämpfen wollten, auch keine Anschläge verübten, sondern abwarteten und sondierten, ob sie nach Abgabe aller Waffen ihr ziviles Leben weiterführen konnten?

Dass die USA die Welt nach ihrem Willen formen konnten, hatten die Taliban schmerzhaft gelernt in jenen mörderischen Wochen Ende 2001, als ihre Kämpfer zu Tausenden im Bombenhagel amerikanischer Flugzeuge gestorben waren, ohne auch nur einen gegnerischen Soldaten je gesehen zu haben.

Dass aber die USA nun in gleicher Manier, nur ohne wirkliche Antagonisten fortfuhren, sollte zum Auftakt ihres Untergangs fast zwei Jahrzehnte später werden. Denn diese Vorstellung, man müsse unbedingt weiter Feinde jagen, ging an der Geschichte und Realität Afghanistans vollkommen vorbei. Im Frühjahr und Sommer 2002 hatten die Amerikaner in Afghanistan keine kämpfenden Gegner mehr. Es gab keine organisierten Guerillatrupps, keine Taliban, keine großen Anschläge mehr.

Doch Gul Agha Scharzai und sein Mann fürs Grobe, sein Geheimdienstchef Hadschi Gulalai, sowie andere Warlords halfen gern aus, die US-Truppen mit Angriffszielen zu versorgen. Denn sie hatten Feinde genug: alte Feinde noch aus den Tagen des Bürgerkriegs, künftige Feinde, Konkurrenten, welche Land, Opiumfelder, Macht besaßen, die sie denen gerne abnehmen wollten.

Schon Ende 2001 während der Invasion selbst hatten die

US-Militärs afghanische Warlords zu Subunternehmern gemacht, um die eigenen Verluste gering zu halten. Selbst als solch eine angeheuerte Truppe Osama Bin Laden und seine Entourage gen Pakistan entkommen ließ, änderte sich an diesem Modell nichts. Der damalige US-Verteidigungsminister Donald Rumsfeld wollte nur Truppen nach Afghanistan schicken, um Bin Laden und verbliebene al-Qaida-Kämpfer zu jagen, nicht zur Friedenssicherung. »Nation-building« sei nicht Amerikas Aufgabe, bekundete er.

Auf dem Petersberg bei Bonn hatte im Dezember 2001 die erste Afghanistan-Konferenz stattgefunden, eine Versammlung der Sieger und einiger Monarchisten, die von der Rückkehr des 1973 abgesetzten Königs Zahir Schah träumten. Deutschlands Beitrag zur neuen Ordnung in Afghanistan. Wer schon auf dem Petersberg fehlte und auch künftig bei allen weiteren Runden fehlen würde, waren die Taliban. Niemand wollte sie dabeihaben. Die zaghaften Vorstöße ihrer nach Pakistan geflohenen Führungskader, die kommende Regierung unter Hamid Karzai anzuerkennen, interessierten nicht.

Als fiktionales Drehbuch wäre es vermutlich verworfen worden: zu abgedreht, zu unglaubwürdig. Aber genau dies war der Weg, wie die größte Militärmacht der Welt nach einem federleichten Sieg diesen anschließend selbst zunichtemachte und zwei Jahrzehnte später letztlich geschlagen abzog: sich blindlings abhängig machen von erbittert konkurrierenden Warlords, die man beauftragt, Feinde zu präsentieren, die man wiederum umgehend einäschert und das als Erfolg im Kampf gegen den Terror präsentiert. Auch wenn es eben keine Terroristen sind, sondern Stammesälteste, Lokalpolitiker, Hochzeitsgäste.

So, wie Gul Agha Scharzai im Südosten, machten sich gleich zu Beginn des Krieges Machthaber im ganzen Land die US-Streitkräfte zunutze, um alte Feinde zu bekämpfen und ihren eigenen Einfluss zu festigen. Schon am 22. Oktober 2001 war das Dorf Schokar Kariz nordöstlich von Kandahar bombardiert worden, 45 Zivilisten starben. Eine halbe Stunde nachdem ein weißer Toyota mit Scheinwerfern jene Häuser angeleuchtet hatte, die später angegriffen wurden. Der Wagen gehörte Bewohnern eines Nachbardorfes, die mit Schowar Kariz im Streit über Wasser und Weiderechte lagen.

Als am 20. Dezember 2001 ein Konvoi von Stammesältesten unterwegs nach Kabul zur Vereidigung der Interimsregierung war, wurde er aufgehalten von Pascha Khan Zadran, einem der neuen Warlords auf der Gehaltsliste des Pentagon: Sie sollten Karzai dazu bringen, ihn zum Gouverneur dreier Ostprovinzen zu ernennen. Sie weigerten sich. Da habe Pascha Khan Zadran, so Zeugen, via Satellitentelefon durchgegeben, ein ganzer Konvoi hochrangiger al-Qaida-Führer sei unterwegs. Mehr als 60 Menschen wurden bei dem darauffolgenden US-Angriff erschossen. Derselbe Warlord habe Tage später auch eine Hochzeitsfeier im Dorf Niazi Kala als al-Qaida-Treffen denunziert. Über 50 Hochzeitsgäste starben in den Trümmern. In der Provinz Kunar im Norden residierte ein offiziell abgesetzter Gouverneur und bedrohte jeden Rivalen mit dem Satellitentelefon, das ihm die US-Truppen gegeben hatten: Er werde die Amerikaner schicken. Zum Bombardieren.

Eine Recherche der *New York Times* über elf Bombardements mit mehr als 400 toten Zivilisten bis Juni 2002 kam zu dem Schluss, dass in den meisten Fällen afghanische Fehlinformationen für die Angriffe verantwortlich waren – Blutbäder auf Bestellung, nicht »der akkurateste Krieg, der je in der Geschichte einer Nation geführt wurde«, wie der damalige US-Befehlshaber, General Tommy R. Franks, den Einsatz vollmundig nannte.

Eines hatten alle Kriegsherren in Afghanistan bald verstanden: Man konnte die US-Streitmacht nicht besiegen. Man konnte sie benutzen. Anruf genügte.

Gul Agha Scharzai war nicht der Einzige aus der alten Schreckensriege der Warlords, die nun zurück an die Macht geholt wurden. Im Sommer des Hochzeitsbombardements in Uruzgan wurde Rumsfelds Vorstellung, man brauche nur die Feinde seiner Feinde an die Macht zu hieven, in Politik gegossen. Die große »Loya Dschirga« fand im Juni statt, nun in Kabul. Dies »war der Moment, in dem es scheiterte«, erinnerte sich der damalige deutsche UNO-Offizielle Thomas Ruttig, der später das »Afghanistan Analysts Network« mitbegründete: »Der Moment, als der US-Botschafter Zalmay Khalilzad die Warlords zurückbrachte.« Jene Männer, die zuvor im Bürgerkrieg das Land ruiniert, aber der Regierung von George W. Bush im Kampf gegen die Taliban geholfen hatten. Khalilzad und der Chef der UNO-Mission, Lakhdar Brahimi, zwangen die Loya Dschirga, neben den gewählten Entsandten Dutzende weitere Männer aufzunehmen – Milizenführer, die vor der ersten Taliban-Machtübernahme Anfang der 1990er-Jahre durch Angst und Schrecken geherrscht hatten. Und die nun zielstrebig darangingen, den anderen Delegierten klarzumachen: Ihr könnt hier natürlich gegen uns stimmen, aber vergesst nicht, dass ihr wieder lebend nach Hause kommen wollt. »Ich kann mich noch an den Unglauben in den Gesichtern afghanischer Delegierter erinnern«, so Ruttig: »Wie könnten wir, die UNO, ihnen das antun?« Damals haben wir jene verraten, die uns vertrauten.«

Zurück an die Macht kamen Männer wie der Tadschike »Marschall« Mohammad Fahim, dem Massaker und zahlreiche Entführungen vorgeworfen wurden. Oder der Usbekenführer Raschid Dostum, in dessen Verantwortung Ende 2001 Tausende gefangene Taliban ermordet wurden, der persönlich später seine Gegner mit Flaschen vergewaltigen ließ. Beide wurden als Vizepräsidenten vereidigt. Dostum wurde noch zwei Jahrzehnte später von Präsident Aschraf Ghani hofiert, eine Woche vor dessen Sturz im August 2021. Die jählings aus dem Zwielicht ihrer düsteren Bürgerkriegsvergangenheit an die Macht Gespülten würden nicht wieder weichen und gingen als Erstes daran, sich ausgiebig an ihren einstigen Feinden zu rächen und ihre neue Regierungsmacht als Lizenz zum Plündern des Staates zu nutzen.

Sich der Regierung in Kabul zu unterwerfen, wäre für Gul Agha Scharzai wider alle Logik Afghanistans gewesen: Nur wenn er an der Macht in Kandahar blieb, konnte er weiterhin die Handelsrouten nach Pakistan abschöpfen, davon profitieren, die US-Truppen auf deren stetig wachsender Luftwaffenbasis zu beliefern, um seine Armee zu unterhalten, die allein wiederum seine Stellung garantierte. Jahre zuvor war er als Gouverneur von Kandahar abgesetzt worden, weil er nur sein Amt, aber keine Armee hatte. Diesen Fehler wollte er nicht wiederholen. Diesmal hatte er bald Tausende Männer unter Waffen – inklusive eines eigenen Geheimdienstes unter Hadschi Gulalai.

Die Special Forces der Amerikaner wollten Feinde geliefert bekommen? Gulalai lieferte. Die US-Luftwaffe bombardierte, die Resultate wurden als Sieg gegen den Terror verkauft oder vertuscht. In diesem Anfang war schon alles enthalten, was am Ende, 19 Jahre später, mit zum Scheitern dieser ebenso monströsen wie unentschlossenen Mission führen würde.

Amerikanische wie deutsche Politiker begründeten später die ewige Fortsetzung des Militäreinsatzes gern damit, die Taliban seien »noch da«, müssten weiter niedergerungen werden. Aber das stimmte nicht. Sie würden erst nach Jahren langsam wiederauferstehen, erst im Süden, dann im Norden.

In jenem Sommer 2002 jagten die Amerikaner Geister und töteten Zivilisten.

Auch in De Tschine Kalay, dem Weiler, wo wir übernachtet hatten auf dem Weg in die bombardierten Nachbardörfer, hatten einige den Konvoi der US-Truppen und Gulalais Männern beobachtet. In der Zeitachse der Nacht passten alle Aussagen aus den verschiedenen Orten ins Bild.

»Wenn es so weitergeht, haben sie nur noch Feinde.« Niaz Mohammad, der Dorfoberste von De Tschine, der die Amerikaner als Erster kommen gesehen hatte, starrte in die Nacht, als der Mann zu seiner Rechten sprach, der bislang geschwiegen hatte: »Die Amerikaner suchen die Taliban? Ich war doch auch Talib. Als der Krieg vorbei war, bin ich nach Hause gegangen.« Dann lachte er plötzlich, ein verzweifeltes, lautes Lachen, zwei, drei andere fielen ein, bis der Rest der Runde ärgerlich in ihre Richtung schaute: »Still! Die Amerikaner ...!« Weit in der Ferne war das Dröhnen eines Flugzeugs zu hören.

KAPITEL 3

»Bad Kunduz« war eine Mondbasis

Kabul, Kunduz etc.; 2007–2012

Es war unsere Pendelroute, drei Jahre lang: Kurz vorm Morgengrauen durch die Viertel Qalah-e Fathullah und Taimani, vorbei an einigen Hochzeitspalästen, in denen die Kabuler Mittelschicht ihre Prunkhochzeiten im Discount-Format feierte, 1000 Gäste und für jeden ein halbes Hähnchen. Vorbei an den Tagelöhnern, die mit mörtelbesprenkelten Schaufeln und Spitzhacken am Straßenrand standen, und dann endlich hinaus aus dem Moloch.

Auf in den Norden, nach Kunduz. Ich war für den *stern* in Kabul, der einzige deutsche Korrespondent im Land, von 2008 bis 2011. Alle zwei, drei Monate sollte ich in Kunduz vorbeischauen, jener zum Inbegriff des Bundeswehreinsatzes gewordenen Stadt im Norden. Beim »Provincial Reconstruction Team« (PRT) der Bundeswehr, aber oft auch in der Stadt, der Provinz.

Im Winter war die Route über die Berge durch den Salang-Tunnel heikel, lief man Gefahr, von Lawinen verschüttet zu werden oder sehr, sehr kalte Tage im Auto zu verbringen, wenn die Straße blockiert war.

Aber im Frühjahr und Sommer war die Fahrt ein Fest. Wir rollten durch die endlos erscheinenden grünen Weiten der Schomali-Ebene nördlich von Kabul, kurvten entlang der Pfirsich- und Kirschgärten die Bergstraße hoch, hielten nördlich des Salang-Tunnels im kleinen Fischrestaurant am Fluss, wo es frittierte daumengroße Forellen mit Limettensaft gab. Im Sommer badeten wir zitternd im immer noch reißenden Strom.

Lang liefen die Berge aus nach Norden. Für eine Weile führte die Straße am Fluss entlang durch Baghlan, der letzten Provinz vor Kunduz, in der die Ruinen der Zucker- und Baumwollfabriken aus der ersten Hälfte des vorigen Jahrhunderts noch standen. Dort war es als Erstes unruhig geworden im Norden, gab es bereits 2008 gelegentlich Schießereien zwischen Taliban und afghanischen Truppen. In solchen Zeiten riefen wir vorher bei einem Tankstellenbesitzer an und fragten ihn, wie die Lage sei. Er hieß Babrak, so wie der afghanische Diktator von Moskaus Gnaden in den 1980er-Jahren. War die Straße wegen Kämpfen gesperrt, warteten wir an seiner Tankstelle, an der abends riesige Mistkäfer um die bonbonbunten Laternen schwärmten.

In Kunduz ging es kurz vor der Stadt rechts die Allee entlang, den Hügel hoch zum ersten Tor des Bundeswehrlagers. Wo die Neuen der alle vier Monate wechselnden Bundeswehr-Kontingente regelmäßig bei meiner Ankunft durchgaben, ein afghanischer Journalist stehe am Tor, spreche aber fließend Deutsch. Vollbart und afghanische Tracht fanden sie verwirrend. Außerdem kam zumeist die verwunderte Nachfrage, mit welchem Flug ich denn angekommen sei.

Gar keinem. Wir waren gefahren. Über Land. Das fanden sie unheimlich. Auch schon, als es noch ruhig war. Wobei auch die Bundeswehr damals Afghanistan schon behandelte, als würden sie eine Raumstation auf dem Mond betreiben. Die meisten Lebensmittel wurden aus dem Ausland eingeflogen. »Gesprächsaufklärung« mit Afghanen sah so aus, dass mehrere Soldaten mit Waffe im Anschlag für eine halbe Stunde um den Gesprächsführenden standen, der einen zu Recht meist vor Angst und Unbehagen schwitzenden Afghanen befragte.

Selbstschutz, sagten sie, schließlich hatte es über die Jahre mehrere Anschläge gegeben. Aber diese Selbstverschanzung, verbunden mit »Stehzeiten« der Truppen von wenigen Monaten, machte die ausländischen Soldaten noch mehr zu Fremden. Selbst in Kabul fanden die Fahrer der Bundeswehr unsere Adresse nicht, weil sie die afghanischen Namen der Viertel nicht kannten, nur deren militärische Codenamen. »Diamond« statt Taimani.

Im Fahren übers Land erschlossen sich die Nuancen. Die Stimmung in den Dörfern, schon lange bevor es auch im Norden unruhiger wurde. Später dann sah ich die Nervosität in den Augen der Straßenhändler, die Bärtigen mit Funkgeräten auf Hausdächern, die langen Blicke, wenn wir für einen Tee anhielten und ich mich hörbar als Ausländer zu erkennen gab.

Als ich im Herbst 2008 nach Kabul zog, war noch nicht einmal Halbzeit im 20-jährigen Krieg, der es am Ende werden sollte. In Deutschland klang noch das Diktum des früheren Verteidigungsministers Peter Struck nach, dem zufolge die Sicherheit Deutschlands auch am Hindukusch verteidigt werde. In Berlin formulierten Minister Zehn-Punkte-Pläne, die aus einer Aneinanderreihung von Wünschen bestanden, was alles geschehen »solle« oder »sollte«. Die Taliban waren schon längst wieder da, aber weit weg von Kabul. In der Hauptstadt war wenig zu spüren von deren Bedrohung – bis auf die wachsenden Betonmauern, die wuchernden Barrikaden aus Stacheldrahtrollen und Hesco-Containern, Drahtkörben mit filzartigen Polypropylen-Auslagen, in die man einfach Geröll kippen konnte, gegen Sprengstoffanschläge.

In Kabul ließ es sich leben. Ein paar Straßen von unserem Haus entfernt lag das französische Gartenrestaurant L'Atmosphère, dessen Pool alle paar Tage mit frischem Quellwasser befüllt wurde. Die Stadt wimmelte von Expats, hochbezahlten Helfern, Sicherheitsexperten, Logistikern, die kamen und gingen.

Ein lauer Abend in Kabul, irgendwann im Sommer 2009, ein Gartenfest unter vielen. Bunte Lampions und ein ausländischer Präsidentenberater, der gern kochte. Diesmal für die Abschiedsparty eines der diversen »Rule of Law«-Projekte, die den afghanischen Rechtsstaat schaffen sollten. Die Berater hatten Seminare abgehalten, Fachbücher herausgegeben und wohlklingende Berichte über ihre Fortschritte verfasst. Nun wollte der Geldgeber, eine große amerikanische Hilfsorganisation, den Auftrag nicht verlängern, was niemanden groß bekümmerte. Sie würden zwischendurch nach Hause fahren und mit dem nächsten Projekt wiederkommen.

Bei kühlem Weißwein und Grillgut erzählten die Berater, wie es wirklich aussah im Land. Berichteten von Prozessen, die endlos in die Länge gezogen wurden, weil die Richter und Staatsanwälte so immerfort Schmiergelder einstreichen konnten. Vom Heroin-Großdealer, der vom Präsidenten begnadigt worden war, während ein Student fürs Verteilen islamkritischer Flugblätter in erster Instanz zum Tode verurteilt wurde. Vom Abteilungsleiter im Obersten Gerichtshof, der einen Kriminellen laufen ließ, um dessen 17-jährige Schwester als Zweitfrau geschenkt zu bekommen. Vom traurigen Obersten Richter, der jedem erzählte, er wisse, dass seine Behörde vollkommen korrupt sei, »aber ich kann nichts dagegen tun«.

Die Gäste erzählten all die Details erst auf Nachfrage. Keiner von ihnen hätte öffentlich ein böses Wort über den Justizaufbau Afghanistans verloren. Ein wohltemperierter Abend der Illusionisten.

Schon damals war das große Projekt gescheitert, in Afghanistan nicht nur al-Qaida zu zerschlagen und die Taliban gleich mit zu verjagen, sondern auch noch einen Staat nach unseren Vorstellungen aufzubauen. »Rafft man den Verlauf der vergangenen acht Jahre in Afghanistan zusammen, ergibt sich folgende Gleichung: Je länger das internationale Engagement dort andauerte, desto schlechter wurde die Lage«, schrieb ich 2009, »egal, wie viele Tausend Kilometer Straße, wie viele Schulen gebaut und Brunnen gebohrt wurden.«

Das klang widersinnig. Aber schon damals existierte jenes Patt, das sich noch durch ein weiteres Jahrzehnt schleppen würde. Auf sich selbst gestellt, wäre es der von Korruption zerfressenen afghanischen Regierung um Karzai unmöglich, das zerstrittene Land zu regieren. Solange die ausländischen Truppen aber blieben, konnten die Taliban nicht siegen. Gingen die Ausländer, kämen die Taliban wieder. Oder eine Neuauflage des Bürgerkriegs, der ihrem ersten »Emirat« Mitte der 1990er vorangegangen war. Die Regierenden in Kabul waren von Washington ins Amt gehievt worden, anstatt aus eigener Kraft dorthin zu gelangen. Sie würden bis zuletzt mehr mit internen Machtkämpfen und

Selbstbereicherung beschäftigt sein als damit, vernünftig zu regieren.

Doch anstatt Konsequenzen aus der Realität zu ziehen, machten Washington, Berlin und die anderen einfach so weiter. Ein opportunistisches Weiterreichen der Verantwortung, um sie nur ja nicht selbst übernehmen zu müssen. Zu Hause erwarteten die Zentralen und Ministerien positive Berichte. Es war nicht gut für das weitere Fortkommen, zu übermitteln, wie es wirklich stand.

Dabei war Peter Strucks Satz von der deutschen Sicherheit am Hindukusch einem politischen Kalkül entsprungen, das gerade nicht für einen jahrzehntelangen Verbleib in Afghanistan sprach. Um den Einsatz innenpolitisch zu legitimieren, musste es um deutsche Interessen gehen – nicht um afghanische. Sobald es die Situation zuließe, wäre man wieder weg.

Es gibt einen zweiten Satz, der als folkloristische Girlande in vielen Texten über Afghanistan auftauchte. Jener von den Afghanen, die den Westlern immer sagen würden: »Ihr habt die Uhren, wir haben die Zeit.« Ganz besonders aber traf das auf die Taliban zu: Sie brauchten nicht zu siegen, nur durchzuhalten, bis die Ausländer abzögen.

Die Schönfärberei aller Interventionsstaaten ließ ihre Regierungen wieder und wieder ignorieren, wie es wirklich um Afghanistan stand, wie Hamid Karzai und die abermals mächtigen Warlords der 1990er-Jahre das Land plünderten. Die Generäle der mit amerikanischen Milliarden aufgebauten Armee: ihre Günstlinge. Der Sold der neuen Armee: geschröpft. Überhaupt gab es Zehntausende ihrer Soldaten und Polizisten nur auf dem Papier, kassierten die Offiziere den Sold der »Geistersoldaten«. Das Gleiche galt sogar für Lehrer.

Milliardensummen für Bauprojekte, Straßen und Kraftwerke verdampften über die Jahre, Verträge wurden weiterverkauft, hohe Posten verhökert, deren Inhaber wiederum ihren Untergebenen Geld abpressten. Gerichtsurteile waren käuflich, die Korruption zerfraß den Staat. Die Bauern, zumal in den paschtunischen Provinzen vor allem im Süden, blieben arm und wurden kujoniert von den oftmals tadschikischen Milizionären der neuen Herrscher. Die fielen ein, um Taliban zu jagen, aber hackten dann die Mandelbäume ab und plünderten die Dörfer.

Amerikanische wie deutsche Politiker haben später die ewige Fortsetzung des Militäreinsatzes gern damit begründet, die Taliban seien »noch da«, müssten weiter niedergerungen werden. Aber das stimmte nicht. Sie waren nicht geblieben. Sondern erst nach Jahren langsam wiederauferstanden, erst im Süden, später im Norden.

Dabei waren die Veränderungen so schleichend, dass man sie in Kabul nicht unbedingt wahrnehmen musste. Das Land schrumpfte, wurde kleiner für uns Ausländer, aber so langsam, als sei Afghanistan einer Kontinentaldrift auf Abwegen unterworfen. Alle zwei, drei Jahre ging eine Provinz verloren, war sie erst nachts riskant, dann grundsätzlich unsicher und schließlich unpassierbar.

Zuerst hatte es den Süden und Osten getroffen. Dort, wo die US-Truppen stationiert waren, die schließlich den Krieg bekamen, den sie partout hatten führen wollen. Nur dass er da schon nicht mehr zu gewinnen war.

Borhan Younus war ein Exprediger aus Ghazni, einer Provinz südlich von Kabul, der nüchtern durchgerechnet hatte, dass er als Journalist mehr verdienen könnte denn als Geistlicher. Mit ihm war ich nach Andarab gefahren, seinem Heimatbezirk in der Provinz Ghazni, auf halbem Weg zwischen Kabul und Kandahar. Hier hatten wir 2006 gemeinsam eine der ersten wiederauferstandenen Taliban-Gruppen interviewt.

Gemeinsam rekonstruierten wir monatelang die gemächliche Rückkehr der Taliban in Andarab: »Ganz langsam schließt sich das Zeitfenster der Verwirrung und der Hoffnung, des Abwartens und der Erschöpfung«, schrieben wir damals: »Der Groll gegen alles Fremde, gegen Amerikaner, Tadschiken, Polizisten, ist untrennbar genährt worden von echtem Unrecht, maßlosen Übertreibungen und Erfundenem. Nun härtet er aus wie Zement an der Sonne.«

Im Norden schwärmten Bundeswehrsoldaten damals noch vom vermeintlichen Kurort »Bad Kunduz« und der Ruhe in ihren Provinzen. Doch als 2007 ein neuer Polizeichef ernannt worden war und sein Schreckensregime in Kunduz errichtet hatte, Bauern und ihre Marktstände niederprügeln ließ, sobald sie nicht genug Schmiergeld zahlten, schauten die Soldaten tatenlos von ihrem Hügel über der Stadt zu. Sie seien ja nur als »Assistance Force« der afghanischen Regierung hier. So kamen die Taliban auch in der gesamten Provinz Kunduz wieder, übernahmen Dorf um Dorf. Bis die Deutschen nicht einmal mehr sechs Kilometer weit ausrücken mochten und im September 2009 90 Menschen von der US-Luftwaffe zu Tode bomben ließen, die vom deutschen Befehlshaber für Aufständische gehalten wurden, nachdem Taliban zwei Tanklaster entführt und zum Plündern freigegeben hatten. Das größte von Deutschland angeordnete Tötungsdelikt seit dem Zweiten Weltkrieg.

Anschließend wurde in voluminösen Untersuchungsberichten der Nato und der Bundeswehr zwar akribisch aufgelistet, wer wann welchen Funkspruch abgesetzt hatte, dass der PRT-Kommandeur und andere wahrheitswidrig behauptet hatten, bereits von Taliban beschossen zu werden, um die Amerikaner zum Bombardement zu gewinnen. Nur wen man da eigentlich umgebracht hatte, schien zweitranging. »Zwischen 17 und 142« Menschen seien an der Furt außerhalb des deutschen Stützpunktes umgekommen, hieß es im ersten »Feldjägerbericht« und allen weiteren Reports. Genauer lasse sich das nicht feststellen, sagten deutsche Verantwortliche in Hintergrundgesprächen.

Es waren dreimonatige Recherchen des Dokumentarfilmers Marcel Mettelsiefen und mir in Kunduz, an deren Ende die Liste der 90 Getöteten stand, deren Familien schließlich eine Entschädigung der Bundeswehr erhielten.

Es war nachrangig, wie es tatsächlich um Afghanistan stand: Über die Jahre hatten Deutschland und die USA bereits so viel Kapital investiert, finanziell wie politisch, dass sie zu Geiseln ihres Projekts geworden waren. Mangels anderer Erfolge verkaufte die Internationale Hilfsgemeinschaft es 2009 schon als großen Erfolg, dass überhaupt Wahlen in Afghanistan stattfanden. Doch als immer mehr Beweise dafür auftauchten, wie Karzais Entourage maßlosen Wahlbetrug orchestriert hatte, steckte sie in der Klemme: Erkannte sie einen gefälschten Wahlsieg an, würde sie fortan eine Regierung ohne Legitimität unterstützen. Erkannte sie ihn nicht an, müsste sie eigentlich jene Regierung zum Rücktritt drängen, die sie bisher mit Abermillionen gepäppelt hatte.

So blieb Karzai im Amt und alles Weitere beim Alten.

Dass es bei einem Angriff auf Wahlbeobachter der UNO nicht die Terroristen, sondern Männer seiner eigenen Palastgarde waren, die fünf Menschen erschossen, als bereits alle

Angreifer tot waren – egal. Washington mochte keinen Staub aufwühlen, das FBI durfte nicht weiterermitteln. Die Kabul-Bank ging pleite, nachdem Karzais Günstlinge sie ausgeplündert hatten. Sie wurde stillschweigend gerettet, und noch Jahre später liefen die US-amerikanischen Milliardenüberweisungen der Gehälter für die afghanischen Streitkräfte über die Kabul-Bank.

Niemand mochte allzu gründlich darauf schauen, was im Land geschah.

Die Briten widmeten sich offiziell und mit Verve der Bekämpfung des Drogenanbaus. Stießen britische SAS-Elitesoldaten aber zufällig auf ein riesiges Opiumlager in einem Gehöft bei Kandahar, das dem Halbbruder des Präsidenten gehörte, wurde allen britischen Diplomaten ein Maulkorb verpasst. Als 2011 zwei deutsche Wanderer am Salang-Pass nördlich von Kabul ermordet wurden und die Spuren zu einem Auftragskiller des staatlichen Geheimdienstes NDS führten, wurde auch dies still begraben.

Es war die Zeit von US-Präsident Barack Obama – und seinem damaligen Vize Joe Biden, der acht Jahre lang das sich hinschleppende Desaster miterlebte. Biden verließ damals ein Dinner mit Karzai wortlos und bebend vor Wut, nachdem er ihn auf die Korruption, die kriminellen Machenschaften der Regierungsspitze angesprochen hatte und Karzai nur zurückgab, die USA seien doch für alles verantwortlich, was in Afghanistan schieflief.

Bidens späteres Beharren, sein unbedingtes Festhalten am vollständigen und raschen Abzug, mag auch dem Wissen und der Wut aus jenen Jahren geschuldet sein. Er wusste, dass die Lage aussichtslos war. Nur war sie am Ende noch viel verheerender als erwartet.

Obama hatte damals mit immer mehr Truppen versucht, die Lage unter Kontrolle zu bringen. 2011 standen mehr als 100 000 US-Soldaten in Afghanistan. Sie konnten fast an jedem Punkt des Landes siegen, aber nicht überall zur selben Zeit. Und vor allem: Ihre sprunghaft gestiegenen Angriffe, die Opfer unter der Zivilbevölkerung, auch ihre Überlegenheit waren purer Treibstoff für den machtvollsten Mythos ihrer Gegner, dass die Amerikaner ungläubige Besatzer seien, die es zu vertreiben gelte.

Diese Mischung aus religiöser Überzeugung und nationalem Sentiment verfing perfekt, selbst bei vielen, die sich bessere Lebensbedingungen, Schulen auch für Mädchen und eine gerechte Ordnung durchaus wünschten. Der »Dschihad al-difa'a«, der heilige Kampf zur Verteidigung des islamischen Herrschaftsgebiets, ist einer der mächtigsten Mythen dieser Religion. In Afghanistan wurde er zum Brandbeschleuniger des Aufstands. Denn hatten etwa die heranwachsenden 20-Jährigen aus ihren Dörfern ohne Strom und Telefon Amerika den Krieg erklärt?

Der Anlass des amerikanischen Einmarsches, die Anschläge vom 11. September 2001, nach denen sich die USA auf einen von der Welt verbrieften Akt der Selbstverteidigung berufen konnten, ging verloren in der Sprachlosigkeit zwischen beiden Welten. Ein Gespräch, das ich mit einer Gruppe »versöhnter« Ex-Taliban-Anhänger 2011 in der nordafghanischen Provinz Baghlan führte, die zu allen Reuebefehlen genickt hatten, um wieder nach Hause gehen zu können, offenbarte im Kleinen das große Missverständnis. Sie hielten die amerikanische Invasion ungeachtet aller Beteuerungen immer noch für eine sinistre Verschwörung.

Ich brachte vor, dass doch selbst der Weltsicherheitsrat der

UNO die USA nach den Anschlägen vom 11. September 2001 zur Selbstverteidigung ermächtigt hatte.

»Was für Hochhäuser?«, fragten sie.

Na, diese hohen Gebäude, in New York.

»Was ist New York?«, kam zurück.

Die riesige Stadt am Ozean, sagte ich irritiert.

»Was ist ein Ozean?«

Die ausländischen Soldaten hingegen, die kamen in ihre Dörfer, stürmten ihre Häuser und hätten anderswo grauenvolle Dinge getan, habe ihnen der örtliche Mullah erzählt.

Es war aussichtslos.

Der Mythos von der ausländischen, im Kern amerikanischen Besatzung war so nützlich, dass sowohl die Taliban wie auch die afghanische Regierung ihn pflegten, nur aus entgegengesetzten Gründen. Für die Aufständischen war er der Treibstoff ihrer Mobilisierung. Für die Herrschenden war er schlicht bequem. Präsident Hamid Karzai und sein Nachfolger Aschraf Ghani machten den Selbstbetrug zum Mantra: Niemals würden die USA abziehen. Viel zu groß seien ihre Interessen in Afghanistan, sagenhafte Bodenschätze, geopolitische Verschwörungen, was auch immer. So ließ sich gegen die amerikanischen Besatzer hetzen und gleichzeitig jede Rechnung nach Washington schicken. Afghanistan war ja besetzt, Kabul für nichts verantwortlich!

Als die politischen Stiftungen aus Deutschland 2010 noch mit deutschem Personal in Kabul vertreten waren, bekam ich eine Einladung, vor den »Young Leaders« Afghanistans zu sprechen. Die Friedrich-Ebert-Stiftung der SPD hatte ein Programm aufgesetzt, um die vielversprechendsten afghanischen Talente zu fördern, Frauen, Männer, gut ausgebildet, mehrsprachig. Beim Treffen beschwerten sich mehrere von ihnen wortreich über die zivilen Opfer der US-Militärangriffe, die amerikanische Protektion für frühere Warlords in den Provinzen und die Korruption der Washingtoner Protegés.

»Also sollten die Amerikaner schleunigst abziehen?«, fragte ich nach.

»Aber nein! Auf keinen Fall!« Sie müssten so lange bleiben, »bis sie alles richtig gemacht haben! Bis alles funktioniert!« Niemand lachte. Alle fanden, dies sei die richtige Haltung.

Ein kleines Anzeichen für das große Missverständnis. Eine ganze Generation wuchs über 20 Jahre in dieses schizophrene Dasein afghanischer Institutionen und Streitkräfte der afghanischen Regierung hinein, die, soweit überhaupt, nur funktionierten, weil die Ausländer fast alles bezahlten.

Vor allem in Kabul und den anderen Großstädten studierten auch Frauen, gab es eine rege und relativ freie, vom Ausland finanzierte Medienszene, gab es gut bezahlte Jobs bei den unzähligen Entwicklungsorganisation, NGOs, entstanden Cafés und Restaurants. Eine Welt auf Pump. Aber eben auch jene Welt, die wir alle gern sehen wollten im Westen. Als Karzais Regierung 2009 ein neues Familienstandsgesetz erlassen wollte, das Frauenrechte massiv einschränken würde, gingen Frauen in Kabul dagegen auf die Straße, mussten von der Polizei vor Steinwürfen von religiösen Eiferern beschützt werden. Doch auch damals waren es: 300 Frauen. Ebenso viele, wie zwölf Jahre später im September 2021 gegen die Taliban. 300. Man hat das gern übersehen, aber es war immer eine winzige Schar von Frauen, die den Mut besaßen, auf die Straße zu gehen – gegen die Taliban, doch ebenso gegen ihre Väter und Mütter, gegen Cousins und Nachbarn, denen die Vorstellung eines selbstbestimmten

Lebens von Frauen oft kaum weniger fremd war als den Taliban.

Die gigantische Präsenz der ausländischen Truppen schuf neben der Illusion des Gewünschten aber auch vollkommen unbeabsichtigte, fatale Fehlentwicklungen. So wurde für mehr als ein Jahrzehnt die afghanische Wirtschaft in eine Sackgasse geschickt. Die PRTs, die Hauptquartiere der jeweiligen Nato-Truppen überall im Land, wollten sich in ihrer jeweiligen Provinz den Frieden erkaufen. Dafür wurden Bauprojekte vergeben, lokale Medien und Sicherheitsfirmen gesponsert. In Faizabad im Norden bekam ein Warlord von der Bundeswehr einen fünfstelligen Betrag im Monat für die Bewachung des deutschen Armeelagers – eine Bestechung, damit er selbst es nicht beschießen ließ.

Nach und nach wuchsen die PRTs fast überall zum größten Arbeitgeber ihrer Provinz. Es war so viel Geld mit den Ausländern zu verdienen, dass selbst die banalsten Dinge des täglichen Gebrauchs nicht mehr in Afghanistan hergestellt, sondern importiert wurden: Pakols, die legendären Filzmützen, kamen aus Pakistan, Joghurt und Dosentomaten aus dem Iran. Das ging so lange gut, bis die letzten PRTs 2014 geschlossen wurden, die meisten Nato-Staaten abzogen und die afghanischen Firmen um sie herum in den Abgrund rissen.

Schon zuvor, 2013, hatte die Bundeswehr Kunduz aufgegeben, sich nach Mazar-e Scharif zurückgezogen, wo rund um den Flughafen das riesige Camp Marmal entstanden war und die deutschen Truppen fast unbemerkt von der Öffentlichkeit noch bis zum Juni 2021 blieben.

Als ich Afghanistan 2011 wieder verließ, war die Straße von Kabul bis nach Faizabad, ganz im Nordosten, wo das letzte deutsche Lager stand, endlich durchgehend asphaltiert. In neun Stunden konnte man nun einmal quer durchs halbe Land fahren, was vorher einen Tag oder länger gedauert hatte. Doch kaum war die Straße fertig, wurde es zu gefährlich, sie noch zu benutzen. Baghlan wurde zu gefährlich. Tachar war heikel, die gesamte Nordhälfte der Provinz bald umkämpft.

Bevor ich nach Deutschland aufbrach, kam ich nach Kunduz. Ein Abschiedsbesuch bei der Bundeswehr, ein paar Tage im PRT. Irgendwann wollten die Deutschen ja abziehen, also widmeten sie sich verstärkt der Ausbildung der afghanischen Truppen.

Es war ein kühler Morgen in Kunduz, in einer abgelegenen Ecke des Lagers der Afghanischen Nationalarmee, ANA, gleich neben dem deutschen Camp: Gegen 9 Uhr hatte sich ein knappes Dutzend afghanischer Unteroffiziere vor dem Geländesandkasten der deutschen Ausbilder eingefunden. Solche tatsächlich mit Sand gebauten Miniaturmodelle werden von Militärs gerne zur Gefechtsvorbereitung und Ausbildung genutzt.

Liebevoll von den Hauptfeldwebeln Thorsten N. und Sebastian D. gebastelt, mäanderte ein Fluss aus blauer Plastikfolie am Lager aus Bauklötzen vorbei. Aus dem Drahtgeflecht-Filter einer alten Klimaanlage und großen Schrauben hatten sie eine Miniaturbrücke gebaut. Hügelzug und Tal waren aus Sand geformt, verschiedenfarbige Kronkorken markierten Taliban und Soldaten. Ein Minarett mit Batteriebeleuchtung vollendete die Szenerie. Die Patrouillenaufstellung im Gelände sollte geübt werden.

Wie also die Kronkorken der eigenen Truppe so aufstellen, dass sie nicht unter Feuer des Feindes geraten konnten?

»Irgendwelche Ideen?« Die Hauptfeldwebel und der Übersetzer standen vor einer schweigenden Schar. Einer der afghanischen Unteroffiziere war offenkundig vollkommen zugedröhnt, dämmerte immer wieder weg und drohte umzukippen.

Da meldete sich ein anderer per Handzeichen. »Ja?«, freute sich einer der Deutschen. »Also«, setzte der ANA-Unteroffizier an, »der Fluss gefällt mir nicht. Afghanische Flüsse sind grün, nicht so blau!« Zustimmendes Murmeln der anderen. »Und der Hügelzug ist auch nicht gelungen.«

Die Hauptfeldwebel sagten etwas von »markanten Geländepunkten« und dass dies doch nur ein Modell sei. Die afghanischen Unteroffiziere wollten lieber ausdiskutieren, warum sie das Modell nicht schön fanden. Und zwischendurch mal Pause machen. Nach einer Stunde schließlich setzte einer die Kronkorken: in einer geraden Reihe in die Mitte des Tals. So, dass sie von den Taliban-Kronkorken umgehend alle erschossen worden wären. Nach zwei Stunden war alles vorbei, »man darf die nicht überfordern«, sagte der verantwortliche Hauptmann Thomas B. – und erzählte später resigniert, dass nichts besser geworden sei.

Es war keine Frage der Übung, auch nur bedingt des Geldes, die den Unterschied ausmachte. Schließlich zahlten die Taliban ihren Kämpfern gar keinen festen Sold, nur »Kampfgeld« für Gefechte. Es war die nicht zu beantwortende Frage, wofür die Soldaten eigentlich kämpfen sollten.

Für die Ausländer? Für Ideen, die ihre Ältesten nicht verstanden und ihre Mullahs für Ketzerei hielten? Für das Geld, von dem die Offiziere und Generäle sowieso einen Großteil einsackten?

Die Taliban kopierten dagegen ziemlich eifrig moderne

64

Formen der Kampfführung, deponieren Tage zuvor vorsorglich Mullbinden und Infusionsflaschen in ihren Gräben, konnten tief gestaffelte Hinterhalte organisieren und hatten sogar die Idee des Geländesandkastens für sich entdeckt: In einem einstündigen Video zum Anschlag auf das Kabuler Intercontinental-Hotel ein Dreivierteljahr zuvor waren die Kämpfer in einem Konferenzraum zu sehen. Vor ihnen ein fast metergroßes Modell des Hotels mit Nebengebäuden und Kontrollposten, an dem ein Mann mit Zeigestock den geplanten Angriffsablauf durchging und nacheinander jede Einsatzgruppe ihren Part durchspielte.

Hauptmann Thomas B. wäre neidisch gewesen.

Gäbe es eine chemische Elemente-Lehre für politische Gruppierungen, hätte man sagen können: Die Taliban waren das dichtere, härtere Element. Ihr Ziel mochte verwerflich sein. Aber sie hatten eines: die Rückkehr an die Macht. Sie hatten etwas, was der Staat und die Regierung in Kabul nicht hatten und was auch mit den Milliarden aus dem Ausland nicht einfach zu kaufen war: Zusammenhalt, Überzeugung, Kampfmoral. »Wir haben doch nie an etwas wirklich geglaubt«, sagte der alte Milizführer Hadschi Dschamschid aus der Nordprovinz Tachar Jahre später. Er hatte schon in den Neunzigern gegen die Taliban gekämpft. Trotzdem habe er Respekt vor ihnen. »Sie kämpfen für die falsche Sache. Aber verdammt, sie sind bereit, dafür zu sterben. Wir nicht.«

Es gibt keinen gängigen Plural vom Terminus des Selbstbetrugs. Aber den bräuchte es, um präzise zu sein. Seit Beginn der Intervention, als Washington gedacht hatte, Militärs allein könnten Afghanistan befrieden, bis zu Beteuerungen der vergangenen zwei Jahrzehnte aus Berlin, man müsse nur noch ein wenig länger bleiben, um die Lage zu drehen, reichten die Irrtümer auf westlicher Seite. Inklusive der Annahme, Geld und Training allein würden reichen, eine Nation zu schaffen.

Die mit den Milliardenzahlungen genährte Korruption habe »dem Aufbau der Regierung, der wir doch helfen wollten, eher geschadet«, resümierte im März 2021 John Sopko, seit knapp einem Jahrzehnt amerikanischer »Special Inspector General for Afghanistan Reconstruction« (SIGAR), dessen Berichte seit Jahren ein haarsträubendes Panorama minutiös darlegten.

Aber auch auf afghanischer Seite hatten sich die aufeinanderfolgenden Regierungen und weite Teile der Bevölkerung zwei Jahrzehnte lang im Selbstbetrug eingerichtet, dass die USA nie wieder abziehen würden. Afghanistans Elite igelte sich ein in imaginierter Unmündigkeit und wollte einfach nicht glauben, dass die Amerikaner irgendwann tatsächlich gehen würden. Als der damalige US-Präsident Donald Trump Anfang 2020 seinen Abzugsdeal mit der Taliban-Führung verkündete, reagierten viele mit perplexem Unglauben. Selbst als Trumps Nachfolger Joe Biden im April 2021 dann konkrete Abzugsdaten nannte, wollten viele es immer noch nicht wahrhaben. Noch als Aschraf Ghani, der Hamid Karzai 2014 als afghanischer Staatspräsident abgelöst hatte, Ende Juni nach Washington flog, hofften viele im Präsidentschaftspalast und den Ministerien, dass Biden in letzter Sekunde sagen würde: Ach, wir bleiben doch!

Ein mehrfaches, kollektives Missverständnis. Eines, das eine sechsstellige Zahl von Afghanen und 3500 ausländische Soldaten das Leben kosten sollte. Und das Afghanistan ungewollt auf eine 20-jährige Umlaufbahn von einer Taliban-Herrschaft in die nächste schicken würde.

KAPITEL 4

Die letzten Tage von Kabul

Kabul; Mai–Juli 2021

Mutter«, sagte sie, »bitte, lass mich Polizistin werden!«
Ihre Stimme war flehend, ihre Mutter weinte, denn
Polizisten, das waren in Afghanistan seit Jahren die Kämpfer
an den entlegensten Frontabschnitten, die am schlechtesten
ausgerüstet waren und als Erste erschossen wurden. Polizistin sein zu wollen, das war die Vereinigung von Dummheit
mit Wahnsinn. »Doch, Mutter, das ist mein Wunsch!«, beharrte die Tochter: »Dieses Land wird kein Land ohne uns,
wenn wir nicht bereit sind, alle dafür zu kämpfen!«

Die Frauen saßen auf einer Bühne im Garten eines alten
Hauses in Kabul. Sie spielten ein Theaterstück. Während
echte Polizisten im Kampf gegen die rasend schnell näher
rückenden Taliban zu Tausenden einfach aufgaben, nach
Hause gingen, ohnehin seit Monaten nicht mehr bezahlt
wurden und manchen selbst das Brot ausging, spielten drei
junge Frauen an gegen die Wirklichkeit.

Die dritte gab mit aufgemaltem Bart den wütenden Bruder: »Es gibt genug Männer. Die können das doch machen.
Wenn dir dein Leben lieb ist, lass es. Außerdem willst du

doch heiraten. Ich bin der Mann im Haus, und ich sage Nein!«

Die Schwester fügte sich, brach auf zum Schönheitssalon, wo aus dem verhuschten Schatten ihres Daseins als afghanische Frau eine grell geschminkte Gestalt, der Mittelpunkt der streng nach Geschlechtern getrennt verlaufenden Hochzeitsfeier, gemacht werden sollte. Doch sie kam nicht zurück. Sirenen, Schreie waren zu hören. Der Bruder brach auf, kehrte zurück, am Boden zerstört. Ein Bombenanschlag vor dem Schönheitssalon. Die Braut war tot, die Mutter kniete wehklagend über der Reglosen: »Was habe ich falsch gemacht, dieses Leben leben zu müssen? Dein Hochzeitskleid wurde dein Leichentuch. Wach auf! Lass mich nicht allein, Rot steht dir nicht!«

Ein Vorhang wurde vor die Bühne gezogen. Doch die drei Darstellerinnen hörten nicht auf zu weinen zwischen den Kulissen, weinten hinter der Bühne weiter. Zischend waren die Ermahnungen des Regisseurs zu hören, es müsse nun weitergehen, sie brächten den ganzen Ablauf durcheinander.

Doch es nützte nichts. Denn dieses Theaterstück an einem sonnigen Julinachmittag in Kabul vor drei Dutzend Freunden, Verwandten, die mit Gesichtern voller Trauer und Angst im Schattenspiel der Blätter unter Bäumen saßen, war so fugenlos präzise Wirklichkeit geworden, dass keine Regieanweisung mehr darüber hinweghelfen konnte.

Drei Jahre lang hatte die junge Tayiba Musawi im Stück die Hauptrolle der jungen Frau gespielt, die Opfer einer Bombe wurde. Bis sie selbst tatsächlich einer Bombe zum Opfer fiel. Eine »sticky bomb«, ein magnetischer Haft-Sprengkörper, war Tage zuvor in einem unbeobachteten Moment an dem Minibus befestigt worden, mit dem sie nach Hause fahren wollte. Er hatte sie umgebracht. Der Anschlag hatte das kleine melancholische Agitprop-Stück mit einem Schlag ins Nachspiel der Realität verwandelt.

»Wir wollten doch Mut machen«, sagte später die Autorin des Stückes, »wollten die Stimme anderer Frauen sein gegen das Stigma, dass sie nichts erreichen können im Leben, und auch dagegen, dass unser Land niemanden etwas angeht.« Was als Straßentheatertruppe begonnen hatte, war für Auftritte in der Öffentlichkeit schon bald von der Polizei verboten worden. Doch sie zogen durch die Provinzen, spielten in Schulen, selbst vor Polizisten und Polizistinnen, einmal sogar vor den Spezialeinheiten der Armee. Sie spielten an gegen die große Gleichgültigkeit im Land gegenüber der Frage, in was für einem Staat dessen Bürger und Bürgerinnen (die niemand fragte) leben wollten.

Wie ein unterirdisches Pilzgeflecht hatte sich diese lähmende Apathie immer weiter ausgebreitet. Warum für etwas kämpfen, woran man nicht mehr glaubte? In dem kleinen, unversehens real gewordenen Stück kristallisierte sich heraus, woran die Republik nur Wochen später scheitern würde. Ein Kammerspiel des großen Dramas.

»Wir hätten uns gewünscht, wir könnten Tayiba auch diesmal wieder hinter der Bühne zum Leben erwecken«, fügte die Autorin hinzu: »Aber das ging nicht.«

Nichts ging bald mehr für die Frauen, wenn Stadt um Stadt sich den anrollenden Aufständischen ergab, das ganze Land sich überrollen ließ von den Taliban. Die letzte Aufführung der Gruppe an jenem Mittwoch, Wochen vor dem Fall der Stadt, des ganzen Landes, war auch ein Abschied von jenem Kabul, das in den vergangenen 20 Jahren eine Insel des freieren Lebens gewesen war.

Es sollten die Frauen, die Künstlerinnen, die Professorinnen, die Schauspieler und Regisseure sein, die schon bald als Erste und am drastischsten zu leiden haben würden unter der Rückkehr der Fanatiker. Die hatten einst schon das Drachenfliegen und Schachspielen verboten und Frauen zu Gefangenen in ihren eigenen Häusern gemacht. Deshalb war ich noch für eine Weile in Kabul geblieben, um die letzten Künstler und Künstlerinnen zu treffen. Jene, die noch nicht geflohen waren, während sie alle wussten, dass ihr altes Dasein nicht mehr lange haltbar sein würde.

Im Juli war der Krieg in Kabul selbst noch nicht angekommen. Seine Vorboten kampierten in den Parks, Geflohene aus dem Norden, dem Süden, dem Westen. Die Preise für Benzin und Lebensmittel stiegen, vor den Banken standen Menschen Schlange, aber noch setzte keine Massenflucht ein. Wohin hätte man auch fliehen sollen? Die Millionenstadt war fast schon umzingelt, gen Süden und Westen endete das passierbare Afghanistan an der Stadtgrenze. Nach Norden hin konnte man noch bis zum Salang-Pass, musste dort aber wieder umkehren. Einzig die Straße nach Osten war noch offen. Aber auch dort hatten die Taliban die Provinzen an der Grenze zu Pakistan eingenommen.

Wer in den Jahren zuvor nur nach Kabul gekommen war und von Afghanistan nicht mehr als seine Hauptstadt zu sehen bekam, konnte gar nicht merken, wie das Land stetig schrumpfte, die für Ausländer zugänglichen Gegenden immer weiter zusammenschnurrten. Afghanistan im Frühsommer 2021, das waren ein paar Stadtstaaten, verbunden durch Inlandsflüge. Der Rest war Feindesland. Alle wussten es, doch kaum jemand mochte darüber sprechen.

Vor einem Jahrzehnt waren der Süden und der Osten

gefährlich gewesen, aber nach Norden konnte man noch fahren, musste zwar rund um Kunduz achtgeben, kam letztlich jedoch bis an die Grenze nach Tadschikistan.

Bereits 2019 hingegen wäre es Selbstmord gewesen, nach Kunduz zu fahren, riskant, dort aus dem kleinen Jet der UN-Flugbereitschaft auszusteigen, die zumindest einige der Provinzhauptstädte mit einem unregelmäßigen Shuttle-Service verband.

Man konnte das ausblenden, in der Kabuler Blase bleiben, Regierungsmitglieder und Diplomaten treffen, die sich in vorsichtigem Optimismus übten, auf Partys gehen, über den Flughafen von Kabul ausreisen und zurückkehren.

Aber im Juli 2021 war auch Kabul eine geisterhafte Stadt geworden. Abends und nachts dröhnten die Rotorengeräusche zumeist amerikanischer Hubschrauber durch die Straßen. Tagsüber blieb es stiller als sonst. Früher habe es dreimal am Tag Rushhour gegeben, konstatierte ein penibler Beobachter der kleinen Veränderungen Kabuls: »Jetzt nur noch einmal am Tag.«

Der Sound der Angst, das letzte gebliebene penetrante Geräusch aus allen Gassen, war eine quietschende E-Version von »Für Elise« von Beethoven. Über Stunden als sekundenlanger Jingle wieder und wieder von den Eisverkäufern mit ihren Handkarren als Erkennungsmelodie gespielt. Er war schon immer da gewesen, aber auf einmal klang er lauter als sonst. »Für Elise« würde auch den Sturm der Taliban überleben, die Beethoven vom Eiswagen offenbar nicht als Musik betrachteten.

Eine Stadt wartete und wusste nicht, worauf.

Würde es doch noch ein Abkommen in letzter Minute geben? Oder Krieg, Straßenkämpfe, weil es von hier keine

Fluchtmöglichkeit mehr gab wie aus den anderen Städten? Kabul war Endstation, außer für jene wenigen Glücklichen, die ausländische Visa oder Pässe hatten und noch ein Flugticket bekommen konnten. Für 2000 Dollar oder mehr, zehnmal so viel wie zu normalen Zeiten.

Die Stadt verfluchte jene, die das Unglück über sie gebracht hatten. Nur wen genau sollten die Menschen haftbar machen? Die Taliban? Die Ausländer, die einfach gingen, was sie immer versprochen hatten, aber was kaum jemand hatte glauben wollen? Die eigene Regierung?

»Alle«, sagte der Mann, der nach der Autorin des Theaterstücks auf die Bühne trat und sich auf den Rand setzte, die Beine in zerschlissenen Jeans. Kaveh Ayreek, Filmregisseur, hatte Tayiba Musawi bei der staatlichen Produktionsgesellschaft »Afghan Film« kennengelernt, wo sie einen Zeichentrickfilm bearbeitete.

Der Krieg mag noch nicht da sein, sagte er. Aber der Terror sei schon längst da. Die Magnetbomben an Minibussen, von denen allein im Juni vier explodiert waren und 25 Menschen zerrissen hatten. Die Bombenserie gegen die Mädchenschule mit dem makaber passenden Namen »Sayyid al-Schuhada«, Herr der Märtyrer, im Mai, während derer fast 100 von ihnen starben: »Warum? Und warum wird nicht ermittelt, wurde kein einziger Fall aufgeklärt? Wieso kam der Präsident nicht einmal zur Trauerfeier für die Mädchenschule?«

Alle Opfer waren Hazara gewesen, Angehörige der schiitischen Minderheit, die von der Mehrheit, von allen anderen schon früher als Afghanen zweiter Klasse behandelt wurden. Es brauchte nicht einmal die Taliban, die Hazara von Kabul in permanente Angst zu versetzen. Der »Islamische Staat«

bekannte sich zu den Anschlägen. »Wir fühlen nicht denselben Schmerz«, zitierte Kaveh Ayreek ein afghanisches Sprichwort, »wir verstehen, fühlen nicht untereinander als Afghanen. Stattdessen sind wir Paschtunen, Usbeken, Hazara, Tadschiken, einander feind. Unser Krieg untereinander hat doch nie aufgehört. Dass unser Land sich abermals zerfleischt, ist nicht die Schuld der Amerikaner. Das sind wir.«

Das Kabul der vergangenen 20 Jahre war ein Ort der Verheißung gewesen, aller Tristesse zum Trotz. Hier gab es mehr Freiheit als an jedem anderen Ort in Afghanistan. In Kabul konnten Frauen alleine wohnen, gab es Parlamentarierinnen, Fernsehsender, Schachclubs, besuchte man Cafés, in denen sich Männer und Frauen treffen konnten. Gleichzeitig war es eine künstliche Welt, genährt von den Amerikanern und anderen westlichen Staaten, ihrem Schutz, ihren Milliardenzahlungen. Letztlich existierte das alles, auch die kleinen Welten der Kunst, das Kulturzentrum der letzten Theateraufführung, die Schachvereinigung, Kavehs Ayreeks Filme, Afghan Film, nur dank des Geldes aus dem Ausland.

Doch was war das für eine Illusion, die so lange währte, dass eine ganze Generation darin aufwuchs? »Das war doch unser Leben«, hielt Ayreek Tage später wütend dagegen, als wir uns zu Tee und Melonen in der Wohnung am westlichen Stadtrand trafen, die er sich zusammen mit seiner Frau Fatima gekauft hatte, einer bekannten Puppenspielerin.

Es war ein richtiges Leben im Falschen gewesen, ein Dasein auf Zeit. Wie bei Tayibas Tod, nur umgekehrt: Bei ihr wurde die Illusion zur Realität. Afghanistans Realität hingegen entpuppte sich nun als Illusion, die wie eine Seifenblase still und leicht zerplatzte, nachdem die US-Truppen unwiderruflich mit ihrem Abzug begonnen hatten.

Kaveh Ayreek war als Jugendlicher nach Iran geflohen, hatte sich in Teheran als Müllsammler durchgeschlagen, bevor er zurückkam, zu filmen begann und einer der prominentesten Regisseure Afghanistans wurde.

Im Morgengrauen des nächsten Tages, als das Licht noch klar war, nahm er mich und die Fotografin, die mich begleitete, mit, Drehorte für seinen nächsten Film zu suchen. Ganz ungefährlich sei es nicht, so nah am Stadtrand. Tage zuvor waren Freunde von ihm dort beim Spazierengehen von Taliban gestellt und böse verprügelt worden. Aber so oder so werde es »diesen Film nie geben«, winkte er ab: »Niemand hat mehr Geld. Ich könnte höchstens meinen Kühlschrank verkaufen. Oder vielleicht meine Mikrowelle.« Nur brauche niemand auf der Flucht Möbel. Trotzdem wolle er nachschauen, wo dieser Film gedreht werden könnte. Denn die Idee, die ihn umtrieb, würde nicht sterben, auch wenn es bald für lange Zeit keine Chance mehr geben würde, sie umzusetzen. »Kabul«, sagte er irgendwann auf dem Fußmarsch von Friedhof zu Friedhof, »ist voller Geister!«

Die Leben all jener, die ermordet, in den Kriegen umgebracht worden waren, deren Geschichten nicht zu Ende erzählt wurde, sie würden warten auf jemanden, der ihnen zuhörte: »Jene, die ohne letzten Willen starben, sind noch nicht fertig. Ich warte auf die ruhelosen Seelen, darauf, dass sie mir ihre Geschichten erzählen.« Seine Ausführungen pendelten zwischen der nüchternen Suche nach Gräbern im passenden Licht für seinen Film und der Suche der Untoten nach jemandem, der ihnen zuhören mochte.

Er sprach mit solcher Verve von ihnen, von der inneren Logik des Unerzählten, dass sein magischer Realismus ganz selbstverständlich erschien. »Als ich jung war in Teheran,

74

spielten wir oft in einem verwilderten Garten, den die Revolutionswächter beschlagnahmt hatten. Eines Tages kam der alte Besitzer zurück, erzählte von seiner Frau, die vor Jahren gestorben sei, als er im Gefängnis saß, beschrieb genau, wie sie aussah. Und ich sagte ihm, ja, die laufe manchmal unter den Bäumen vorbei.«

Aber erst 20 Jahre später habe ihn ein Roman wieder auf die Fährte des Übersinnlichen gebracht. Eine Frau kehrte zurück nach Kabul, suchte das Grab einer vor Jahren ermordeten Verwandten, fragte Leute nach dem Weg. Die erzählten ihr von sich, aber es waren die Geschichten von Toten. Lauter traurige Verblichene, denen niemand zuhörte.

Das sei Kabul heute, sagte Kaveh Ayreek, eine Stadt des stillen Wahnsinns. Das sei der Film, den er drehen wollte, aber nie mehr drehen würde. Er hielt inne auf einer kleinen Hügelkuppe. Die Sonne stand nun hoch über den Bergen. Ein paar Zikaden fingen an, vibrierend zu zirpen. Etwa 20 gleichförmige Grabstelen waren dicht nebeneinander aufgereiht, wie eine Schulklasse von Toten. Er ging auf und ab, prüfte die Sichtachse hinab auf die Stadt im Tal. Stand da mit seinem verwitterten Gesicht zwischen den Stelen wie der Hüter der toten Seelen. Ein guter Ort für den Film, den irgendwann einmal jemand drehen sollte.

Aus Spenden war das Gräberfeld finanziert worden. Hier lagen die Opfer des Mawoud-Schulmassakers von 2018. Damals hatte ein Attentäter des IS die angesehene Mawoud-Privatschule gesprengt, in der Teenager beider Geschlechter gemeinsam unterrichtet worden waren. 48 von ihnen waren gestorben. All die Anschläge der vergangenen Jahre auf Schulen, Moscheen, einen Ringerclub, die Polizei, alle paar Wochen ein nächster, wurden nur noch nach ihrem Ort benannt. Auf zwei Hügelkuppen in der Ferne waren weitere Gräberfelder zu sehen.

»Wozu all die Toten? Wer ist so wahnsinnig? Wer ist verantwortlich? Die Amerikaner kamen ohne Plan und haben bis heute keinen.« Ihre Truppen gingen, fast jeden Tag machten sich Einheiten einfach davon. Ayreek wollte bleiben. Aber wenn die fremden Truppen abzögen, würden sie seine Art zu leben mit fortnehmen. Sie würden ihm sein Leben nehmen, ohne dass er es je von ihnen zurückbekommen könnte. Er warf die zerdrückte Wasserflasche den staubigen Hang hinunter und trottete nach unten zurück ins Tal, in seine verwirrte Stadt.

Es war nicht leicht, in jenen letzten Tagen die sonst so gesprächigen Frauenrechtlerinnen, Regisseure, Schauspieler und Politikerinnen zu treffen. Viele waren schon fort, hatten ihre Zweitpässe genutzt, um still zu entschwinden, hatten sich oft nicht einmal verabschiedet. Als schämten sie sich, so sang- und klanglos zu kapitulieren. Telefone waren tot, Facebook-Profile verrieten nichts mehr über den Ort ihrer Besitzer, Verwandte antworteten einsilbig.

In der Zeit des Wartens auf mögliche Rückrufe fuhren wir dorthin, wo man der Front am nächsten kommen konnte, aber immer noch ein See zwischen unserem Kabul und dem Feindesland lag: zum Qargha-See am westlichen Stadtrand. Dort, wo Kabul erst ärmer und flacher wurde, sich dann nach rechts die struppigen Reste des einstigen Golfplatzes zeigten und anschließend Kiefern den Blick freigaben auf einen See mit kleinen Buchten und absurden pinkfarbenen Tretbooten in Schwanenform. Der schönste Ausflugsort, der sicherheitstechnisch noch vertretbar war. In den Dörfern auf der anderen Uferseite, so hatte es uns zuvor einer ihrer

Bewohner erzählt, kämen die Taliban mittlerweile sogar tagsüber vorbei. Nachts würden sie bereits seit Jahren herrschen. Aber mittlerweile bröselte die jahrelang eingespielte Ordnung der Tageszeiten.

Auf der Stadtseite des Sees war es noch ruhig. Nach einer Reihe von Ausflugslokalen mit eigenem Sicherheitspersonal, Schranken, Teleskop-Spiegeln und Wartebereichen für die mitgebrachten Trupps von Leibwächtern der VIP-Gäste gab es einen Jahrmarkt mit Riesenrad, Kettenkarussells, Zuckerwatteverkäufern. Am Ufer standen kleine, mit weißen Tuchbahnen verhüllte Pavillons auf Holzbeinen, die je nach Wasserstand näher ans Ufer getragen werden konnten. Im Lauf der Dürre schrumpfte auch Kabuls Stadtsee.

Tagsüber kamen auch noch Familien und schipperten über das Wasser. Selbst ein sechsköpfiger Trupp der afghanischen Spezialeinheiten picknickte am Nachmittag in einem der Holzpavillons direkt am Wasser. Ein Mann musste währenddessen am Geschützturm ihres gepanzerten Humvee Wache halten. Die anderen rauchten Wasserpfeife, tranken bunte Limonade und wollten nicht fotografiert werden. Sie erzählten von der Gefahr ihres Einsatzgebietes ganz in der Nähe. Es war der Park des alten königlichen Paghman-Palastes, ein paar Kilometer weiter nördlich.

Am See ließen sich manche Flaneure und Familien von Kutschi-Nomadenfrauen aus Kunduz die Zukunft aus der Hand lesen. Für ein paar Afghani mehr würden sie einem auch die Geheimnisse der Zukunft verraten, kicherten sie und schäkerten mit den Jungen, die Pferde für den Ritt über den Strand vermieteten.

Die Soldaten verschwanden noch vor der Dämmerung, und mit der Dunkelheit gingen auch die Familien.

Das größte Geheimnis der Zukunft hätte ich am nächsten Mittag erfahren können, hätte ich nur danach gefragt.

Just am nächsten Mittag kam ein lange vorbereitetes Treffen mit einem der führenden Militärplaner der Taliban für Kabul zustande. Mitten in der Stadt, in einem unauffälligen Bürogebäude. Er und der Vermittler des Treffens kannten einander seit Jahrzehnten, ebenso kannte ich den Vermittler seit 15 Jahren, der zu seinem Schutz hier mit Pseudonym auftauchen soll: Nasir. Denn er ist geflohen, seine halbe Familie noch in Afghanistan.

Ich wusste, dass Nasir in einigen Entführungsfällen eine magische Nummer angerufen hatte und jemand am anderen Ende saß, der mit immensem Einfluss solche Probleme lösen konnte. Qudrat, so hieß dieser Taliban-Führer, hatte sogar einige Male Treffen mit mehreren Taliban-Schattengouverneuren mitten in Kabul organisiert. Nun traf ich den Mann aus dem Schattenreich der anderen Seite. Er war sonst eher für heikle Verhandlungen der Taliban mit anderen Staaten und deren Geheimdiensten verantwortlich gewesen.

Qudrat erzählte von einem Treffen in Zentralafghanistan mit Qasim Soleimani, dem iranischen Kommandeur der Quds-Brigaden, den die USA im Januar 2020 mit einer Rakete auf dem Flughafen von Bagdad umgebracht hatten. Soleimani sei einer der wenigen Menschen gewesen, vor denen er wirklich Angst gehabt habe. Er sollte für die Iraner eine Taliban-Truppe aufbauen, hätte sechsstellige Dollarbeträge pro Monat dafür bekommen: »Ich wollte nicht. Das war mir zu gefährlich, zwischen die Fronten der Iraner und Amerikaner zu geraten. Aber ich dachte, wenn ich einfach ablehne, wird Soleimani mich töten lassen.« Fluchtartig sei er am Tag nach dem Treffen mit Soleimani zurück nach Kabul geflohen.

Seine Führung sei durchaus offen für eine Übergangsregierung, meinte Qudrat, in Katar werde verhandelt, es könnte einen friedlichen Übergang geben. Könnte.

Nach einer Weile erwähnte ich die Elitekämpfer am See tags zuvor, fragte, wie weit die Taliban noch laufen müssten bis zum Ufer.

»Gar nicht«, sagte der glatt rasierte Emissär der Angst seelenruhig: »Sie sind längst da. Es sind Wachleute der Restaurants, Karussellbetreiber, Putzleute. Zu gegebener Zeit wird es dort voll sein von Taliban.«

Aber die picknickenden Soldaten?

»Warum denn nicht? Das ist doch ein Ausflugsort. Solange sie dorthin in Frieden kommen und ihre Limonade trinken, sollen sie das tun.« Vorläufig jedenfalls. Mehr fragte ich nicht an diesem Nachmittag. Ein Fehler. Denn der Mann log nicht, wie sich Wochen später herausstellen würde. Doch warteten bereits viel mehr verdeckte Taliban auf den Umsturz, die als Straßenverkäufer, angebliche Verwandte oder Tagelöhner längst in der Stadt waren.

Endlich kam ein ersehnter Rückruf: Raihana Azad, eine der Parlamentarierinnen, hatte Kabul noch nicht verlassen. Eine Villa im schönen Teil des Westens der Stadt, ein junger Gärtner, ein einzelner Wachmann. Allzu große Angst schien sie nicht zu haben.

Raihana Azad, 38, war schmal, fast zierlich, und hatte schon gegen alle Welt gekämpft, ihre Familie, das Dorf, den 25 Jahre älteren Cousin, an den sie mit 13 verheiratet worden war und der sie mitten in ihrem Wahlkampf für das Parlament noch aus dem Auto gezerrt und verprügelt hatte.

Nun war sie eine Abgeordnete, die man nicht mehr

herumschubsen und ignorieren konnte. Ihr Assistent und der Gärtner wuselten herum, sie sagte: »Manchmal habe ich mehr Angst vor meinen Nachbarn als vor den Taliban.«

Denn trotz aller Errungenschaften ihrer Jahre im Parlament als Abgeordnete für die Provinz Uruzgan war das Gefühl nie verschwunden, als Frau die Kreise zu stören. Egal, wer in Kabul, im Land herrschte. Je mehr Raihana Azad zum Vorbild für andere Frauen wurde, desto deutlicher wurde sie auch zum Hassobjekt für viele Männer. Selbst innerhalb der Blase des modernen Daseins in Kabul.

Ende der 1980er war sie als kleines Mädchen wegen Aufmüpfigkeit vom Dorflehrer im bitterarmen Weiler Sardnai in Zentralafghanistan vom Unterricht ausgeschlossen worden. Lesen lernte sie trotzdem, ihre Zuflucht waren die Bücher ihres Vaters, religiöse Werke, aber ebenso die Biographien von Mao Zedong und Mahatma Gandhi.

Als 1989 die Sowjettruppen abzogen und der afghanische Bürgerkrieg, nach dessen Ende die Taliban ihr erstes Emirat errichten sollten, auch ihr Dorf erreichte, verheiratete ihre Familie sie mit einem Cousin. »Zum Schutz für mich, damit ich nicht einfach an irgendeinen Kämpfer zwangsverheiratet werde«, erinnerte sie sich augenrollend. Fortan bestand ihr Leben aus Wäschewaschen, Kochen und Feldarbeit für die Familie ihres Mannes, die von Büchern wenig hielt. Mit 16 bekam sie ihr erstes Kind. Aus Trotz schleppte sie trotzdem Bücher mit aufs Feld oder las abends im Dämmerlicht der Petroleumlampe.

Ein Onkel war ihre Rettung. Er ermutigte sie, sich auf eine Stelle in ihrer Provinz Daikundi bei der UNO zu bewerben. Ein kurzes Grinsen durchzuckte ihre Mundwinkel, als sie vom Bewerbungsgespräch erzählte: »Ich war 17. Und sagte

den Ausländern, dass Männer und Frauen auch hier gleich-
berechtigt sein sollten, eines Tages.« Dafür wollte sie kämpfen. Die Internationalen waren beeindruckt und gaben ihr
eine Stelle, Wahlhelferinnen zu rekrutieren.

Je bekannter sie wurde, desto entsetzter war die Familie,
wetterten lokale Mächtige über die Schande, die sie über die
Familie bringe. Eine Frau. In der Öffentlichkeit. 2005 wurde
sie mit Anfang 20 auch noch in den Provinzrat gewählt, gerade abermals Mutter geworden. Als sie bei den Sitzungen
nicht hinter einem Vorhang verschwand, sondern offen auf-
trat, im Rundfunk sprach, Mädchenschulen forderte und
den Missbrauch durch die Milizkommandeure anprangerte,
wurde es zu viel für ihren Mann. »Ich wollte die Praxis beenden, dass Vergewaltigungen als normal gelten«, sagte sie.
»Sie ist schon tot«, sagte ihr Mann, wenn jemand für sie
anrief.

2009, mitten auf einer Wahlkampftour, stoppte er ihr
Auto, riss sie an den Haaren heraus und verprügelte sie, die
seine Ehre beschmutzt hatte. Denn nach der lokalen Logik
konnte eine Frau, die sich gegen Vergewaltigungen aus-
sprach, nur eine Prostituierte sein. Sie verlor die Wahl, verließ Mann, Familie und Provinz, ging nach Kabul, verprügelt, aber nicht geschlagen: 2010 kandidierte sie für das
Nationalparlament in der Nachbarprovinz Uruzgan, eine
Taliban-Hochburg mit schiitischer Minderheit. Mittlerweile
war eine veritable Bewegung junger Frauen wie Männer entstanden, die einen echten Wahlkampf für sie auf die Beine
stellten. Sie wollte nicht wie die anderen Kandidaten einmal
Reis und Hühnchen ausgeben und dafür gewählt werden.
Sie überzeugte die Menschen, gewann mit der höchsten
Stimmenzahl der ganzen Provinz und ging als Abgeordnete

nach Kabul. »Kein Quotenplatz«, wie sie mit Genugtuung bemerkte.

Plötzlich war sie mächtig, entschied über Gelder für die Provinz und einflussreiche Posten. Auf einmal war es gar nicht mehr so schlimm, dass sie eine Frau war. Jedenfalls für ihren Mann, der in Demut anreiste und ihr verzeihen wollte. Auch die Kinder durften zurück zu ihr. Es wurde eine gesichtswahrende Versöhnung, sie blieb mit den Söhnen in der Hauptstadt. »Ich habe gelernt, vorsichtiger, strategisch vorzugehen«, erzählte sie, »nicht zu viele Gegner auf einmal!«

Nun saß sie in Kabul, kämpfte seit Jahren in nächtlichen Ausschusssitzungen für Uruzgan, erstritt Mittel für Kühlhäuser, um die Obsternte haltbar zu machen, Gelder für Schulen, Straßen, Wasserleitungen und Kleinbetriebe, »erst wenn Frauen auch finanziell unabhängig werden, ändern sich die Dinge!«. Sie redete meist in ratternder Hast wie ein Maschinengewehr, ihre Hände wirbelten, ab und an musste sie das Kopftuch festhalten, damit es oben auf dem Kopf blieb.

Nun saß sie immer noch in Kabul, dieser Tage, und bekam anonyme Drohanrufe, dass ihre Zeit bald zu Ende sei. Sie wartete auf die Barbaren und wollte Zuversicht verbreiten: »Wir dürfen doch nicht alle gehen! Wir müssen kämpfen! Afghanistan wird wieder untergehen, wenn alle nur fortwollen!« Früher seien Menschen jeden Tag zu ihr gekommen, weil sie Hilfe brauchten in Gerichtsverfahren. Selbst in Hochzeitsangelegenheiten sollte sie Eltern potenzieller Bräute überreden, was sie strikt ablehnte. Die Mädchen sollten selbst entscheiden dürfen.

Heute kämen alle nur noch mit einem Wunsch: Visa. Egal, für welches Land. »Ob ich bleibe? Ich tue, was ich kann.« Mangelnden Mut konnte ihr niemand vorwerfen. Und dann kam ihr Assistent, der nächste Termin warte, ihr Englischlehrer sei gekommen. Die Unterrichtsstunde beginne gleich. Vorbereitung für den Moment, wenn es eben doch nicht mehr ginge – und sie gehen würde.

Immerhin konnte sie das. Sie hatte genügend Verbindungen, Geld, jederzeit das Land zu verlassen. Sie könnte die vergangenen 20 Jahre zur Not als Spiel betrachten, das sie verloren hatte.

Die Spielerin Hassina Akbar konnte das nicht. Dabei liebte Kabuls 20-jährige Jugendschachmeisterin die Drachenvariante der sizilianischen Verteidigung, spielte aggressiv und furchtlos. Bei einer Partie gegen ihre kleine Schwester standen bald nur noch ein paar verlorene Bauern vor ihren Königen. Die beiden Damen hatten einander schon früh vom Feld gefegt. Seit fünf Jahren spielte, übte Hassina Akbar, im Kulturzentrum neben der Habibiya Highschool, seit Corona bei Online-Turnieren auch gegen Gegner und Gegnerinnen in anderen asiatischen Staaten. Wobei sie in den Verzeichnissen immer wieder als männlicher Spieler geführt wurde. Warum, wusste sie auch nicht: »Vielleicht ist es dem Verband peinlich.«

Doch sie konnte Kabul und das Land nicht verlassen. Denn ihr härtester Gegner liebte es zu spielen, nur kein Schach. Er wollte Hassina für sich gewinnen und hielt vier Figuren in seiner Hand, die Hassina seit anderthalb Jahren nur ein fortwährend bedrohtes Remis ermöglichten.

Ihr Gegner war der Taliban-Kommandeur ihres Heimatbezirks Aqtscha hoch oben im Nordwesten. Seine vier Figuren waren Hassinas Eltern und zwei ihrer Brüder, die er als

Geiseln im Dorf festhielt, in dem Hassina aufgewachsen war. Die letzten Familienmitglieder, die sie in den Jahren zuvor nicht hatte überreden können, mit ihr nach Kabul zu kommen.

Der Taliban-Anführer hatte ihr Bild und ihren Namen vor zwei Jahren auf Facebook gesehen, als sie wieder einmal ein Turnier gewonnen hatte. Seither wollte er sie haben, heiraten, durchaus auch für sich gewinnen, aber letztlich beherrschen. »Ich kann ihn nicht einfach abweisen«, erzählte sie mir bei einem Treffen, das erst zustande kam, als sie sich sicher genug fühlte, ihre Wohnung zu verlassen und ins Kulturzentrum zu kommen, wo sie meistens spielte: »Sonst bringt er die um.« Aber um keinen Preis wollte sie aufgeben. Also hielt sie ihn hin, blieb im Austausch, führte vorgeschobene Gründe für ihr Zögern an, gab sich mal geneigt, tauchte dann wieder ab. »Beim Schach habe ich gelernt abzuwarten, welche Züge mein Gegner wählt, und darauf zu reagieren.« Ein knappes Lächeln: »So versuche ich das jetzt auch.«

Sie kannte die gesüßten Offerten am Anfang und die Raserei im Fall der Zurückweisung. Der Krieg in Afghanistan war ihr Krieg, ein winziges Kammerspiel zweier Personen, das alle Elemente des großen Dramas versammelte: Intelligenz und Macht, Freiheit und Dogma, Männer und Frauen.

Sie sei, sagte sie, eigentlich Krankenschwester geworden, nachdem sie der Enge ihrer Heimat im Norden entflohen war. Nach und nach holte sie ihre Schwestern und einen Bruder in die Hauptstadt nach, damit die dort ihren Schulabschluss machen, studieren konnten.

Ihr Vater war der Mullah ihres Dorfes Haidarabad in der Provinz Dschuzdschan. Er hatte sie stets ermutigt zu lernen, nach Kabul zu gehen, anfangs sogar allein. Auch als sie zufällig eine Gruppe Schachspieler traf, eingeladen wurde mitzumachen und ihre Passion für das Spiel entdeckte, habe er ihr zugeredet:»Wenn das dein Weg ist, geh ihn!«

Selbst nachdem der Taliban-Kommandeur vor einem Jahr mit zwei Wagen voller Bewaffneter zum Haus der Familie in Haidarabad kam und ihren Vater bedrohte, habe der sie am Telefon beruhigt:»Sorge dich nicht!« Sie war trotzdem für eine Woche zurück ins Dorf gekommen, hatte sogar in die Verlobung mit dem Taliban-Führer eingewilligt. Ein trauriges Fest, doch er sah sich fast am Ziel. Die Rochade war der Preis für eine Weile Ruhe. Sie konnte zurückkehren nach Kabul,»aber seither nehme ich jeden Tag einen anderen Weg, gehe mal in Burka«, der taubenblauen Vollverschleierung,»mal in Jeans und Sonnenbrille aus dem Haus«.

Es war naiv zu glauben, dass die Taliban einen in Kabul nicht entführen könnten. Auch schon lange vor ihrer kommenden Machtübernahme.

Die meisten Taliban wollten eine Frau, die sich von vornherein fügte, eine Analphabetin vom Dorf, die für sie lediglich kurz vorm Vieh rangierte und in rascher Folge ein halbes Dutzend Kinder gebar. Er nicht. Er wollte sie, eine gebildete Sklavin, die praktischerweise auch noch Krankenschwester war. Das wäre gut, hatte er ihr geschrieben. Sie hätten ja viele Verwundete.

Hartnäckig schickte er wechselnde Botschaften. Er mache sich damit schon zum Gespött vor seinen Kämpfern, dass er um eine Schachspielerin buhlte. Wen sie mehr liebe? Ihn oder das Spiel mit den komischen Figuren?»Schach«, antwortete sie,»aber ich könnte es dir gern beibringen!« Kurze Zeit später kam eine triumphierende Botschaft von ihm: Er habe das Schachspiel im gesamten Bezirk verboten!

Dass seine Männer Ende Juni 2021 den Bezirk Aqtscha vollständig eingenommen hatten, machte ihre Lage noch schwieriger. »Ich darf nicht daran denken, sonst werde ich wahnsinnig. Ich habe viel versucht, ihn zu verlocken, für das Spiel zu interessieren. Aber es ist sinnlos. Er ist neun Jahre älter als ich, ich kann ihn nicht mehr ändern.«

Ihr Vater schrieb ihr regelmäßig: »Versuch zu entkommen!«

»Aber was dann?«, fragte sie ratlos. Ihren Schwager hatten die Männer des Kommandeurs vor einem Jahr erschossen. Ihr Vater war alt und herzkrank.

»Bald habe ich die volle Kontrolle über dich«, war eine der letzten Botschaften des Kommandeurs vor dem Fall Kabuls.

Hassina Akbar spielte die Partie ihres Lebens.

Die letzten Tage im Juli wurden heißer und ruhiger in Kabul. Niemand in meinem diskreten winzigen Gästehaus mit sechs Zimmern und ohne jeden Hinweis draußen am Tor bemerkte, dass wir alle immer wieder fotografiert wurden. Eine Amerikanerin, die Termine mit Regierungsmitgliedern hatte, erzählte von einem Besuch im Komplex des Präsidentenpalastes. Einer der Berater von Präsident Aschraf Ghani sei freudig erschrocken zusammengezuckt, als er sie wiedererkannt hatte. Ein gutes Zeichen, habe er erleichtert gesagt, dass noch nicht alle gegangen seien.

Das ganze Land könnten die Taliban erobern, war mittlerweile einhellige Ansicht westlicher Sicherheitsexperten. Aber doch nicht Kabul, wo die afghanischen Eliteeinheiten und die Palastgarde stationiert seien! Wo weiterhin Tausende ausländische Militärs bleiben würden, zur Not als zivile Sicherheitskräfte, um die Botschaften, den Flughafen zu bewachen.

Gewiss, die westlichen Geheimdienste hatten fortwährend ihre Prognosen korrigiert, wie lange die Regierung von Ghani sich und die Stadt noch werde halten können, zuletzt von anderthalb Jahren herunter auf ein paar Wochen. Aber vielleicht, hofften viele, werde es ja doch noch einen Friedensschluss, eine Übergangsregierung geben. Verhinderte überdies nicht die lückenlose Luftraumüberwachung des US-Militärs mit Drohnen, B-52-Bombern und sogar einem Beobachtungszeppelin am Himmel über Kabul jeden Angriff?

Kaveh Ayreek, der Regisseur, der doch noch die Drehorte für seinen Film über die Stadt voller Geister auswählen wollte, der weder gehen noch sein Leben gehen sehen wollte, hatte mit Freunden in Frankreich über seine Ängste gesprochen. 2020 hatte er eine kleine Ausstellung in Marseille gehabt mit seinen Filmen, Skizzen und Texten unter dem Titel »Kharmohra«, Schneckenhorn. Doch damals bekam er kein Visum, um in Frankreich seine eigene Ausstellung eröffnen zu können. Es hatte ihn geärgert. Aber es lag eher an Corona als an Ressentiments. Nun organisierten afghanische Freunde und die Kulturverwaltung von Marseille rasch Visa für ihn und Fatima. Es dauerte nur einen Monat, bis sie erteilt wurden, Typ C, gültig für drei Monate. Die beiden hatten nicht einmal genug Geld für die Tickets, liehen es sich bei Freunden. Die Ticketpreise hatten sich innerhalb von Wochen mehr als verdoppelt. Am Morgen des 14. August fuhren sie zum Flughafen.

Der letzte Morgen vor dem Sturm. Ganz ruhig sei er gewesen, erinnerte sich das Paar, das in aller Frühe zum Flughafen aufbrach. Ahnend, dass es ein Abschied für immer werde. Nicht ahnend, dass sie in letzter Minute entkommen würden. Nur zwei Koffer nahmen sie mit.

Die Atmosphäre am Flughafen von Kabul war normal. Nur die Grenzbeamten dort hätten wieder und wieder auf ihre französischen Visa geschaut:»»Wie habt ihr die bekommen?‹, fragten sie immer wieder. ›Warum habt ihr sie beantragt? Warum geht ihr?‹ Aber nach einer Stunde ließen sie uns ziehen.« Flugplangemäß hob die Turkish-Airlines-Maschine nach Istanbul ab.

Normal, viel zu normal sei alles gewesen, sagte Kaveh Ayreek später, beinahe empört, als sei ihr letzter Morgen in Kabul die finale Finte eines unechten Daseins gewesen. Der letzte Schlierenglanz einer Seifenblase, die nach 20 Jahren einfach platzte.

Kaveh und Fatima saßen schon im Flugzeug, bekamen nichts mit von den Gerüchten, die an jenem 14. August kursierten: dass Präsident Ghani zurücktreten werde, sein gefürchteter Vize Amrullah Saleh sich schon im Hubschrauber nach Tadschikistan abgesetzt habe, ein Zusammenschluss aus alter Regierung und Taliban friedlich die Macht übernehmen werde. Alles Lüge, dementierte Saleh, man werde weiterkämpfen. Währenddessen ergab sich im Norden das gesamte 209. Corps der afghanischen Armee, das jahrelang von der Bundeswehr trainiert worden war, fiel Mazar-e Scharif, die letzte Großstadt Nordafghanistans.

Es wurde eine Nacht angespannter Ruhe in Kabul. Und eine melancholische für Kaveh und Fatima auf dem Pariser Flughafen, wo sie auf ihren Anschlussflug nach Marseille warteten.

KAPITEL 5

Die Invasion der Fußgänger

Kabul; 15.–26. August 2021

In den Morgenstunden des 15. August 2021 stellte sich heraus, dass Qudrat, der hohe Taliban-Militärplaner, einige Wochen zuvor nicht gelogen hatte. Nicht nur viele der Kellner, Wachleute, Karussellbetreiber und Zuckerwatteverkäufer am Qargha-See wechselten die Seiten, wie er es angekündigt hatte. Auch kamen in vielen Außenbezirken Männer aus den Häusern, teils bewaffnet, gaben sich als Taliban zu erkennen und machten sich zu Fuß auf den Weg ins Zentrum der Stadt.

Der Sturm auf Kabul hatte begonnen, wie ihn keiner erwartet hatte. Und ich hatte nicht nachgefragt, ob die wartenden Kämpfer vielleicht nicht nur am Ausflugssee zu finden waren.

Ich war zurück in Berlin, als am frühen Morgen des 15. August 2021 und in den darauffolgenden Stunden in rasender Geschwindigkeit immer neue Meldungen kamen: In der ganzen Stadt tauchten Taliban auf. Sie strömten aus den Häusern, anfangs fast durchgehend zu Fuß, mit Pistolen bewaffnet, sie kamen von der Company Road im Südwesten, aus dem Viertel Pol-e Tscharchi im Osten, liefen durch Taimani im Norden.

Kabul kapitulierte vor einer Armee von Fußgängern. Einen militärischen Angriff hätten die US-Truppen mühelos aus der Luft aufhalten können. Doch um eine Regierung zu stürzen, an die niemand mehr glaubt, für die kaum jemand noch kämpfen, geschweige denn sterben wollte, brauchte es keine schweren Kaliber mehr. Niemand aus der Militärführung oder dem Präsidentenpalast gab noch einen Schießbefehl, und auch die US-Jets waren schlicht wirkungslos gegen dieses Ameisenheer, das jede Luftüberwachung ins Leere laufen ließ. Wen sollte man bombardieren, wenn Tausende einfach zu Fuß unterwegs waren, oft nicht einmal bewaffnet?

Im Arg, dem weitläufigen, etwas missverständlich als Palast bezeichneten Präsidentensitz mit Gärten und einer Vielzahl von Gebäuden, erlebte der führende Beamte Irschad A. den Vormittag des Untergangs. Als er um 7.30 Uhr ins Büro kam, »war noch alles ruhig. Aber bald klingelten die Telefone, jeder wurde angerufen von Freunden, Verwandten, immer mit derselben Nachricht: Sie kommen!«.

Wachhabende gaben Polizeistationen, Straßenposten einfach auf, woraufhin die einströmenden Taliban sich der olivgrünen Ford-Ranger-Pick-ups der Polizei bemächtigten und nun aus der Luft gar nicht mehr von den Sicherheitskräften zu unterscheiden waren. Höchstens an ihrer holprigen Fahrweise und daran, dass die Eroberer stundenlang mit eingeschalteten Sirenen herumfuhren.

Auch die Elitekämpfer der »Presidential Protective Services«, der letzten Garde des Präsidenten, zogen ihre Uniformen aus, liefen einzeln oder in kleinen Gruppen davon, erinnerte sich später Irschad A., der das Geschehen von seinem Büro aus verfolgte. Seit 2012 hatte er in immer neuen Kommissionen für die Entwicklung von Sonderwirtschaftszonen gesessen, aus denen nie etwas geworden war.

Die dramatischen Momente im Zentrum der Macht, die Flucht von Kollegen, die Ankunft der Eroberer und den Abschied des Präsidenten teilte er in der Erzählung Wochen später in zwei Abschnitte: Vor dem Mittagessen. Und nach dem Mittagessen. Und tatsächlich sei noch serviert worden, während vor dem Palast der Umsturz Afghanistans bereits in vollem Gange war. Er, ganz Beamter alter Schule, sei noch geblieben, auch wenn »schon vor dem Lunch die meisten abgehauen waren«, erinnerte er sich: »Erst danach kam Ghani noch einmal bei uns vorbei«, der Präsident, der fortwährend beteuert hatte, Afghanistan niemals zu verlassen, und nun auf dem Weg zum Hubschrauber war. »Wir haben alle seine Hand geküsst«, sagte A., »und manche hat er dann auf die Stirn geküsst. Mich nicht.«

Andere Zeugen erzählten von den letzten Sekunden vor dem Abheben von Ghanis Stabschef, der hemmungslos geweint habe, von Streit und Schüssen, wobei sie sich widersprachen, ob es um Reisetaschen voller Bargeld oder Plätze im Hubschrauber ging, ob es einer oder doch vier Hubschrauber gewesen seien, die Ghanis Pressechef gesehen haben wollte.

Unstrittig war Ghanis eilige Flucht und dass sie den stürzenden Staatsapparat vollends implodieren ließ. Von seiner Residenz, die ebenfalls auf dem Areal des Präsidentensitzes lag, verfolgte Aschraf Ghanis Vorgänger Hamid Karzai das Geschehen: »Gegen 14.45 Uhr wurde ich von der Palastgarde informiert, dass Ghani Kabul im Hubschrauber verlassen habe.« Er habe das erst gar nicht glauben können, sagt er uns Wochen später beim Interview in den Räumen ebenjener alten eingeschossigen Villa zwischen Bäumen und Wiesen.

Vergeblich habe er versucht, irgendeinen von Ghanis Ministern telefonisch zu erreichen, schließlich gemeinsam mit Abdullah Abdullah, seinem alten Widersacher und Verhandlungsführer der Gespräche mit der Exil-Talibanführung, die Bevölkerung im Radio dazu aufgerufen, zu Hause zu bleiben. »Alle waren vollkommen überrascht, selbst die Taliban in Katar. Die riefen mich an und fragten, ob Ghani wirklich geflohen sei. Sie waren sehr besorgt und ganz offensichtlich nicht im Bilde über das, was gerade in Kabul geschah.« Mit ihren verschiedenen Machtzentren hatten die Taliban ihre Kontrahenten verwirrt. In Pakistans Grenzmetropolen Peschawar und Quetta residierten die beiden obersten »Schura«-Räte der Taliban für interne und militärische Entscheidungen. Dort hatten sie sich nach ihrer Flucht 2001 etabliert. In Katar wiederum hatte sich viel später jene Exilgruppe niedergelassen, die beauftragt war, von dort aus Verhandlungen mit den USA und anderen zu führen. Diese Männer waren geschmeidiger im Umgang, manche sprachen Englisch, was sie zumeist während ihrer Gefangenschaft in Guantánamo gelernt hatten.

Nur wer hatte das Sagen? Die westlichen Unterhändler waren offensichtlich der Illusion erlegen, dass die Taliban in Katar für die gesamte Bewegung sprächen. Ein Irrtum, wie sich nun zeigte, als die Militärführung den völligen Sieg witterte und alle fein ziselierten Vereinbarungen einer Machtteilung mit ihrem Durchmarsch hinwegfegte.

Vor den Zentralen mehrerer Banken eröffneten bereits

um die Mittagszeit Plünderer das Feuer auf das Wachpersonal, hatten sich ausstaffiert wie Taliban, wurden schließlich vertrieben von echten Taliban. Panik drohte. Der Vize der Palastgarde fragte Karzai, was sie nun tun sollten. »Ich überlegte fieberhaft, jetzt nur ja nichts falsch zu machen«, so der Expräsident, »und sagte schließlich: Wehrt euch im Zweifelsfall gegen alle Eindringlinge außer gegen die Taliban! Die dürfen in den Präsidentenpalast.« Denn die hätten nun endgültig gewonnen.

Von all dem erfuhr Kaveh Ayreek, der am Morgen zuvor abgeflogene Filmregisseur, erst nach seiner Landung am Vormittag in Marseille. Freunde aus der örtlichen Kulturverwaltung holten ihn und Fatima dort ab. Sie waren in letzter Minute entkommen, ohne es zu merken, hatten den Flughafen, der bald zum Drehkreuz apokalyptischer Szenen werden sollte, nach etwas längerer Kontrolle noch unter normalen Umständen verlassen. Vielleicht noch ein Tee vom Kiosk, Warten auf abgewetzten Bänken, dann meist ein kurzer Fußmarsch über das Rollfeld oder eine Fahrt mit dem Bus zu entfernter stehenden Maschinen.

Glücklich war er nicht: »Physisch sind wir hier, ja«, sagte er am Telefon aus Marseille, »aber in Gedanken sind wir bei unseren Freunden, anderen Künstlern, Schriftstellern, die nun alle festsitzen und in Gefahr sind.« Mit ihren beiden Koffern waren sie gekommen, »unsere Wohnung, Bücher, Bilder von Freunden«, alles war zurückgeblieben. »Ich hatte ein Land gefunden«, fing eine seiner folgenden Sprachnachrichten an, »hatte mich nach Jahren des Exils in Iran gefreut über die Freiheit in Kabul. Jetzt werden dort die Künstler mit ihren Wünschen begraben.« Er war wütend, verstört, beschuldigte die halbe Welt, inklusive der afghanischen Politiker, seinen Staat verraten zu haben, und endete erschöpft: »Retten Sie die Künstler! Ich bitte Sie.«

Das gigantische Multi-Nationen-Projekt, aus dem Ende 2001 eroberten Afghanistan einen funktionierenden Staat zu machen, in das über 20 Jahre mehr als 1000 Milliarden Dollar geflossen waren, es fiel am Ende in sich zusammen ohne Kämpfe, ohne Gegenwehr und noch bevor die amerikanischen Truppen überhaupt vollständig abgezogen waren.

Aber außer den letzten ausländischen Soldaten waren auch noch Zehntausende Afghanen in der Stadt, im Land, die für die fremden Streitkräfte, Firmen, Botschaften gearbeitet hatten und nun die Rache der Sieger fürchteten. Schon im Verlauf des Sonntags strömten sie zu Tausenden in Richtung Flughafen, wollten fliehen, während der Flugverkehr eingestellt worden war. Das verbliebene Wachpersonal, die Zäune und Kontrollposten waren dem Ansturm rasch nicht mehr gewachsen, zumal auch viele der Kontrolleure und Flughafenmitarbeiter selbst entkommen wollten.

Immer mehr Menschen bestiegen schon am Abend des Sonntag eine eigentlich abflugbereite Maschine der Fluggesellschaft Kam Air, die verlassen auf dem zivilen Teil des Flughafens stand. Schließlich drängten sich Hunderte auf den Sitzen, in den Gängen, Toiletten. Es war nur kein Pilot da, die Maschine zu fliegen. Sie hätte auch gar nicht abheben können, da bereits Tausende auf den Rollbahnen jeden Start unmöglich machten.

Am nächsten Morgen waren es bis zu 20 000 Verzweifelte, die über alle Zäune vorbei an den verdutzten US-Soldaten auf den sonst streng gesicherten militärischen Teil des Flughafens vorgedrungen waren, dort lagerten. Die fortwollten, aber durch ihre schiere Anwesenheit jedes Fortkommen unmöglich machten.

Aus jenen Stunden des Montags stammen die Bilder, die sich vom Abzug der Welt aus Kabul ins kollektive Gedächtnis eingebrannt haben. Vor allem junge Männer waren auf einem der wackeligen Handy-Videos vom Rollfeld zu sehen, einige liefen neben den riesigen Rädern einer langsam anrollenden C-17-Frachtmaschine des US-Militärs entlang. In ihren Gesichtern eher Aufregung und Begeisterung als Furcht. Das Flugzeug war noch langsam genug, dass es einigen gelang, sich an den ausgefahrenen Klappen des Radschachtes festzuklammern. Das Video brach ab. Auf einem anderen, mutmaßlich wenige Minuten später aufgenommen, sah man eine C-17 am blauen Himmel über Kabul aufsteigen. Und sah winzige schwarze Punkte vom Himmel stürzen, begleitet von Rufen des Entsetzens.

Einer dieser winzigen dunklen Punkte, dessen zerschmetterter Körper in der Stadt gefunden wurde, war Zaki Anwari, 19, Nationalspieler der afghanischen Fußballjugend. »Never give up«, nie aufgeben, stand noch Tage später in einem seiner Profile auf sozialen Medien. »Zu viel Hollywood, zu viel Bollywood«, sagte der bestürzte Vater eines Gleichaltrigen, der ebenfalls versuchte, seine Familie außer Landes zu bringen. Sie wollten fliehen, »aber doch nicht so!«. Der Krieg im Land habe selbst in Kabul jene Generation zerrieben, die aufgewachsen zwar zwischen archaischen Traditionen, Versprechen von Freiheit und einem immer noch unterirdisch schlechten Schulsystem. »Es gab keine Orientierung«, sagte der Vater: »Die einen wollten noch amerikanischer sein als die Amerikaner, die anderen gingen zu den Taliban.«

Offenbar hatte Anwari den Actionfilmen geglaubt, in denen man an ein Flugzeugrad geklammert wie ein Held in die Freiheit fliegen konnte: »Wenn nichts wahr ist, kann ja alles stimmen.«

Mit dem infernalischen Rotorensturm tief fliegender Hubschrauber räumten die Amerikaner schließlich das Flugfeld. Eine schillernde Allianz aus US-Marines, ehemaligen afghanischen Elitesoldaten, denen die USA die anschließende Evakuierung versprachen, und Taliban-Truppen als äußerstem Ring sollte nun den Flughafen sichern.

Die Bewaffneten versuchten es. Aber sie verlagerten das Problem nur nach außen. Tausendfach drängten sich die Wogen Verzweifelter in den kommenden anderthalb Wochen ums weitläufige Flughafenareal. Sie machten selbst für jene den Zugang zur Tortur, die alle eilends ausgestellten Berechtigungen elektronisch erhalten hatten, um mit den Evakuierungsflügen außer Landes gebracht zu werden. »Zwei Tage lang haben wir es immer wieder versucht«, erzählt Baqir Sadat, Vater von fünf Töchtern, von denen es eine in die letzte Runde für ein Schulstipendium in den USA geschafft hatte, »aber da war kein Durchkommen. Immer wieder wurde geschossen, geprügelt, meine Frau und eine unserer Töchter wurden ohnmächtig, wir haben aufgegeben.« Einer unserer Übersetzer, ausgestattet mit allen Papieren, wurde von US-Soldaten verprügelt, als er versuchte, seine hochschwangere Frau vor Schlägen zu schützen.

Und die Taliban? Sie legten, anders als erwartet, keine jähe Grausamkeit an den Tag, sondern einen akribischen Bürokratismus. Als eine private deutsche Logistikfirma versuchte, mehr als 100 Afghanen, die für deutsche und amerikanische Stellen in Kabul gearbeitet hatten, in den Flughafen zu bringen, scheiterte der Transfer in letzter Minute beinahe an einem Zahlendreher.

Denn nicht nur mussten alle Namen auf den Passagierlisten der Busse vor dem Flughafen mit denen in den Ausweispapieren übereinstimmen, musste der Name des Busfahrers korrekt notiert sein, so verlangte es der für seine Launen berüchtigte Taliban-Kommandant Qari Omar. Selbst die Ziffernfolge der KFZ-Kennzeichen hatte fehlerfrei verzeichnet zu sein.

Auf dem Dokument für die Nummernschilder des besagten Konvois aber waren eine 5 und eine 6 vertauscht worden. Der Bus musste aufgegeben, die Passagiere auf die anderen Fahrzeuge verteilt werden. Woraufhin Qari Omar kühl eine neue, von Washington und Berlin beglaubigte Liste aller Passagiere verlangte. Nicht als PDF, sondern in Papierform. Dann erst durften die Busse passieren.

Kaveh Ayreek, der Regisseur, und seine Frau Fatima waren in Sicherheit. Doch was war mit den anderen Frauen, die wir Wochen zuvor getroffen hatten? Sie wurden von den Taliban gesucht, davon war auszugehen. Die eine, um sie zu ermorden, die andere, um sie zu heiraten.

Ausgerechnet Raihana Azad, die Parlamentsabgeordnete, die am ehesten die Beziehungen, Auslandskontakte und die Mittel dafür hatte zu fliehen und von der viele annahmen, dass sie rechtzeitig das Weite suchen würde, hatte es nicht getan. Sie war noch da, und selbst wenn sie noch hätte ausfliegen wollen, war nun alles Hoffen vergebens. Auch sie wurde überrascht vom blitzschnellen Sieg der Taliban.

Nach einem Tag antwortete sie auf die Frage, wie es ihr gehe, via WhatsApp: »Wir atmen noch. Ich bin in der denkbar schlimmsten Situation, halte mich versteckt, bin mit niemandem in Kontakt und weiß nicht, wie es ihnen geht. An dem Tag, als die Taliban in die Stadt kamen, war ich im Büro. Einen Tag zuvor, als sie Mazar-e Scharif einnahmen, riefen sie mich an und drohten mir: ›Morgen kommen wir nach Kabul! Deine Zeit ist abgelaufen.‹ Jetzt verstecke ich mich und weiß nicht, was als Nächstes passieren wird. Falls ihr eine Lösung für mein Problem findet, wäre das gut«, schloss sie lakonisch und bitter, »denn sie werden mich heute oder morgen finden.«

Warten. Anderntags pingte die nächste Nachricht. Sie hatten sie nicht gefunden.

»Gestern kamen sie zu meinem Haus mit 16 Männern und fragten nach mir. Meine Schwestern waren dort. Seit mehreren Nächten kann ich kaum schlafen, weil ich mir Sorgen um sie mache. Ich bin jetzt in Sicherheit.«

Auch sie verbringe, schrieb sie, immer nur eine Nacht an einem Ort, die nächste woanders: »Ich habe so viel Angst um meine Schwestern. Die Taliban sind zu meinem Haus gekommen, haben die Wächter verprügelt und meine Schwestern gefragt: ›Wo ist die Abgeordnete? Wo?!‹« Daraufhin hätten ihre Schwestern das Haus verlassen, zögen nun auch von Versteck zu Versteck.

Sie war erst vor Kurzem in ein neues Haus gezogen und dachte, »vielleicht finden sie es nicht. Aber sie kannten sogar schon die neue Adresse. Als ich das merkte, bekam ich furchtbare Angst. Ich war kaum dort angekommen, da hörte ich gegen Mitternacht auch schon, wie Leute bei den Wächtern anderer Abgeordneter nach meiner genauen Adresse fragten. Am nächsten Tag bin ich noch vor dem Morgengrauen dort verschwunden. Das war am Samstag, einen Tag bevor sie Kabul einnahmen. Unser Leben ist schrecklich. Ich bin jetzt erst einmal in Sicherheit. Gestern bin ich knapp dem Tod entronnen, aber ich habe keine Ahnung, was mit meinen Verwandten, meinen Schwestern ist. Ich habe meinen Wächtern und dem Fahrer noch eingeschärft, nicht aus dem Keller herauszukommen, denn deren Leben, die Leben ihrer Familien sind ebenfalls in Gefahr. Weitläufig sind wir verwandt, so habe ich noch mehr Angst um sie. Sie haben stets zu mir gehalten, mich beschützt. Sie sind mir näher als manche meiner Familienangehörigen.«

Dann brachen ihre Nachrichten ab, war das Schlimmste zu befürchten.

Auch Hassina Akbar, die Schachmeisterin, schien für Tage wie vom Erdboden verschluckt, antwortete nicht auf Nachrichten, ging nicht ans Telefon. Auch Verwandte in Kabul sagten sorgenvoll, sie wüssten nicht, was mit ihr sei.

Alles aus Vorsicht. Schließlich erreichte eine gemeinsame Bekannte eine Nachricht von ihr. Nur ein Satz: »Meine Liebe, es war ein wirklich schlechter Tag.«

Dann: wieder Schweigen für Tage. Schließlich schrieb sie: »Ich bin in Kabul mit meinen Schwestern. Wir verstecken uns, kein anderer weiß, wo wir sind.«

Ihr »Verlobter« habe letzte Nacht angerufen und gedroht: »Deine Zeit ist abgelaufen. Jetzt werde ich zu dir kommen, und du wirst für alles bezahlen, was du mir angetan hast. Ich werde dich auspeitschen. Niemand wird etwas für dich tun können, weder deine Eltern noch deine Brüder oder deine Schwestern. Niemand kann dich jetzt mehr retten!«, zitierte sie den Mann, der vermutlich bereits nach Kabul gekommen war, um sie zu jagen, zu quälen und zu besitzen. Vor dem sie nun nichts mehr schützen würde außer einem Versteck, das er bislang nicht fand. Oder die Flucht, die jeden Tag schwieriger zu werden schien.

»Ich habe keine Hoffnung mehr«, schloss sie ihre letzte Nachricht und verstummte wieder.

Im Frühsommer war ich sieben Wochen lang in Afghanistan geblieben. Ich hatte gedacht, das reiche jetzt, um den Kollaps des Ancien Régime der Illusionisten zu beschreiben, das schneller werdende Vordringen der Taliban auf Kabul. Ich ging davon aus, die Stadt selbst würde sich noch bis zum Herbst halten. Oder es käme doch noch eine Verhandlungslösung, keine tragfeste, aber wenigstens eine Atempause. Ich lag falsch.

Die vergangenen Jahre waren eine solch zähe Verlängerung eines absehbaren Scheiterns gewesen, dass ich die zunehmende Fallgeschwindigkeit des Staates vollkommen unterschätzt hatte. Die Lawine, die im Juni in den fernen Nordprovinzen Badachschan und Tachar begonnen hatte, war einfach nicht mehr aufzuhalten gewesen und hatte Kabul überrollt.

Nun wollten Zehntausende verzweifelt fort, und ich wollte hin. Nur wie?

KAPITEL 6

Für 18 Stunden in Kabul

Kabul; 25./26. August 2021

K annst du in drei Stunden am Flughafen sein?«, fragte mich an einem hektischen Nachmittag eine Stimme am Telefon. Es war Vanessa Schlesier, Dokumentarfilmerin und beteiligt an einem Plan, der beim ersten Hören größenwahnsinnig geklungen hatte. Sie selbst wollten ein Flugzeug chartern, um Menschen aus Kabul zu retten. Die Idee dazu stammte von ihrer Kollegin Theresa Breuer, die gerade zwei Jahre in Kabul gelebt und an einem Dokumentarfilm über junge afghanische Bergsteigerinnen gearbeitet hatte. Die beiden verfügten über die richtigen Kontakte zu den Organisatoren anderer Rettungsinitiativen und versammelten rasant eine Truppe aus IT-Experten, einem Luftfahrtspezialisten und Maklern, die rasch Chartermaschinen beschaffen konnten. Dazu kamen lokale Helfer in Kabul, ein britischer Exmilitär sowie ein Journalistenkollege mit guten Beziehungen nach Katar. Und auch ich sollte dabei sein.

In der Wirrnis der ersten Tage hatte ich ihnen Glück gewünscht, das Unterfangen aber für komplett aussichtslos gehalten.

Doch nun klang das anders. Die Maschine war tatsächlich bereit, und wichtiger noch: Das Außenministerium von Katar hatte Bereitschaft signalisiert, die Gefährdeten mit einer Eskorte aus in Kabul stationierten Sicherheitskräften in den Flughafen zu bringen, was angesichts der wütenden wachsenden Menschenmengen rundherum bald schwieriger zu werden drohte, als einen Platz in einer Maschine für jemanden zu finden, der schon drin war. Katar hatte seit Jahren die Verhandlungsführer der Taliban beherbergt, war plötzlich der wichtigste Vermittler zwischen ihnen und dem Rest der Welt geworden. Auch das Auswärtige Amt (AA) hatte Kooperation versprochen, segnete rasch und unbürokratisch die Liste von etwa 170 Menschen ab, die von der »Kabul-Luftbrücke« auf ebendiesem Weg evakuiert werden sollten: die Bergsteigerinnen aus dem Dokumentarfilm, junge Frauen, deren Prominenz allein sie in Gefahr bringen konnte; Journalistinnen und Übersetzer, Rechercheure deutscher Medien, die durch Mithilfe des *Zeit*-Reporters Wolfgang Bauer in die Gruppe derer kamen, die ausgeflogen werden sollten.

In Kabul jedoch würde man kaum die Chance haben, das gecharterte Flugzeug zu betanken. Also wurde als Abflugort der »Luftbrücke« Tiflis ausgewählt, Georgiens Hauptstadt, die nah genug an Kabul lag, um von dort aus mit einer Tankfüllung hin- und zurückzufliegen.

Der Flug verzögerte sich, aber am 23. August ging es für uns von Deutschland aus via Istanbul nach Tiflis. Vier Journalisten, Bauer und Andy Spyra für die *Zeit*, Thomas Avenarius von der *Süddeutschen Zeitung* und ich, sollten mitkommen nach Kabul – die Evakuierung dokumentieren und, falls möglich, in der Stadt bleiben. Das jedenfalls war der Plan.

In Tiflis wurde in letzter Minute noch eine meterlange

Leiter gekauft und verladen für den Fall, dass die Maschine zwar landen könne, die zu Evakuierenden auch da seien – nur keine Gangway, über die sie auch einsteigen könnten. Am Mittag des 25. August hob der zuvor in Ägypten gecharterte Airbus A-320 in Tiflis ab und landete etwa drei Stunden später in Kabul auf dem zivilen Bereich des Flughafens.

Die Mission war trotz meiner anfänglichen Skepsis erfolgreich gestartet, sollte letztlich aber doch scheitern. Nicht an technischen Details – eine Gangway auf Rollen gab es –, sondern daran, dass es, einmal in Kabul, weder Passagiere gab noch irgendwen, der hätte Auskunft geben können.

Nach der Landung im späten Licht des Nachmittags kam niemand zur Maschine, die eigentlich nach einer Stunde hätte wieder abheben sollen, so die Ansage des Towers. Nach einer Weile hatte Rob Grey, der mitgeflogene Ex-Elitesoldat, über seine Kontakte die Crew im Tower überzeugt, uns auf den militärischen Teil weiterrollen zu lassen.

Doch auch dort war niemand. Irgendwann tauchten zwei freundliche US-Soldaten aus New Jersey auf, erkundigten sich, wer wir denn seien, und versicherten uns, dem deutschen Vertreter des AA Bescheid zu geben. Die Kataris hatten ihre zugesagte Eskorte für die bereits Wartenden in letzter Minute abgesagt, weil die von ihnen erbetenen Bestätigungen des AA fehlten. Statt der 170 Menschen auf der Liste der »Kabul-Luftbrücke« lief nach einer Weile eine kleine Gruppe afghanischer Familien über das weitläufige Rollfeld auf die Maschine zu: 18 Menschen, die Portugals Regierung evakuieren wollte, aber mangels Flugzeug nicht ausfliegen konnte.

Kaum waren die eingestiegen, rollte ein Jeep des US-Militärs heran. Der joviale Hauptfeldwebel Justin Sanderlin sprang ab und erklärte den Verdutzten vor der Maschine, er habe klare Order vom Befehlshaber des ganzen Flughafens bekommen: Diese Maschine sei nicht berechtigt, überhaupt Passagiere mitzunehmen!

Das müsse ein Irrtum sein, entgegneten unisono die Luftbrücke-Organisatoren und die anderen Beteiligten. Der Flug, die Bewilligungen des AA seien ja überhaupt nur zustande gekommen, um Leute mitzunehmen. Sonst, so beteuerte Theresa Breuer, stünden wir kaum hier. Einleuchtend, fand Sanderlin und riet, politische Kontakte so weit oben wie möglich in der Rangfolge einzubeziehen, um diesen Irrtum aufzuklären. Sonst müssten die 18 Afghanen wieder aus dem Flugzeug geholt werden.

Die Ankündigung der Journalisten, das Büro des deutschen Außenministers einzuschalten, quittierte er mit gequältem Lächeln: Seine Order sei vom deutschen Offiziellen »hier auf der Basis« gekommen. Der verantwortliche Verbindungsmann habe klargemacht: Keine Passagiere!

Nur, wer würde jetzt die 18 Geflohenen, die sich endlich in Sicherheit wähnten, wieder aus der Maschine zerren?

Und was sollte die jähe Obstruktion? Wie sich sehr viel später herausstellen sollte, hatte auch der Koordinator im Tower die gleiche Information erhalten: Die Bundeswehr-Führung am Flughafen habe vom AA-Verantwortlichen klare Weisung bekommen, dass dieser Flug nicht von Deutschland unterstützt werde. Sanderlin telefonierte, nickte, versicherte, der deutsche Kontaktbeamte werde nun kommen. Niemand kam.

Inzwischen war es später Abend geworden. Der ägyptische Pilot stand seit Stunden mit laufenden Motoren auf dem Rollfeld, wollte längst wieder in der Luft sein und hatte

Angst, mangels Sprit gar nicht mehr wegzukommen. Aber niemand, weder die Amerikaner noch die Crew, wollten die 18 Passagiere zwingen, wieder auszusteigen.

Einige der portugiesischen Soldaten waren freundlicherweise geblieben und brachten uns vier Journalisten über das Rollfeld zum Quartier der Bundeswehreinheit, den einzigen Deutschen am Flughafen, die sie kannten.

Überrascht, dass plötzlich vier deutsche Journalisten vor ihrer Unterkunft auftauchten, war einer der Offiziere der Fallschirmjäger schließlich bereit, uns Auskunft zu geben. Er sei auch erst eine halbe Stunde vor Ankunft des Flugzeugs vom Vertreter des AA am Flughafen informiert worden, dass er auf gar keinen Fall seine »Schutzbefohlenen« auf diese Maschine lassen dürfe. Sobald afghanische Geflohene die Bestätigung hätten, in Richtung Deutschland evakuiert zu werden, seien sie ja seine »Schutzbefohlenen«. Das sei nun seine »ganz private Kaugummivorstellung«, aber diese »Schutzbefohlenen« würde er auch mit der Waffe in der Hand verteidigen, wenn nötig. Jenseits des Umstands, dass die ursprünglich vorgesehenen 170 Menschen es ja gar nicht auf den Flughafen geschafft hatten.

Es war spät. Alle, die Soldaten, die Journalisten, waren erschöpft, übermüdet, hatten in den letzten zehn Tagen nicht viel geschlafen. Aber jeder verstand, wie absurd es war, die zur Evakuierung in Absprache mit allen verantwortlichen Bundesministerien, darunter auch dem Verteidigungsministerium, eingeflogene Chartermaschine der »Kabul-Luftbrücke« in die Nähe einer Kidnappertruppe zu rücken, die den deutschen Fallschirmjägern ihre »Schutzbefohlenen« rauben wollte. Abgesehen davon, dass jene Afghanen und Afghaninnen, die auf diesem Flug hätten landen sollen, weiterhin in der Stadt festsaßen, weil die Kataris ihre Eskortierung abgesagt hatten. Und zählten die armen 18, die von den portugiesischen Soldaten zur Maschine gebracht worden waren, auch zu den »Schutzbefohlenen« des deutschen Offiziers?

Er konnte uns dazu keine Auskunft geben. Wir sollten seinen Kontaktmann vom AA selbst fragen. Diesmal ging es mit deutscher Eskorte zurück zum Rollfeld, wo die Maschine bereits mit geschlossener Tür und laufenden Triebwerken kurz vorm Abheben war, weiter zu den Gebäudekomplexen, vorbei an verwaisten Schnellrestaurants, Müllbergen, zurückgelassenem Gepäck.

Auch der Mann vom AA schien erschöpft, erwiderte unsere Vorstellung nur matt: »Meine Freude ist grenzenlos.« Auf die Frage, warum er an allen Stellen darauf hingewiesen habe, dass der Luftbrücken-Flug nicht von Deutschland unterstützt werde und überhaupt keine Passagiere aufnehmen dürfe, kam keine Antwort. Jedenfalls keine direkte. Sondern die ausweichende Erklärung, mehrere Nationen hätten von sich aus abgelehnt, die von ihnen bewilligten Evakuierungspassagiere in ein privat gechartertes Flugzeug steigen zu lassen. Wir hätten nachhaken sollen. Aber es war tiefste Nacht, die Maschine war vermutlich ohnehin bereits abgeflogen, und wir mussten noch etwas anderes mit ihm klären: Dass wir selbst keineswegs vorhatten, Kabul umgehend auf dem Luftweg wieder zu verlassen.

Drei von uns wollten bleiben und uns bei Sonnenaufgang auf den Weg in die Stadt machen. Der Mann vom AA meinte, er könne uns nur eindringlich davon abraten, uns vom Flughafengelände zu entfernen. Wir seien uns der Risiken bewusst, erwiderten wir. Unsere afghanischen Teams warteten bereits seit Stunden auf der anderen Seite. Und wir wären dankbar, an einem möglichst wenig überfüllten Tor herausgelassen zu werden, unsere Fahrer möglichst schon vorher dorthin schicken zu können. Es hatte seit Tagen Anschlagswarnungen gegeben, am kommenden Nachmittag würde es tatsächlich ein verheerendes Selbstmordattentat im größten Gedränge vor dem »Abbey Gate«, einem Tor im Südosten des Flughafens, geben. Der Rest der Stadt jedoch war ruhig, Kollegen aus den USA, der Schweiz, Kanada arbeiteten unbehelligt. Eine Planung mit Risiken. Und eine stets unangenehme Situation für beide Seiten, immer wieder gerade dorthin unterwegs zu sein, wovon das AA in seinen Reisewarnungen abrät.

Ein Fallschirmjäger brachte eine metergroße Wolldecke mit dem Aufdruck »Eigentum der Bundesrepublik Deutschland«. Wir legten uns darauf, um zu warten, bis es hell würde. Es war immer noch warm. Wir waren zu müde zum Einschlafen, verfolgten aus der Entfernung, wie sich nach einer Weile des Telefonierens mehrere uniformierte Amerikaner zum AA-Mann stellten, der wiederholt in unsere Richtung zeigte.

Schließlich kamen sie, umstellten uns, erklärten, wir könnten nicht auf dem Flughafen bleiben. Sie würden uns aber auch nicht in die Stadt lassen. Wir stünden unter Arrest, würden mit der nächsten Maschine ausgeflogen werden: »Bitte leisten Sie keinen Widerstand.« Dies geschehe in Absprache mit dem deutschen Diplomaten.

Der stand noch da, einige Meter weiter, beharrlich mit dem Rücken zu uns. Auf die Bitte an die Amerikaner, ihn wenigstens zu dieser Entscheidung befragen zu können, hob einer warnend seinen Arm: Das gehe nicht. Der AA-Mann dürfe nicht mehr angesprochen werden. Aber es stehe uns selbstverständlich frei, die deutsche Botschaft anzurufen zwecks konsularischer Betreuung. Nur war die schon längst geräumt.

So wurden wir zu Evakuierten wider Willen.

Jeder bekam ein reißfestes PVC-Armband mit einem Barcode ums Handgelenk, dann hieß es warten in einer improvisierten Abfertigungshalle, gemeinsam mit Hunderten, Tausenden Afghanen, alle erschöpft, manche mit bandagierten Verletzungen. Eine junge Afghanin mit blutbeflecktem Beinverband im Plastikschalensitz neben mir schaute auf mein Telefon, fragte in gebrochenem Englisch: »Haben Sie WhatsApp? Kann ich es kurz benutzen?« In der Hand hielt sie ein uraltes kleines Nokia-Telefon, das von einer Internet-Fähigkeit so weit entfernt war wie Kabul von einem demokratischen Machtwechsel.

Karischma, so stellte sie sich vor, aus der Provinz Samangan weit im Nordwesten des Landes. Ihr Bruder sei der Assistent des Gouverneurs gewesen, der bei den Kämpfen erschossen wurde. Ihr Vater war beim Geheimdienst NDS, sei abgetaucht, die Lage für ihre ganze Familie sei »bsior charob«, miserabel. Sie habe sich ganz allein bis nach Kabul und auf den Flughafen durchgeschlagen, habe sich im Gedränge am Stacheldraht verletzt.

Ihr Bruder wiederum hatte es bis ins Pandschschir-Tal geschafft, wohin sich die Reste der afghanischen Armee zurückgezogen hatten, und wollte sich dort dem militärischen Widerstand anschließen. Nur habe er die Familiendokumente auf seinem Telefon, schloss sie die Schilderung der wilden Odyssee: Dafür brauche sie nun WhatsApp, was auch immer das genau sei! Ihr Bruder habe das. Und die Amerikaner wollten die Dokumente sehen. Ihren Ausweis hatte sie auf der Flucht weggeworfen, eine Tasche war im Chaos abhandengekommen.

Immerhin hatte sie noch die Telefonnummer ihres Bruders. Die Verbindung ließ sich herstellen, und nachdem er das Gesicht seiner kleinen Schwester gesehen hatte, glaubte er auch, dass kein Taliban-Kommando ihn anrief. Er schickte die PDFs der Dokumente an mein Telefon, Karischma ging zu den zusammengeschobenen Tischen, hinter denen ein Dutzend US-Soldaten überprüften, was immer ihre potenziellen Passagiere ihnen an Identitätsnachweisen gaben. Es war nicht klar, ob sie irgendjemanden gänzlich abweisen würden. Aber was immer sie bekommen konnten, speisten sie ein ins System, versicherten höflich, es werde helfen. Wobei auch immer.

Wohin wollte Karischma überhaupt? Sie wusste es nicht: »Ich hatte noch keine Ruhe, darüber nachzudenken.« Alle Gedanken hatten sich seit der Flucht aus Samangan nur darum gedreht: Wie komme sie hier raus? Und danach? »Ach, Deutschland? USA?« Das sei ihr im Moment egal. Sie hatte niemanden im Rest der Welt. Sie hatte es auch allein bis auf diesen Flughafen geschafft, alles andere werde sich finden.

Draußen färbte sich der Himmel über den Bergketten im Osten erst tiefblau, dann blasser werdend, schließlich in einem warmen Bernsteinton. Die Halle war im ersten Stock, es gab eine kleine Terrasse. Von dort waren die wartenden Massen zu sehen, die sich vor einer Stacheldrahtbarriere immer dichter drängten, sich nach hinten hin vereinzelnd, wo die nächste Stacheldrahtwand stand und die nächste Menge sich drängte. Als ob Dantes Höllenkreise des Infernos auf großer Bühne nachgestellt würden. Nur gegenläufig: Der schlimmste Kreis lag außen.

Ganz vorn, wo das betonierte Rollfeld begann und die Flugzeuge standen, saßen noch vor der Menge zwei Alte tief versunken in ausklappbaren Campingstühlen. Dahinter kauerten Frauen, Kinder, Männer, schliefen, warteten darauf, vorzurücken.

Als die Sonne schon über dem Horizont stand, kam das Signal zum Aufbruch. Wie Grundschüler beim Ausflug, als ganz schmale, dichte Reihe, sollten wir losgehen zum letzten Flugzeug, weit und geradeaus. Vor dem Aufbruch verteilten Soldatinnen Babynahrung an Familien mit kleinen Kindern, wurde der Barcode am Handgelenk gescannt.

Die C-17-Frachtmaschine der US-Luftwaffe lag da wie ein Wal, dunkelgrau, erschien immer größer beim Näherkommen. Nur öffnete sich hier kein Maul, sondern senkte sich mit kreischendem Geräusch die Heckklappe. Bereit, eine halbe Tausendschaft Menschen aufzunehmen. Bereit, ihre Leben, ihre Art, wie sie leben wollten, ihr Können, die Ausbildung ihrer Töchter zu retten. Sie alle wiederum waren bereit, ihre alten Leben zurückzulassen, die betagten Eltern, die Berufe, Häuser, die Gärten und den Apfelbaum, unter dem die Kinder im Garten spielten.

Immer länger zog sich die Prozession über das Rollfeld. Mohammad Yassin und seine Frau hielten sich im Arm, kamen ein paar Schritte voran, warteten wieder. Sie schauten nach vorn, zur riesigen Maschine. Nur ihre kleine Tochter auf dem Arm der Mutter schaute neugierig zurück auf die Gesichter hinter ihr, auf das Kabul, das in Jahren nur noch eine ferne Erinnerung sein würde. Manche der Kinder hatten ihre feinste Kleidung an, aber die Hosen und Jacken waren zerknittert, verstaubt von den vergangenen Tagen des Wartens.

Lange waren all diese Menschen unterwegs gewesen, um

es bis hierhin zu schaffen. Manche hatten sich tagelang durch die Massen an den Toren des Flughafens vorgearbeitet, sich geduckt, wenn geschossen wurde. Andere wurden von Bussen mit den sonderbarsten Eskorten abgeholt, manchmal beschützt von Taliban, vor deren Machtübernahme sie doch flohen. Das war die Absprache mit den Amerikanern, den Vertretern Katars, eben sicherheitshalber auch Kämpfer der Taliban mitzunehmen, um die Flucht vor den Taliban zu sichern. Das war Kabul in diesen vollkommen wirren Tagen.

Über das Flugfeld gingen Entkommene, nicht wissend, wem oder was genau sie entkamen: einer künftigen Taliban-Diktatur oder einem erneuten Bürgerkrieg. Praktisch machte das keinen Unterschied.

Der Zug wurde länger und länger, eskortiert von Soldaten. Als die Ersten schließlich vor der Maschine standen, kamen Hunderte Meter weiter hinten immer noch Menschen nach. 450 bis 500, schätzte einer der amerikanischen Soldaten. Die Stimmung war ruhig, es wurde nicht viel gesprochen im steten Dröhnen der startenden und landenden Flugzeuge. Erleichterung lag auf den Gesichtern, ebenso Trauer und vor allem: Erschöpfung.

Das Licht der Morgensonne ließ das Innere des C-17-Frachtflugzeugs dämmerig erscheinen. Durch den breiten Heckschlund dieses Wals auf Rädern ging es unter den hoch aufragenden Heckflossen hinein in den Innenraum von den Ausmaßen einer Turnhalle. Sechs Meter hoch wölbte sich die Decke über dem Boden. Alte Frauen, Versehrte, einige Verwundete durften sich auf den einzigen beiden Sitzreihen an den Seiten niederlassen, für alle anderen hieß es, sich irgendwo hinzukauern. Dann: wieder aufstehen. Weiter nach vorne, mehr Platz schaffen für die Nachrückenden!

Eine Soldatin auf einer kleinen Empore am Kopfende dirigierte per Lautsprecher die anwachsende Menge auf Englisch. Aber das verstanden hier ziemlich viele. Ein paarmal ging das so, aufstehen, noch weiter nach vorne, setzen, wieder aufstehen. »Floor loading« nennen es die Amerikaner. »Menschliches Nachverdichten« wäre wohl die passende Übersetzung. Bis das halbe Tausend verstaut und ineinander verkeilt war, alle so eng beieinandersaßen, dass über die nächsten fünf Stunden des Fluges immer wieder ein Arm, ein Fuß, ein Kopf, ein Einschlafender auf einem zu liegen kommen würde.

Das Erstaunliche war: Niemand beschwerte sich. Ein einziges, knappes Brüllgefecht, ein paar übergaben sich, ansonsten rückten alle leise zusammen. Die Heckklappe fuhr hoch, die Rampe wurde eingeklappt, das Flugzeug verriegelt.

Nun saßen alle im fahlen Licht der Innenbeleuchtung dicht an dicht, Männer wie Frauen, egal. Für Afghanistan mit seiner grundsätzlichen Paranoia, was die Geschlechtertrennung betrifft, sehr ungewöhnlich. Aber die Passagiere selbst waren ungewöhnlich, wie sich in den fünf Stunden des nun beginnenden Fluges herausstellen sollte.

Als der rasante Start und die Schräglage des Flugzeugs das lang gestreckte Menschenknäuel nach hinten rutschen ließen, hielten sich alle aneinander fest. Nach einer endlosen Minute stabilisierte sich die Maschine, ließ das Dröhnen der Triebwerke nach. Es war Viertel nach acht morgens, und die alten Leben der Insassen waren soeben zu Ende gegangen.

»Entschuldigen Sie«, fragte Mohammad Yassin, dessen Tochter auf dem Rollfeld so neugierig geschaut hatte, »könnte ich kurz mein Telefon an Ihrer Powerbank aufladen?« Wie selbstverständlich sprach er Englisch. So, wie fast alle um uns herum Englisch sprachen. Er war Koordinator der Flugausbildung für Frachtflugzeuge gewesen, »vor allem die C-130 Herkules, schönes Flugzeug!«, hatte an der Universität in Kabul studiert, jahrelang für das Welternährungsprogramm als Projektmanager gearbeitet.

Die nötigen Kontakte, um irgendwie auf den Flughafen zu kommen, hatte aber gar nicht er, wie zu vermuten war: »Das war ich«, sagte seine Frau, ebenfalls in makellosem Englisch, die bei der amerikanischen staatlichen Hilfsorganisation USAID gearbeitet hatte: »Für uns Angestellte und die Familien, etwa 200 Leute, haben die Amerikaner Busse geschickt, die von Haus zu Haus fuhren, um uns abzuholen.« Ihre Fahrt zum Flughafen sei von Afghanen bewacht worden. Was für welchen? Schulterzucken. »Irgendwo wurde geschossen, aber wir sind durchgekommen!«

Die beiden hielten sich im Arm, hielten ihre Tochter davon ab, über andere Leute zu krabbeln, redeten völlig entspannt, abwechselnd, wie man es von Paaren kennt. Nur eben nicht in Afghanistan, zumal mit einem fremden Mann, dessen Hüfte auch noch am Bein der Frau lehnte. »Ich sehe keine Zukunft für Menschen wie uns«, sagte sie. »Es wird nicht gut gehen, selbst wenn die afghanischen Taliban sich auf Kompromisse einlassen. Dann werden wieder Neue aus Pakistan kommen.«

Ob sie nun glücklich seien? »Ach«, sagte er: »Wir sind vor 24 Stunden von zu Hause aufgebrochen, und ich vermisse schon meine Mutter. Wir haben alle zusammen gewohnt, in zwei Häusern nebeneinander, in Qalah-e Fathullah«, einem der Altstadtviertel von Kabul, »hatten einen großen Garten mit Weintrauben. Unter dem Apfelbaum spielten die Kinder. Glücklich? Nein. Erleichtert, ja. Schauen Sie sich um, schauen

Sie in die Gesichter: Fast alle von uns hier mussten ihre Eltern zurücklassen, ihre Schwestern, Brüder, und wir haben Angst um sie. Mein Bruder ist Universitätsprofessor, dem geschieht vielleicht nichts. Aber er sitzt jetzt zu Hause und hat keinen Job mehr, keine Zukunft.« Mehr als 100 afghanische Mitarbeiter von USAID hätten zuvor eine Petition an die US-Regierung unterschrieben, auch ihre Eltern mitnehmen zu dürfen. Nein, hieß es, so viele gingen nicht. Nur die Beschäftigten und deren Kernfamilie.

»Ich wollte Journalist werden«, erzählte der junge Saddam Omar Stanikzai rechts von uns, »hatte gerade angefangen zu arbeiten. Das war mein Traum. Vorbei.« Er und seine Frau, eine Studentin der Ökonomie, seien extra aus der Provinzstadt Taloqan im Norden nach Kabul gezogen, um dort zu studieren, zu arbeiten. Sie, strahlend schön mit leichtem Kopftuch, warf ab und an ein Wort ein, wenn er es auf Englisch nicht kannte.

Wais Wardak, hinter uns, standen Tränen in den Augen: »Das war doch unsere Heimat! Es war schön dort!« Auf seinem Telefon wischte er durch die Bilder der Vergangenheit: die Familie im Garten, beim Badeausflug am Band-e Amir, einer türkisgrünen Kette von Seen in Bamiyan in Zentralafghanistan. »Es war schön mit den Menschen«, so formulierte er es. Und fing sich schniefend: »Diese Idioten, die jetzt die Macht übernehmen! Die Mullahs, die nie draußen gelebt haben, die wissen doch noch nicht einmal, was ein Flugzeug ist! Und die wollen nächste Woche den Flughafen Kabul betreiben?« Er lachte trotzig, andere fielen ein.

Er, Wais Wardak, aber wusste, wie man ein Flugzeug fliegt. Er war bei der Luftwaffe gewesen, »Flugkoordinator«. Auch die C-17, in der wir gerade saßen, kannte er gut. Aber eher in

114

ihren technischen Details, nicht selber als verkantetes Bündel auf der Ladefläche sitzend, sein Knie in meinem Rücken.

Es war fast unmöglich aufzustehen. Man konnte nur mit jenen reden, die um einen herum saßen. Eine willkürliche Auswahl des Zufalls beim Einsteigen. Aber vor, hinter und neben mir saßen lauter hervorragend ausgebildete, vielfach junge Afghaninnen und Afghanen, die interessante Jobs hatten, die Karriere machen, ein normales Leben wie in Hamburg, Vancouver, Dubai leben wollten. Da wohnten die Verwandten einiger, »aber wir wollten nicht weg«, schaltete sich Mohammad Yassin wieder ein: »Seit 2013 sind so viele von meinen Kommilitonen und Freunden ins Ausland gegangen. Wir aber nicht. Wir waren glücklich hier. Außerdem hätte ich meine Mutter nicht verlassen.«

Um mich herum saß die Zukunft eines Landes, die es gerade in einer Frachtmaschine verließ. Dieses Schicksal Afghanistans wiederholte sich gerade zum dritten Mal in einem halben Jahrhundert: In den 1970er-Jahren hatte die Elite zum ersten Mal das Land verlassen. Damals hatte Putsch um Putsch die alte Monarchie schließlich der Diktatur eines derart durchgedrehten Diktators weichen lassen, dass die einmarschierenden Sowjettruppen zwar sein Regime retten wollten – aber ihn als Erstes von einem GRU-Speznas-Kommando im Königspalast erschießen ließen.

Seither war Afghanistan nie wieder ganz zur Ruhe gekommen. In den 1990er-Jahren floh abermals, wer konnte, nun vor dem Bürgerkrieg der vormaligen Mudschaheddin-Fraktionen. Die hatten zwar die Sowjets zum Abzug gezwungen, aber anschließend eingeäschert, worüber sie herrschen wollten: ihr Land.

Jetzt gingen wieder die Klügsten: Die in Freiheit leben

und im Ausland an einer besseren Zukunft arbeiten wollten. Die als Frauen nicht als taubenblaue Burka-Gespenster eingesperrt, sondern wie Gleiche behandelt werden wollten und sich für ihre Töchter dasselbe wünschten. Die klügsten, engagiertesten, begabtesten der in den vergangenen 20 Jahren der internationalen Intervention in Afghanistan Herangewachsenen flohen.

»Irgendwann in den nächsten Wochen wird sonst jemand vor unserer Tür stehen«, umriss Mohammad Yassin die konkrete Furcht von vielen. »Er wird sagen: Du hast einen Universitätsabschluss? Warum hast du nicht stattdessen mit uns im Dschihad gekämpft? Du hast mit Ausländern gearbeitet? Dann musst du sterben!« Er glaubte den Beteuerungen der Taliban-Führung nicht: »Die sind zu nett, so sind sie nicht wirklich. Das ist die Ruhe vor dem Sturm!«

Rahmat Hussein, zwei Meter weiter rechts, nickte: »Man muss nicht mal aktiv gegen die Taliban gearbeitet haben. Es ist unsere Art zu leben, die ihnen nicht passt. Ich war Banker, Abteilung Wirtschaftsprüfung, bei der First MicroFinance Bank. Das reicht, mich in Gefahr zu bringen.« Neben ihm erzählte ein junger Professor für Elektrotechnik, der Berater des Direktors der Nationalen Energiewerke gewesen war, dass die Taliban seinen Chef abgesetzt und ihm gesagt hätten: »Komm nicht wieder.« Da habe auch er Angst bekommen.

Auch Hoschmand und seine Frau, die Ingenieurin war und wie Yassins Frau bei USAID arbeitete, hatten es mit ihrer dreijährigen Tochter durchs Chaos am Flughafen geschafft. Just an ihrem Hochzeitstag, »aber zum Feiern wäre uns auch so nicht zumute gewesen«. Ihre dreijährige Tochter saß auf den Knien der Mutter und trampelte mit den

Füßen auf den Schultern ihres Vaters vor ihr. Der kitzelte sie, beide lachten. Zwischen uns spielte ein Mädchen Candy Crush auf einem iPad.

Stanikzai, der Journalist werden wollte, vertiefte sich in ein abgewetztes Buch, dessen Text mit geometrischen Girlanden umrankt war. Aus einigen Metern Entfernung sah es aus wie ein Koran. Auf die Frage, ob es einer sei, schaute er für eine Sekunde verdutzt, lachte: »Nein. Sicher nicht. Das ist Hafez«, der persische Dichter, der im 14. Jahrhundert über Sehnsucht, Wein und Freiheit geschrieben und dem Goethe vor 200 Jahren eine Hymne gewidmet hatte: »Wie du zu lieben und zu trinken, das soll mein Stolz, mein Leben sein.«

Zu trinken, auch nur Wasser, gab es in der C-17 wenig, außerdem hatte jeder Angst davor, sich über Hunderte Mitinsassen zur Toilette am Kopfende des Flugzeugs hangeln zu müssen. Aber was die Liebe betraf, war es entspannter als sonst in afghanischen Runden, wo selbst das Händchenhalten Männerfreundschaften vorbehalten war. Paare umarmten einander, Stanikzais Frau legte ihren Kopf auf sein Knie, viele hielten sich aneinander. Eine Frau strich ihrem Mann immer wieder beruhigend über die Wange. So normal, anderswo, während in ihrem Leben nichts mehr normal war. »Jetzt müssen wir wieder bei null anfangen«, sagte der Elektrotechnik-Professor Hoschmand, »bei null, in einem fremden Land.«

Nach fünf Stunden im dröhnenden Bauch des Flugzeugs neigte sich abermals der Boden, setzte die Maschine zur Landung auf der amerikanischen Luftwaffenbasis Al Udaid in Katar an. Wieder senkte sich die Heckklappe. Das gleißende Licht der Mittagssonne blendete im ersten Moment, draußen waren es fast 50 Grad.

Benommen wie Jona, der vom Wal wieder ausgespuckt worden war, kamen alle langsam heraus, liefen über den steinigen Wüstenboden zum Registrierungszelt ins Ungewisse. Für sie begann nun die große Odyssee, die sie mindestens für Tage, wenn nicht für Wochen zum Ausharren in der hitzeflirrenden Zeltstadt mit aufblasbaren Riesenrutschen für die Kinder zwingen würde.

Danach kämen: Albanien. Ruanda. Mit viel Glück die USA. Für manche Europa.

Ich hatte ein eher ungewöhnliches Ziel: zurück nach Kabul.

KAPITEL 7

Goldfische, Kettenkarussell und Meuchelmorde

Kabul; September 2021

Über Usbekistan war ich zurückgekommen, eine Woche nach der Abschiebung aus Kabul und verkehrstechnisch 100 Jahre zurückgeworfen: Nichts flog mehr aus und nach Kabul, überhaupt nach Afghanistan. Mit dem Auto hatte ich mit zwei Kollegen vom Norden aus erst einmal die Hauptstadt angesteuert, über Land würde es nun für die nächsten Monate weitergehen.

Das Angesicht des Molochs Kabul hatte sich noch kaum verändert. Frauen mit lockerem Kopftuch blieben unbehelligt, es waren nur weniger unterwegs als zuvor. Die Fähnchenverkäufer an den großen Kreuzungen hatten umgestellt von afghanischen Flaggen auf weiße Wimpel mit islamischem Glaubensbekenntnis, dem Signet der Taliban. Vor den Banken harrten Hunderte Beamte aus, kampierten Soldaten, die seit Tagen warteten, ob ihr Gehalt vielleicht doch noch einträfe.

Die Musikhochschule und die Universität blieben geschlossen. Über dem Tor des Frauenministeriums brachten

Kämpfer ein handgemaltes Banner an, auf dem zu lesen stand, dass hier nun das »Ministerium zur Förderung der Tugend und zur Bekämpfung des Lasters« residierte. Aber das Gebäude war leer, nur zwei Wächter lungerten davor herum.

Die Eisverkäufer schoben ungerührt weiterhin ihre feuerroten Handwägelchen durch die Straßen und ließen fortwährend die plärrende E-Version von Beethovens »Für Elise« laufen, um Käufer anzulocken.

Die Stadt schien nicht recht zu wissen, was sie mit der Ankunft dieser Bauernarmee wild gelockter Landbewohner aus allen paschtunischen Provinzen anfangen sollte. Die Taliban wiederum verstanden die Stadt nicht, gingen fast nur in Gruppen auf die Straße, rollten waffenstarrend, den Finger am Abzug, auf den Ladeflächen ihrer Pick-ups kauernd durch die Stadt, als läge die Frontlinie hinter den nächsten Häuserblocks.

Sie hatten versprochen, für Ruhe und Ordnung zu sorgen, nachdem sie gerade erst alle Ordnung hatten einstürzen lassen. An einem der ersten Tage präsentierten sie dem Volk ein Dutzend gefangener Diebe und Räuber, die Gesichter schwarz bemalt, die Hände gefesselt. Zwei der Unglücklichen waren angeblich Minuten zuvor dabei ertappt worden, wie sie ein Auto klauen wollten und dabei den Besitzer verletzten, der gerade ins Krankenhaus gebracht wurde.

Rund um den Deh-Mazang-Platz, dessen Nordseite von der wuchtigen Fassade der Verkehrspolizei-Zentrale dominiert wurde, präsentierten die Taliban die mutmaßlichen Kriminellen auf den Ladeflächen dreier Pick-ups wie auf rollenden Schandpfählen. Mittelalter light. Die Menschen schauten, nicht empört, nicht euphorisch, nur ein Mann rief: »Den einen von ihnen kenne ich! Der hat mich vor einer

Woche überfallen!« Tausende Kriminelle waren in den Wochen zuvor entkommen, als die Wächter sämtlicher Gefängnisse schon vor dem Eintreffen der Taliban das Weite gesucht hatten. Doch auch unter den Entflohenen selbst waren zahllose Taliban, insofern hatten die Sicherheitskräfte allen Grund zur Annahme, dass es klüger wäre, zu gehen und nicht auf deren Befreiung durch ihre Glaubensbrüder zu warten.

Unter den jäh in die Freiheit Gestolperten, die oft verwahrlost und ziellos durch die Straßen stromerten, war ein Mann, dem die Taliban sein jähes Glück kaum gegönnt hätten. Sein Schicksal erzählte einiges über das Chaos jener Tage, aber noch viel mehr über afghanische Dialektik, den Staat für die Organisierung der Kriminalität zu benutzen. Wohl die meisten Ausländer kannten ihn, ebenso jene aus der afghanischen Elite, die gern tranken, was verboten war. Er hatte einen schönen Spitznamen: *the milkman*. Verlässlich wie einst der Milchmann lieferte der freundliche britische Exmilitär in fortgeschrittenem Alter alles, was die Leber begehrte: Whisky, Gin, Wodka, auch Wein und Champagner, wobei das Preis-Rausch-Verhältnis bei harten Getränken günstiger ausfiel. Schließlich war der größte Kostenfaktor das Volumen, nicht die Promillezahl. Der Milchmann verkaufte echte Spirituosen zu überschaubaren Preisen, 70 Dollar für eine Flasche Whisky, nicht den blind machenden Fusel, den andere Schmuggler in echte Flaschen umfüllten und neu versiegelten. Alkoholika waren in der Islamischen Republik Afghanistan streng verboten, lediglich Einreisende am Flughafen durften zwei Flaschen einführen. Meistens jedenfalls. Mal nahmen sich die Beamten die zweite. Ein Gesetz für die kuriose Regel gab es ohnehin nicht.

Im irrlichternden Kosmos der Kabuler Korruption dachte der Milchmann, er sei dank der Beteiligung der Spitzen aus Geheimdienst und Innenministerium an seinem Geschäft unantastbar. Meist konnte man bei ihm problemlos eine Lieferung ordern, aber vor allem vor dem Wochenende war zu viel los, stauten sich die schimmernden Geländewagen der Söhne des halben Kabinetts vor seinem Haus in Taimani, wurde der Whisky kistenweise verladen. Sein Nachbar, selbst einem guten Gin Tonic nicht abgeneigt, versuchte einmal, vom Balkon aus den Umsatz eines Abends zu zählen: »Es müssen Tausende, vielleicht mehr als 10 000 Dollar gewesen sein«, schätzte er. Der Bezugsweg des Milchmanns, die Spirituosen containerweise aus Dubai auf den Kabuler Flughafen zu schaffen, war elegant und blieb bis zum Schluss sein Geheimnis.

Ein solides Geschäftsmodell, das nur ein Problem hatte: Qualität und Preise waren so fair, dass der Milchmann auf dem Weg zum Monopolisten war. Er ruinierte die anderen Dealer. Insbesondere ein Afghane aus dem Umfeld des Restaurants Boccaccio wollte sich sein Geschäft mit teuren wie fragwürdigen Getränken nicht kaputtmachen lassen. Günstigerweise war er befreundet mit dem Chef der Drogenbekämpfungseinheit des Innenministeriums, der seinerseits gern mit leicht geröteter, gereizter Nase auf den Partys der Ausländer auftauchte. Die Rauschgiftermittler waren ein Prestigeprojekt der Regierung, gefördert unter anderen von den Briten. Vorgesehen waren sie eigentlich dafür, gegen das florierende Geschäft mit Opium und Heroin vorzugehen, das aus Afghanistan in aller Herren Länder verschifft wurde und mitunter bis zu 90 Prozent des Weltmarkts abdeckte.

Aber nun gab es ein dringenderes Problem zu lösen.

Mit einem Großaufgebot maskierter Elitekräfte stürmte die »Rapid Action«-Sondereinheit der Regierungsbehörde im August 2020, ein Jahr vor dem Untergang, das Anwesen des Milchmanns und sicherheitshalber auch gleich mehrere Nachbarhäuser, beschlagnahmte in seinem Keller Hektoliter Johnnie Walker Red Label, Black Label, Blue Label, Gin, usbekischen Wodka und was sonst noch zu finden war. Eine Haftstrafe für den Milchmann ließ sich nicht vermeiden, die Rechtslage war ja eindeutig. Nur konnten seine Konkurrenten die jäh aufgerissene Versorgungslücke nicht füllen, hatten nicht die Kontakte, genug Nachschub nach Kabul zu bringen.

Komfortabel untergebracht im Qasaba-Gefängnis nahe dem Flughafen, wo vor allem wichtige Gefangene des Geheimdienstes einsaßen, wurde der Milchmann von einem britischen Landsmann mit Essen und Neuigkeiten versorgt – gegen Schmiergeld für die Wärter. »Die guckten mich gequält an«, erinnerte sich im September 2021 der britische Samariter, der wie sein Landsmann früher selbst beim Militär gedient hatte: »›Danke für das Geld‹, sagten sie. ›Aber wir hätten viel lieber was zu trinken.‹ Die Preise seien astronomisch und das meiste gefälscht. Was sollte ich sagen? Sie hatten sich ja selbst aufs Trockene gesetzt. Ein großer Fehler, das mussten sie zugeben.«

Den größten Alkoholdealer der Stadt hätten die Taliban vermutlich gern im Knast behalten. So, wie sie später all die kleinen Dealer abfischten und wegsperrten. Doch der Milchmann war nicht nur aus der Haft entkommen, sondern auch hervorragend vernetzt unter jenen, die nun die Evakuierung der verbliebenen Ausländer auf dem Luftweg organisierten. So flog er Ende August 2021 unbehelligt zurück nach Großbritannien. Dort arbeitet er seither als Lastwagenfahrer, berichten Bekannte, eine seit dem Brexit gut bezahlte Tätigkeit.

Es war nicht leicht für die Taliban, die riesige Stadt Kabul mit fünf Millionen Menschen unter ihre Kontrolle zu bringen. Zumal, wenn sie vor den ausländischen Journalisten, die langsam, aber stetig zurückkehrten, einen Gottesstaat mit menschlichem Antlitz präsentieren wollten. Und dann kam die erste Frauendemonstration.

Am frühen Morgen des 7. Septembers waren es erst ein paar Dutzend Demonstranten, die sich an verschiedenen Orten in der Stadt sammelten, dann Hunderte, als sich die kleinen Gruppen vereinten auf dem Weg zur pakistanischen Botschaft. »Marg bar Pakistan«, skandierten die Männer und Frauen: Tod dem Staat Pakistan, dessen Truppen nach allgemeiner Überzeugung das Pandschschir-Tal bombardierten, um den Taliban auch zum letzten Sieg zu verhelfen. Die Menge wuchs, auch wenn die meisten Menschen auf den Bürgersteigen nur angstvoll gebannt auf jene Mutigen starrten, die es wagten zu protestieren.

Die Fähnchenverkäufer an den Kreuzungen hatten an diesem Vormittag sowohl die weißen Taliban-Wimpel wie die alte rot-grün-schwarze Nationalflagge im Angebot.

Die Protestierenden verdammten Pakistan, aber sie riefen auch »Allahu akbar« und »zind-e bad Afghanistan«, lang lebe Afghanistan! Das war geschickt gewählt, keine direkte Konfrontation. Aber es dauerte nur Minuten, bis die Eliteeinheiten des Taliban-Geheimdienstes auftauchten, bewaffnet mit Kalaschnikows, bis sie sich formierten und vor dem Protestzug herliefen, angespannt – und ratlos.

Offenbar gab es klare Order, nicht das Feuer zu eröffnen.

Doch nur einer der Männer hatte einen Schlagstock dabei, die anderen mussten im Zweifelsfall auf die abschreckende Wirkung ihrer Sturmgewehre vertrauen. Sie hielten ihre Waffen hoch und brüllten die Menge an. Mühsam gebändigte Wut stand in ihren Augen. Aus ihren Dörfern waren sie Gehorsam gewohnt, Unterwerfung und Angst. Keine wütenden Frauen, denen auch noch immer das Kopftuch herunterrutschte, keine ausländischen Fotografen, die vor und neben ihnen auftauchten und sie filmten, keine Mutigen, die versuchten, sie davon zu überzeugen, doch gemeinsam für die Unabhängigkeit des Landes einzustehen.

Bald riefen die ersten »Azadi«, Freiheit! »Ich bin Hausfrau«, stieß eine Frau atemlos hervor, »ich habe drei Kinder. Aber wenn wir jetzt nicht rausgehen, wer wird dann noch gehen?«

Freiheit zu fordern, war weit riskanter als die ersten Slogans. Aber mittlerweile war die Menge viel zu groß, um sie einfach aufzuhalten, lief ein Dutzend internationaler Journalisten mit, wurden die ersten Videos live übertragen. Ein kleiner Taliban-Mullah mit Turban brüllte die Kämpfer auf dem Bürgersteig an, dem Ganzen endlich ein Ende zu bereiten, fuchtelte mit den Armen. Die Menge umrundete ihn einfach.

Diese Menge war eine Welle. Sie ließ sich weder dadurch brechen, dass die Bewaffneten versuchten, Hand in Hand eine Menschenkette zu bilden. Noch ließ sie sich an der schweren Stahlschranke des Checkpoints vor der Kabul-Bank stoppen, hinter dem die Taliban in Schussposition gegangen waren. Während einer der Kämpfer mit seinem schweren Maschinengewehr noch nach einer geeigneten Ablageposition suchte, floss die Menge neben der Schranke über den Bürgersteig einfach weiter, jubelnd und nicht aufzuhalten.

Bis kurz darauf, um 11.37 Uhr, zwei Dutzend Männer von der Eliteeinheit mit ihren Kalaschnikows jählings das Feuer in den Himmel eröffneten. Fast eine ohrenbetäubende Minute lang waren ihre Schüsse in der halben Stadt zu hören. Wer immer noch filmte, wurde nun mit Gewehrkolben verprügelt oder gefangen genommen, Kameras wurden zertrümmert. Die bislang größte Protestkundgebung in Kabul seit dem Einmarsch der Taliban war beendet. Die Ausländer kamen nach Stunden wieder frei. Die meisten Afghaninnen nicht. Das sollte der Modus Operandi für die kommenden Monate werden.

Für denselben Abend war die Verkündigung des neuen Interim-Kabinetts angekündigt und sollte in einem Konferenzsaal der ehemaligen »Green Zone« der Amerikaner und alten Regierung stattfinden. Nur wo war dieser Saal in dem stockfinsteren, weitläufigen Areal? Allein rannte ich durch die Straßen, ich verstand kein Paschto, kein Talib verstand mich. Ein Araber, vielleicht übrig geblieben von al-Qaida, war meine Rettung: Mit leicht nordafrikanischem Akzent erklärte er mir auf Arabisch, dass es am Ende der Straße links, dann gleich wieder rechts zu einem Kongresszentrum gehe. Dort sei die Veranstaltung. Eilig dankte ich ihm. Ich Ungläubiger, Westler, er Talib, Terrorist. Im Nachhinein war es eine seltsame Begegnung. Aber er hatte sich gefreut, mal wieder Arabisch sprechen zu können, ich war froh, noch rechtzeitig zu kommen. Ein Beispiel der bizarren neuen Normalität.

Glatt rasierte Protokollbeamte der alten Palastverwaltung koordinierten die Zeremonie. Der Regierungschef, die neuen Minister: lauter Mullahs, fast alles Paschtunen. Keiner aus der alten Politikerriege, fast niemand aus den anderen Volksgruppen Afghanistans und nur Männer. In den Tagen zuvor war der Chef des pakistanischen Geheimdienstes ISI angereist, um der Kabinettsbildung beratend zur Seite zu stehen. Dass er seine Visite auch noch öffentlich gemacht hatte, war der deutliche Fingerzeig, wer hier die letzte Auswahl traf. Als Zeremonienmeister der Konferenz trat Zabihullah Mudschahid ans Podium, der offizielle Sprecher des neuen Emirats.

Das Frauenministerium war im Zuge der Umstrukturierung gleich mit abgeschafft worden. Die einzige afghanische Journalistin, die eine Frage eingereicht hatte, wurde von Mudschahid übergangen. Als sie am Ende einfach das Wort ergriff, drehten sich zwar ein Dutzend Turbane aus der Ministerriege in ihre Richtung, aber niemand beantwortete ihre Frage. Frauen waren Luft geworden in der Politik.

Für den Fall, dass abermals Menschen wagen sollten zu demonstrieren, erklärte Mudschahid beiläufig, was sie künftig zu erwarten hatten: »Solange es keine Möglichkeit gibt, Demonstrationen anzumelden, werden wir sie als Revolte betrachten.« Gegen ihre Herrschaft, gegen Gottes Ordnung, so ihre Logik. Ein potenziell mit dem Tod zu ahndendes Verbrechen. Gleiches galt, falls das Volk ihre Herrschaft gar nicht wollte, nach Wahlen verlangte, die Taliban-Herrschaft vielleicht nach einigen Jahren absetzen wollen würde. An der Machtfrage zerbarst alle Fassadenfreundlichkeit.

Schon in den allerersten Tagen ihrer Machtergreifung hatten die Greifkommandos des Taliban-Geheimdienstes einen der Wächter des kleinen, diskreten Gasthauses gefangengenommen, in dem ich sieben Wochen lang, bis Mitte Juli, gewohnt hatte. Er war geblieben, um auf das Haus aufzupassen, auf die Möbel, den weißen Geländewagen im Hof.

Nun war er angebrüllt worden, geschlagen, mitgenommen. Dann, so erzählte er es einem gemeinsamen Bekannten später, hatten ihn Männer, die ihn nicht mehr schlugen, in einen Raum mit einem Tisch geführt. Darauf warfen sie einen großen Stapel Fotos, lauter Porträts von Menschen, deren Namen und Details er nun dem Mann auf der anderen Seite des Tisches preisgeben sollte, einen nach dem anderen.

Da waren die beiden amerikanischen Rechercheurinnen zu sehen gewesen, der Mann der Agha-Khan-Stiftung, dem Aufbauwerk der weltweiten Ismaili-Gemeinde. Des Weiteren waren der britische Manager des Gasthauses und sein südafrikanischer Stellvertreter auf den Fotos aufgetaucht, der afghanische Sicherheitschef aus dem Pandschschir-Tal, dessen halbe Familie beim Geheimdienst war, sowie deren Fahrer. Und dann hatte der Mann ein Bild auf den Tisch gelegt, auf dem auch ich abgelichtet war.

Niemand hatte gemerkt, dass der unauffällige Bau hinter den hohen Mauern seit Monaten überwacht wurde. Die Taliban hatten offensichtlich nur sehr genau wissen wollen, wer dort ein und aus ging. Nach der Befragung hatten die Geheimdienstler den Wächter laufen lassen.

Wir waren nun zu dritt untergekommen in der großen, modernen Wohnung einer geflohenen deutsch-afghanischen Ärztin. Besser als ein Hotel. Hier waren wir schwieriger zu überwachen. Hier konnten sich abgetauchte Frauen, die seit der großen Frauendemonstration am 7. September gesucht wurden, mit uns treffen, was weder bei ihnen zu Hause noch in einem Café möglich gewesen wäre. Also kamen sie zu uns, waren fast jeden Tag da, allein, mit Schwestern, ganzen Familien. Das machte den Tschaukidar, den Türwächter im Erdgeschoss, etwas nervös. Was wiederum ein gutes Zeichen war, dass er nicht als Spitzel für die Taliban arbeitete.

Der Ausflugspark mit den Gartenlokalen am Qargha-See, wo zwei Monate zuvor die stille, letzte Linie der Regierungsmacht verlaufen war, belebte sich bald wieder. Die Handleserinnen blieben verschwunden, aber die Fahrgeschäfte und Restaurants hatten ihren Betrieb wiederaufgenommen. Es kamen auch wieder Familien mit Frauen, vor allem aber wimmelte es von Taliban. Taliban in Tretbooten, im Kettenkarussell, vor der Schlange des Zuckerwattestands, beim Auto-Scooter.

Jene frühen Bilder und Videos aus den allerersten Stunden und Tagen nach ihrer Einnahme von einer Stadt voll juchzender Taliban auf Schaukeln, in Rutschen waren weder gefälscht noch ein PR-Gag gewesen. Selbst jetzt noch, Wochen später, strömten die Eroberer in kleinen und größeren Gruppen auf die Spielplätze an den Qargha-See, konnten gar nicht genug davon bekommen, sich auf der großen Schiffschaukel in der Vertikalen an den Sicherungsbügeln festzuklammern und anschließend über jene Kameraden zu spotten, die mit den Waffen der anderen unten geblieben waren und sich nicht getraut hatten.

Auch im Zoo von Kabul wimmelte es in den ersten Wochen von Taliban. Hier behauptete niemand, dass sie Eintritt zahlten, und trotz des Verbotsschildes, den Tierpark nicht mit Schusswaffen zu betreten, stromerten die Kämpfer mit ihren Kalaschnikows, manche mit schweren Maschinengewehren und umgehängten Patronengurten, zwischen den Gehegen herum. Die letzten zwei Löwen, manche Affen und die Leoparden machte das nervös. »Sie werden panisch, wenn sie Menschen mit Waffen sehen«, sagte seufzend der Veterinär des Zoos, der uns begleitete: »Vor allem die Raubtiere. Sie erinnern sich daran, was Menschen ihnen oder ihrer Gruppe angetan haben.« Er und seine Kollegen hätten versucht, es den Taliban zu erklären. Aber es sei aussichtslos, ohne ihre Waffen gingen die ja nirgends hin.

Die beiden Löwen stammten aus dem Besitz des vor Jahren ermordeten jungen Kommandeurs von Spin Boldak, einem der beiden hocheinträglichen Grenzübergänge nach Pakistan. Der Kommandeur Abdul Raziq Atschakzai war ein guter Freund der Amerikaner gewesen, Todfeind der Taliban und aller, die seine Drogengeschäfte störten. Ein Warlord mit dem Gesicht eines Heranwachsenden, dessen Name allein Furcht und Schrecken verbreitet hatte in Südafghanistan. Die Leoparden waren allesamt in Afghanistan gefangen worden, im Norden und in der Provinz Laghman, nur anderthalb Autostunden östlich von Kabul. Alle Raubtiere wirkten neurotisch und hatten vermutlich zur Genüge Schreckenserfahrungen mit bewaffneten Männern gemacht.

Die Fische hingegen ließen sich nicht aus der Ruhe bringen. Im dunklen Raum mit den Aquarien standen zwei Taliban, reglos, mit offenem Mund, vor den Becken. Von der anderen Seite der Scheibe schauten Goldfische zurück, unbeeindruckt, mit leicht wedelnden Flossen und offenen Mündern. So verharrten beide Parteien für eine Minute oder länger, einander zugewandt in stummem, wechselseitigem Staunen. Die Taliban hatten offenbar noch nie Fische in einem Aquarium gesehen, die Goldfische noch nie einen Talib.

So ging das vielen in Kabul dieser Tage. Sie kannten die Taliban bislang nur aus dem Fernsehen, aus Erzählungen, Facebook-Nachrichten, hatten aber noch keinen leibhaftig gesehen. Geschweige denn mit einem Talib gesprochen.

Umgekehrt war der Kulturschock ebenso groß, nur weniger furchtbesetzt. Gewiss, die Taliban hatten Spione in Kabul gehabt, hatten in den Wochen vor dem Fall Männer in die Stadt eingeschleust. Aber die meisten ihrer Kämpfer kamen vom Dorf, hatten vielfach als Jugendliche in Pakistan eine Koranschule, eine Madrasa, besucht und nie eine moderne Stadt gesehen.

Die Älteren unter ihnen kannten vielleicht Kabul, Kandahar, Mazar, Herat – aber eben nur als triste, teils zerschossene Orte nach Jahren des Krieges und des Zerfalls. All die Veränderungen im Weichbild der Städte über zwei Jahrzehnte waren an ihnen vorbeigegangen. Ihr Fußvolk hatte mit größter Hartnäckigkeit einen Lebensstil bekämpft, den es überhaupt nicht kannte.

Die Erinnerung an die Zeit vor 20 Jahren hätte Fanatiker erwarten lassen, die abermals alles mit eifersüchtiger Verbissenheit untersagten, was Menschen Freude bereitete: ausgehen, Musik hören, fernsehen, Drachen steigen lassen, Schach spielen. Doch viele der Männer mit ihren wild wuchernden Bärten und den oft schulterlangen Haaren wollten nun nicht verbieten, was sie sahen, sondern in vollen Zügen mitmachen bei allem, was nicht allzu ausdrücklich verboten war. Am Qargha-See hatten es ihnen vor allem die Tretboote in Schwanenform angetan. Stundenlang schipperten sie, stets bewaffnet, über den See, sich von Boot zu Boot gegenseitig fotografierend, wie sie mit ihren Waffen posierten. Bis nach Wochen die zuständigen Kommandeure der Gegend es allen Kämpfern untersagten: Zu viele Kalaschnikows waren ins Wasser gefallen, und kaum einer der Taliban konnte schwimmen, wollte hinterherspringen.

Es waren unwirkliche Zeiten. Wir wussten nicht, woran

wir waren. Schon vor meiner Ankunft war Wafi Walim, einer meiner ältesten Freunde, im Auto in Kabul von mutmaßlichen Taliban angehalten und über den Haufen geschossen worden. Am Tag, an dem er eigentlich hätte ausreisen sollen. Die deutsche Botschaft in Islamabad und Pakistans Regierung hatten eine begrenzte Anzahl von Passierscheinen für Gefährdete ausgestellt, nur hatte das Innenministerium in Berlin in seinem Fall noch »Klärungsbedarf« angemeldet. Walim hatte noch gehört, wie der Schütze mit den Worten »Er ist tot« zurück ins Auto zum Auftraggeber auf der Rückbank gestiegen war. Im Fallen hatten die Kugeln seinen rechten Oberschenkelknochen fragmentiert. Aber er lebte. Passanten halfen, ihn ins Krankenhaus zu bringen. Nur, wer war der Auftraggeber gewesen? Die für Kabuls Sicherheit verantwortlichen Taliban dementierten jede Verwicklung. Im Krankenhaus blieb Walim wochenlang unbehelligt, bis er Ende Oktober ausreisen konnte.

Kam nun die befürchtete Rachewelle? Nach Jahren des auf beiden Seiten erbarmungslosen Krieges, Zehntausenden Toten, zahllosen Morddrohungen der Taliban, ganz formal aufgesetzt mit Briefkopf und Stempel, hatten sie nun von Vergebung und Amnestie gesprochen. War dem zu trauen? Konnten die Oberen überhaupt ihr Fußvolk davon abhalten, sich für getötete Brüder, Cousins, Väter zu rächen?

Wir fuhren viel durch die sich wieder füllenden Straßen, um zumindest einen schmalen Ausschnitt der Wirklichkeit zu sehen, deren größeres Bild die verbliebenen afghanischen Journalisten zu recherchieren nicht mehr wagen konnten. An einem Nachmittag in einem Viertel, in dem viele Basarhändler aus dem Pandschschir-Tal lebten, rollten wir vorbei am Auftakt einer Festnahme. Oder eines schweren Feuergefechts, so sah es jedenfalls aus: Um den mehr-stöckigen Häuserblock waren drei Pick-ups mit aufmontier-ten schweren Maschinengewehren vorgefahren. Die Schüt-zen standen auf den Ladeflächen, die Hand am Abzug. Am Hauseingang und auf den gegenüberliegenden Dächern lie-fen oder knieten Kämpfer mit Kalaschnikows im Anschlag. Passanten brachten sich in Sicherheit, wir hörten gebrüllte Kommandos, wagten nicht anzuhalten, sondern fuhren so langsam wie möglich weiter, bis das Geschehen außer Sicht geriet.

Über Bekannte hörten wir von vier ihrer Nachbarn, die alle zuvor dem Geheimdienst NDS angehört hatten und alle aus dem Pandschschir-Tal stammten. Sie seien am hell-lichten Tag ganz offiziell von Taliban zu Hause verhaftet worden. Doch seither habe es kein Lebenszeichen mehr von ihnen gegeben. Die Frauen und Verwandten hätten beim Geheimdienst der Taliban, bei den Verantwortlichen für ihr Viertel nachgefragt. Nichts. Einen Anwalt zu beauftragen, sei sinnlos, auf welche geltenden Gesetze sollte der sich denn berufen? Außerdem hätten die Anwälte zu viel Angst.

Einer der vier würde später freigelassen werden, seine Frau war verwandt mit der Familie des notorischen Warlords und Taliban-Verbündeten Gulbuddin Hekmatyar, den einst die CIA in den 1980er-Jahren mit aufgerüstet hatte als Mud-schaheddin-Führer gegen die kommunistische Herrschaft. Auf welch verschlungenen Wegen er freigekommen war, wusste der Mann selbst nicht, nur dass er nicht mehr damit gerechnet hatte. Er beschrieb uns »eine kleine, fensterlose Einzelzelle, in der Fleischerhaken von der Decke hingen. Ich war mir sicher, dort zu sterben.«

Kabul war eine ruhige Stadt seit der einen großen Frauendemonstration, der vorerst keine zweite folgte. Alle Versuche, sich erneut zu versammeln, wurden blockiert, bevor
sich überhaupt eine Menge formieren konnte. Die Wort-
führerinnen waren wenigstens am Leben, aber noch eingesperrt. Manche Verschleppten kamen wieder frei und wollten nicht darüber reden, andere blieben wie vom Erdboden
verschluckt. Die neue Macht trat öffentlich mit höflichem
Gestus auf; keine Rotten zogen mit schweren Kunststoff-
kabeln als Peitschen durch die Straßen. Menschen verschwanden leise, und dann gab es kaum mehr Wege, in Erfahrung
zu bringen, ob sie zumindest noch lebten. Der »Istichbarat«,
wie die Taliban ihren gefürchteten »Nachrichtendienst«
ganz nüchtern nannten, operierte inmitten der oft eher ver-
peilt wirkenden Kämpfer an den Checkpoints und Wachpos-
ten hochprofessionell, wusste präzise, wer von ihren Listen
Gesuchter wo wohnte – und auch, wer deren nächste Verwandte waren.

Es war in den Wochen nach dem Fall Kabuls berichtet
worden, dass den eindringenden Taliban die Daten und die
Hardware der biometrischen Identifikationssysteme der
Armee, des NDS, der Polizei und der Besitzer der gerade neu
eingeführten »E-Tazkara«, den Ausweisen mit Chipkarte, in
die Hände gefallen seien. Doch nach Aussagen zweier Quellen war es ein wenig anders gelaufen: Schon bei der Ein-
führung des Systems habe es im afghanischen Sicherheitsapparat Helfer gegeben, die den Taliban nicht nur Technik,
Software und die ersten Verzeichnisse überlassen hatten,
sondern fortan auch die monatlichen Updates der registrierten Personen übermittelten. Selbst in den Provinzen waren
einzelne Taliban-Kader geschult worden, die kleinen Scan-

ner zu bedienen, die mit den aktualisierten Verzeichnissen verbunden waren. Frömmelei, Todesmut und Rigorismus mochten die Markenzeichen der Taliban sein. Ihr Königsweg zur Herrschaft jedoch war ihre disziplinierte Kontrollbesessenheit, mit der sie die klandestine Aushöhlung des Staates vorangetrieben hatten und nun die Konsolidierung ihrer Macht anstrebten.

Aber davon sollte die Masse der Kabuler Einwohnerschaft wenig mitbekommen. An der Oberfläche tasteten sich die Afghanen wie auch wir jeden Tag ein Stückchen weiter voran, testeten, was möglich war. Wir trafen auf Furcht, Trotz, stoische Ungerührtheit bei den Eroberten, aber auch auf Verwirrung bei den Eroberern. Wobei sich die skurrilsten, spannendsten und wahrhaftigsten Momente stets aus den Randumständen ergaben, nie aus unseren eigentlichen Vorhaben. Das Besuchersofa des Ministers war ergiebiger als der Minister, der Wutanfall des Taliban-Wächters vor der deutschen Botschaft aufschlussreicher als die Botschaft selbst, und ihre Hassliebe zu den USA servierten uns die Taliban ungefragt zum Nachtisch.

Das Herat-Restaurant nahe unserer diskreten Bleibe hatte einen großen Garten, in dem die »Tschar poi« standen, überdachte, vierbeinige Podeste mit Teppichen und Polstern. Auf einem lagerten wir, ein paar Meter weiter logierten Taliban-Anführer, amerikanische M16-Gewehre neben sich ausgebreitet wie Insignien, und grinsten immer unverhohlener zu uns herüber. Unser Schweizer Kollege Daniel Böhm frotzelte noch: »Jetzt kommt gleich der Kellner mit einem Tablett Wodka-Shots und der Einladung vom Nachbartisch«, da kam der Kellner tatsächlich. Mit der Einladung vom Nachbarpodest, ihnen doch für eine Weile Gesellschaft zu leisten. Die drei jüngeren Taliban aus der Südprovinz Helmand stellten ehrfürchtig den Dicken in ihrer Mitte vor: der neue »Comandaaant«, wie sie es aussprachen, von Bagram, der riesigen Luftwaffenbasis nördlich von Kabul. Die Amerikaner hatten sie im Juli so konspirativ verlassen, dass nicht einmal die afghanischen Wachen am Tor informiert worden waren. Und nun seien sie die Befehlshaber der Hinterlassenschaften dort, erzählten die vier stolz durcheinander: »Hunderte von Autos«, nur ohne Schlüssel, »auch Flugzeuge und Hubschrauber!« Sie hatten sich gegriffen, was technisch im Rahmen ihrer Fähigkeiten lag, zeigten uns stolz die brandneuen M16-Sturmgewehre, verdammten die feigen, ungläubigen, elenden Amerikaner und wollten im nächsten Atemzug noch einmal von uns Westlern bestätigt wissen: »Sind das auch wirklich ganz echte amerikanische M16?«

Als sie gegangen waren, fragten wir unseren Kellner und seinen Kollegen, ob Taliban dieser Tage eigentlich ihre Essensrechnung bezahlten. »Ja, ja, ja, gewiss!«, beteuerten beide angstvoll im Chor. Sie waren Hazara, wie alle vom Personal hier. Ein Dritter kam hinzu: »Die Rechnungen sind unser geringstes Problem. Wir alle haben Angst davor, was sie mit uns Hazara vorhaben. Wenn sie uns etwas tun, werden sie es diesmal leise und gründlich machen.«

Am nächsten Tag schauten wir nach, was aus der deutschen Botschaft geworden war, die Wochen zuvor ebenso schnell evakuiert worden war wie die der Amerikaner. Andere Vertretungen, wie die Norwegens, waren in den Tagen des Umsturzes wenn auch nicht systematisch geplündert, so doch verwüstet worden. Die Taliban-Wächter an der Betonbarrikade vor dem mehrfach gesicherten Areal schauten skeptisch. Lutfullah, unser neuer Übersetzer, atmete tief durch, versicherte uns und sich, dass es überhaupt keinen Grund zur Besorgnis gebe. Wir wollten ja etwas von denen. »Aber es ist das erste Mal, dass ich die anspreche«, sagte er. Etwas nervös sei er schon.

»Deutsche Journalisten? So, so.« Der Veteran mit dem übergroßen Maschinengewehr beugte sich vor: »Von denen, die hier waren, ist aber keiner mehr da.« Gewiss, wir wollten ja auch nur das Gebäude sehen. Den Zustand. »Also, gestohlen wurde da nichts«, wurde er lauter. Jedenfalls nicht von ihnen. Ein paar der Wächter fingen an zu debattieren, fanden unser Ansinnen, einmal nachschauen zu wollen, in Ordnung, waren nur ratlos, wer das genehmigen solle. Lutfullah hatte sich gerade beruhigt, da erbleichte er: Ein mit schwarzer Sturmhaube Maskierter vom Taliban-Geheimdienst, der bislang die Kreuzung bewacht hatte, kam direkt auf uns zu. Ärger? Nein, unter der Haube fing er an, auf Englisch zu erklären, dass er zuvor Jura in Dschalalabad studiert hatte und nun gern seine Englischkenntnisse an uns ausprobieren würde.

Ein kleiner Taliban-Auflauf bildete sich. Immer mehr kamen näher, um zuzuschauen oder mitzudiskutieren, wer denn nun zuständig sei. Bis ein Mullah in Zivil mit Paillettenkappe und Kalaschnikow über der Schulter hinzukam, qua Rang für Ruhe sorgte, sich noch einmal unser Begehr anhörte und dann ein leidenschaftliches Plädoyer für die Einhaltung verwaltungstechnischer Prozeduren hielt. Weitere Kommandeure wurden telefonisch hinzugezogen, schließlich schauten wir in betretene Gesichter: »Heute wird das nichts mehr«, erklärte Maulawi Thana'ullah mit der Paillettenkappe und versprach: »Bis morgen früh um acht klären wir das!« Man möge ihnen nicht gram sein, dass alles seinen bürokratischen Gang gehen müsse, sagte er bedauernd. Dies wäre mit Abstand die geringste Sorge der Welt über die Taliban, wollte man ihm erwidern, tat es aus Furcht aber nicht. Ohnehin redete sich Maulawi Thana'ullah nun in Rage: »Alle müssen sich an die Regeln halten! Auch die Taliban! Gestern Abend ist hier ein Land Cruiser voller Kommandeure an unserem Posten vorbeigefahren. Die hatten für eine ihrer Waffen keinen Berechtigungsschein dabei und meinten, das wäre kein Problem, weil sie aus Kandahar und Verwandte von Mullah Baradar seien«, dem Chef der Taliban-Exilführung in Katar. »Die haben geglaubt, sie müssten uns gar nichts vorzeigen! Aber nicht mit mir! Ich habe in der Zentrale angerufen und sie warten lassen! Hier kommt keiner mit Waffe ohne Berechtigungsschein durch, und wenn Mullah Omar persönlich im Auto säße!« Er war jetzt richtig wütend geworden. Den für alle Taliban beinahe heiligen Gründer im Zusammenhang mit einer Waffenbesitzkarte zu nennen, war schon nah am Sakrileg. Aber die anderen nickten deprimiert. Wir sollten tags darauf wiederkommen, Regeln seien nun mal Regeln.

Am nächsten Morgen um fünf nach acht stand ein weiterer Kommandeur mit Turban am Posten. Nach abermaliger Überprüfung der Akkreditierungen ging es nun tatsächlich zum Tor, wo sich ein hektisch geweckter Talib-Wächter in himmelblauem Schalwar Qamiz, der traditionellen Tracht aus knielangem Hemd und Pluderhose, aus der Decke wickelte, unter der er mit seiner Kalaschnikow geschlafen hatte. Knirschend ging das Tor auf, hinter dem der Weg zur Botschaft lag. Plötzlich kamen von dort ein glatt rasierter Afghane mit Pilotenbrille und einer mit Zigarette in der

Hand näher. Der Taliban-Kommandeur schaute verdutzt, Rauchen war im Emirat verboten. Wer denn die beiden nun seien?

»Hello, Sir! Wir sind von der deutschen Botschaft, Ziyad mein Name.« Stolz brachten uns die zwei in den aufgeräumten Kontrollraum, in dem ein halbes Dutzend Männer gerade frühstückte und auf die Monitore der Außenkameras schaute. »Wir arbeiten hier jeweils zu fünft in drei Schichten, 24/7«, sagte ein anderer stolz, der seit fast 20 Jahren eigentlich fürs Saubermachen zuständig war.

Das gesamte afghanische Tor- und Putzpersonal war einfach geblieben, all die Tage seit dem Umsturz. Es hatte sie ja niemand mitgenommen. »Am 15. August kam eine Delegation von zehn bewaffneten Taliban hierher«, erinnerte sich der Nächste: »Wir hatten schon Angst, aber haben denen gesagt, sie könnten hier nicht einfach eindringen. Das sei Deutschland hinter dem Stahltor. Außerdem würden wir auf den Kameras alles im Blick haben, falls jemand etwas klauen sollte.« Daraufhin waren die Bärtigen wieder abgezogen. Es blieb eine selbst verwaltete Botschaft in den Händen des afghanischen Personals und der beiden zurückgelassenen Sprengstoff- und Wachhunde, Cockerspaniel Elfi und Münsterländer Sam, die nun neugierig an unseren Beinen schnüffelten.

All diese Kuriosa waren erhellend und halfen, die Zwischenwelt zu verstehen, die Widersprüche zwischen Wirklichkeit und Wollen im Emirat. Die Taliban wollten ihre Wirklichkeit präsentieren, aber das Ergebnis waren solch schillernde PR-Events wie die Vorführung der »devoten Schwestern« als Antwort auf die Frauendemonstration Anfang September. Da saßen ein paar Hundert zumeist vollkommen schwarz verhüllter Frauen in einem Hörsaal der Universität, von denen viele noch einen schwarzen, vorstehenden Schirm über dem Schleier trugen, jede stumm einen Taliban-Wimpel haltend, und aussahen wie ein Kongress von Außerirdischen.

Doch so langsam wollten wir eine klare Ansage zur politischen Lage hören, Antworten auf die Fragen bekommen, womit die weggebrochenen Auslandshilfen ersetzt werden sollten, ob aus Rache gemordet wurde und warum die Oberschulen für Mädchen nicht wieder öffnen durften. Wir hatten Hamid Karzai getroffen, den flamboyanten Expräsidenten, Pir Hamid Gilani, Oberhaupt einer Dynastie des spirituell-politischen Uradels Afghanistans, so weithin respektiert, dass selbst die Taliban keine seiner Kristallschalen im weitläufigen Salon zerhauen hatten. Aber keiner der Männer mochte uns einen seiner hochrangigen Gesprächspartner bei den Taliban empfehlen. »Die wollen nicht reden«, sagten Karzai, Gilani und andere unisono.

Es blieb: Zabihullah Mudschahid, der Sprecher des neuen Emirats und bereits zuvor einer der wichtigsten Taliban im katarischen Exil, den wir vor Kurzem dabei erlebt hatten, wie er das Kabinett der künftigen Regierung vorgestellt hatte. Er war der Einzige von Rang, der sich überhaupt interviewen ließ. Nur hatte sein Assistent für ausländische Journalisten beschlossen, bei unbekannten Nummern nicht mehr ans Telefon zu gehen, da er kein Englisch sprach. Man musste also hingehen und darauf warten, zu Mudschahid vorgelassen zu werden. Also hin.

Relativ leicht schafften wir es im Informationsministerium bis in sein Vorzimmer. Von dort dauerte es noch fünf Stunden, tatsächlich zu ihm zu gelangen. Aber diese Stunden des Wartens waren letztlich viel spannender als das Interview selbst.

Das letzte Sofa vor der Macht war die Zwischenwelt der neuen Zeit. Wer wirklich wichtig war, rauschte einfach durchs Vorzimmer von seiner Exzellenz Zabihullah Mudschahid, dem Gesicht der Taliban im Ministerrang. Wer unwichtig oder mutlos war, kam nicht einmal bis in den vierten Stock des Ministeriums, wo manche Türen wattiert waren und immer noch allein per Daumen-Scan aufgingen.

Wer aber nicht wusste, ob er oder sie an den Pfründen der neuen Macht teilhaben konnte, die alte Position behalten oder überhaupt noch im Orbit der Herrschenden mitmischen durfte, musste auf dem Sofa Platz nehmen. Das waffelförmig zusammengenähte Kunstleder war abgewetzt, auf den breiten Holzlehnen fanden die Teetassen Platz.

In den Stunden, die wir dort saßen, zogen sie vorbei: Zwei üppig gelockte Taliban, die »jetzt auch was mit sozialen Medien« machen wollten; der soignierte Exsprecher des ehemaligen Vizepräsidenten; ein Kumpel von Mudschahid aus vier gemeinsamen Haftjahren im Horrorgefängnis von Bagram, dessen Frau krank war; mehrere unerschrockene Frauen. Ein faszinierendes Panoptikum.

Zwischendurch setzte sich der gebliebene Büroleiter des abgetauchten Exinformationsministers dazu, erzählte, dass er seit Monaten schon kein Gehalt mehr bekommen hatte, weder unter der alten noch unter der neuen Regierung: »Erst habe ich mein Bücherregal, dann unseren Kühlschrank verkauft, nächste Woche muss die Waschmaschine dran glauben, wenn ich bis dahin kein Geld bekomme.« Er würde ja weiterarbeiten unter den Taliban, wenn er sie nur verstehen könnte: »Die sprechen fast alle nur Paschto«, er als Tadschike aus dem Norden hingegen war leider nur des Dari mächtig, der afghanischen Variante des Persischen.

Opportunisten lächelten sich durch bis zur Kurzaudienz bei Mudschahid mit Foto, während der nun arbeitslose Sprecher von Exvizepräsident Amrullah Saleh Rückgrat zeigte. Saleh, Todfeind der Taliban, hatte ihnen vom Pandschschir-Tal aus den Krieg erklärt, sein Bruder und dessen Fahrer waren dort erschossen worden. Er selbst würde Wochen später diskret in Duschanbe auftauchen, der Hauptstadt des im Norden Afghanistans angrenzenden Tadschikistans, nur wenige Autostunden vom Pandschschir-Tal entfernt. Mohammad Kazemi hingegen, jahrelang Salehs Sprecher, war in Kabul geblieben und sagte, er habe sich nichts vorzuwerfen: »Ich habe mich nicht bereichert, war vorher 27 Jahre lang Wirtschaftsprofessor. Jetzt will ich wissen, ob ich weiter für die Regierung arbeiten soll.« Pause. »Oder arbeiten kann.«

Die Taliban täten gut daran, sich konzilianter zu zeigen gegenüber der Welt, ihre Versprechen zu halten und Frauenrechte nicht völlig zu vergessen, sagte er mit Verve. Leiser wurde er nur, als die zwei gelockten Taliban sich neben ihm aufs Sofa fallen ließen. Einer der beiden streifte sich die Sandalen ab und begann hingebungsvoll, zwischen seinen Zehen zu pulen, bevor er davon schwärmte, die Taliban demnächst digital groß rauszubringen. Ohne dass er sagen könnte, auf welchem Kanal. Die beiden mussten genauso warten wie zwei Frauenrechtlerinnen mit Schleier und offenem Gesicht, die beim Eintreten ins Ministerbüro von der Seite angezischt wurden: »Warum seid ihr noch hier?« Die eine schaute kurz und kühl herüber: »Warum sollten wir gehen? Wir haben nichts Falsches getan!« Die Einzigen, die hier mit breitbeiniger Pose am Sofa vorbei direkt ins Ministerzimmer marschieren konnten, waren mehrere Taliban-Abordnungen – und ein fünfköpfiges CNN-Team. Sie wurden vorgelassen – nicht, obwohl die fünf Amerikaner waren, sondern gerade deshalb. Die mediale Weltmacht der Ungläubigen ließ man nicht warten, auch nicht im Kabul der Taliban.

Als schließlich auch wir weiterdurften, war das Ergebnis unseres Wartens enttäuschend. Das oberste Sprachrohr der Taliban war seinen Vorgängern in kürzester Zeit so ähnlich geworden im Spiel der Floskeln, Bekundungen guten Willens und Schuldzuweisungen, dass vom Gesagten wenig blieb. Das Kabinett voller Mullahs sei nur vorläufig, die Angst der Menschen vollkommen unbegründet: »Wir haben selbst die Sondereinheiten der Armee, die in den letzten 20 Jahren damit beschäftigt waren, uns umzubringen, verschont, denen sogar Quittungen für die Waffen gegeben, die wir ihnen abgenommen haben.« Dass so viele fliehen wollten, liege daran, dass die USA angekündigt hätten, Flüchtlinge aufzunehmen. Was allerdings nicht ganz falsch war. Die Welt möge doch die Taliban-Regierung anerkennen und die eingefrorenen Gelder auszahlen. »Wir wollen, dass die Welt uns beim Wiederaufbau Afghanistans hilft!« Ein O-Ton aller afghanischen Regierungen seit 20 Jahren. Ebenso: »Wir versuchen unser Bestes, vertrauenswürdige Partner zu sein.«

Nur mit den Oberschulen für Mädchen schien es schwieriger zu sein. Schon ein halbes Jahr vor deren endgültiger Schließung in fast allen Provinzen war eine Verbotsorder für Mädchen ab dem 7. Schuljahr verkündet worden – trotz aller gegenteiliger Zusicherungen. Eine »rein technische Maßnahme«, beteuerte Mudschahid: »Wir sind nicht gegen Schulbildung für Mädchen, aber wir arbeiten noch an den Mechanismen, wie der Schulbesuch möglich sein kann.«

Islamische Rechtsgelehrte sollten jetzt ein umfassendes Gutachten vorlegen, »um all diese Fragen einer sicheren Umgebung für Mädchen zu klären«. Nur wann dieses Gutachten vorliegen werde, sei schwer zu sagen: »Wir sind noch dabei, das Komitee zusammenzustellen, das es erarbeiten soll.«

Es war hoffnungslos. Die Vorgänger, Karzai, Ghani, hatten einem freundlich lächelnd die wildesten Geschichten erzählt, jedenfalls während ihrer Amtszeiten, weil ihre Macht auf lauter kleinen Unwahrheiten fußte: dass Rechtsstaatlichkeit und Sicherheit zunähmen, Korruption bekämpft werde, ihre Freunde nicht die Banken plünderten und ihre Cousins nicht Unsummen im Opiumhandel verdienten. Alles verpackt in die eine große Lüge, dass Karzai & Co. legitime Herrscher seien, waren sie doch keineswegs aus eigener Kraft an die Macht gekommen, sondern dem Land von den USA auf dem Silbertablett serviert worden.

Die neuen Herrscher hatten weniger Grund zu lügen, waren noch nicht korrupt und hatten sich ihren Sieg erkämpft. Doch im Kern waren sie die klandestine Kadertruppe aus den 20 Jahren des Untergrunds geblieben, die keinen Zentimeter Kontrolle preisgab.

Wir hatten allerdings die Schwäche der Taliban-Führer für tiefe Polster und gehobenen Room Service unterschätzt. In Ministerbüros traf man sie kaum an, sondern eher unter besseren Adressen, wie dem Serena-Hotel, dem mit Abstand ersten Haus am Platze. Wenn Kabul eine Insel war, auf der sich Afghanistan in reduzierter Dosis erfahren ließ, dann war das Serena noch mal ein Eiland der wohltemperierten Ignoranz innerhalb der Stadt. Gesichert hinter zwei Stahltoren, umgeben von einem Garten, durchgehend versorgt mit Strom und feinen Speisen, mit Spa und Frauensauna, waren der Staub und die Härte Kabuls hier außen vor geblieben – bis auf die Anschläge alle paar Jahre. Wer hier abstieg, konnte sagen, er sei in Afghanistan gewesen. Ohne gefühlt Dubai, Berlin, London je verlassen zu haben.

Hier stolperte Yaroslav Trofimov, der Nahost-Veteran des *Wall Street Journal*, Mitte September 2021 über Anas Haqqani, der auf einem jener breiten, weichen Sofas Hof hielt. Anas war der jüngste Spross aus dem Clan der Haqqanis, die seit vier Jahrzehnten alle Extreme in den amerikanisch-afghanischen Beziehungen stets an höchster Stelle miterlebt hatten. Haqqani senior hatte in den 1980er-Jahren noch im Weißen Haus mit Präsident Ronald Reagan posiert, als einer der Anführer der Mudschaheddin, die Reagan als »Freiheitskämpfer« gegen die Sowjet-Besatzer bezeichnete.

20 Jahre später waren es die Haqqanis, die enge Kontakte zu al-Qaida hielten und zum pakistanischen Geheimdienst. Auch für den verheerendsten Taliban-Angriff auf das Serena-Hotel 2008 wurden die Haqqanis verantwortlich gemacht. Anas, der Jüngste aus der führenden Riege, war lange in Doha gewesen, zuvor Gefangener der US-Truppen in ihrem Gefängnis auf der Luftwaffenbasis Bagram. Aber anders als die Kandaharis, deren Wortführer Mullah Baradar seit seiner Rückkehr aus Doha in die Machtlosigkeit abgeschoben worden war, galt Anas Haqqani als der kommende Mann der wirklich Mächtigen.

Nun saß er auf dem Sofa, versicherte den ausländischen Korrespondenten, ihr Freund zu sein, und gab ihnen gut gelaunt den Ratschlag, doch nun endlich mal Kabul zu verlassen. Sie sollten rausgehen und »das wahre Afghanistan« kennenlernen.

Genau das würden wir tun.

KAPITEL 8

Wie Facebook den Raub des Paradieses verhindern half

Provinz Daikundi; September 2021

Rückblickend konnte man sagen: Die Taliban hatten nicht mit Facebook gerechnet. Und damit, dass ein paar Tausend Bauern in einigen der unzugänglichsten Täler Zentralafghanistans sich auf ungeahnte Weise wehrten, als die neuen Machthaber sich gemeinsam mit einem brutalen Großgrundbesitzer deren fruchtbare Grundstücke unter den Nagel reißen wollten.

Mit einer Eskorte schwer bewaffneter Taliban war der Mann von Tal zu Tal gerollt, hatte ein Schriftstück hochgehalten, das niemand lesen durfte, und Ultimaten verkündet, dass die Bauern sich fortscheren sollten. Von Land, das ihnen nie jemand streitig gemacht hatte. Aber was sollten sie schon ausrichten gegen ihn und all die Kalaschnikows seiner Begleiter?

Doch da hatte er die Rechnung ohne den ehemaligen Dorfschuldirektor gemacht, der in den letzten Jahren in Daikundi so etwas wie der örtliche Landrat gewesen war. Ghulam Hazrat Mohammadi versammelte die Bauern für ein Protestvideo, schlug sich über Schleichwege vorbei an den Taliban-

Posten nach Kabul durch und startete eine Social-Media-Kampagne. So erfuhren auch wir vom Unrecht am Rand der Welt. Über lokale Kontakte fanden wir Mohammadi, sprachen mit anderen Geflohenen, sahen Kopien ihrer Landbesitz-Urkunden, planten den Aufbruch in die Provinz im Herzen Afghanistans. Es würde unsere erste große Reise durchs neue »Islamische Emirat Afghanistan« werden, dazu noch in Gebiete, die die neuen Machthaber als Feindesland betrachteten. Das war heikel. Nach Kabul schaute die Welt, da würde uns wenig passieren. Aber dort draußen?

Wir baten den mächtigen Taliban-Sprecher Zabihullah Mudschahid am Rande eines Interviews, uns handschriftlich einen Passierschein für Daikundis südliche Nachbarprovinz Uruzgan auszustellen. Würden wir unterwegs gestoppt, könnten wir immer noch behaupten, dorthin unterwegs zu sein. Freundlicherweise hatte Anas Haqqani, der kommende Mann des Terrornetzwerks der Haqqanis, vom Sofa im Serena aus, Kabuls mondänstem Hotel, nicht nur uns, sondern alle westlichen Journalisten in Kabul aufgefordert, rauszufahren und Afghanistan zu erkunden.

Google Maps gab siebeneinhalb Stunden Fahrtzeit von Kabul bis in die Provinzhauptstadt von Daikundi an. Das klang unproblematisch. Nur hatte niemand Google Bescheid gegeben, dass die Straße schon vor Jahren von Erdrutschen teils weggerissen, teils begraben worden war.

Auf der Umgehungsstrecke kollabierte nach anderthalb Stunden das Auto, leider auf dem zentralen Verkehrskreisel der Taliban-Hochburg Maidan Schahr; zwei Stunden, in denen seltsam lächelnde Männer uns versicherten, dass es durchaus eine gute Idee sei, alle Ungläubigen umzubringen. Erst hatte die Benzinleitung versagt, dann die Benzinpumpe. Stunden später, nach zahllosen krachenden Begegnungen mit dem Felsgrund, fiel der Auspuff ab. Scheppernd und im Schritttempo landeten wir schließlich in Pandschab, einem Kaff im Westen Bamiyans, wo zwei schlotternde Hazara-Halbwüchsige nun als Taliban Wache hielten. Erst ließen sie uns passieren, dann riefen sie uns nach, wir sollten anhalten. Wir befürchteten Ungemach, aber sie hatten sich wohl nur daran erinnert, was ihnen für den Umgang mit Ausländern eingeschärft worden war: »War alles zu Ihrer Zufriedenheit bisher?«, fragte der eine. Nun, ja, also, die Straße. Die sei schon recht schlecht, sagte Dschamil, unser unglücklicher Fahrer, diplomatisch.

Der Talib dachte kurz nach. Dann sagte er: »Sorry für den Staub!« Es war der perfekte Satz. Für den Augenblick, für die Straßen, für das ganze Land, das aus Staub gemacht schien, der überall eindrang, sich auf alles legte, Kameras und Telefone sedierte, einen gelbgrauen Schleier auf allem hinterließ. Entschuldigung für alles, für Afghanistan, aber was sollen wir machen?

»Einer musste das ja übernehmen«, sagte später der Besitzer vom Herz Asiens Nr. 1, dem einzigen Hotel im Umkreis einer Tagesreise, über die beiden, die nun bei den Taliban mitmachten, obwohl das doch eigentlich die Feinde waren: »Die beiden sind eh Taugenichtse. Und hätten sie sich nicht gemeldet, hätten die am Ende noch irgendwelche Paschtunen hierhergeschickt.« Am Morgen überließen wir den eigentlich unverwüstlichen Toyota Corolla einem lokalen Schweißer.

In einem »Flying Coach«, einem hochgelegten Kleinbus mit der gefühlten Motorleistung eines Schützenpanzers, ging es weiter. Am Abend des zweiten Tages erreichten wir Nili, die Provinzhauptstadt von Daikundi. Von einem lokalen

Kontaktmann wurden wir im nächsten »Flying Coach« abgeholt, um in der Dunkelheit über diskrete Pisten zu den Dörfern zu kommen. Zum Sonnenaufgang vor einer spektakulären Gebirgskulisse brach die Achsfederung. Einer der Männer rannte eine Bergkuppe hoch, um Netzempfang zu haben, schaffte es zu telefonieren, Stunden später kam ein Motorradfahrer, auf dem Gepäckträger eine komplette Blattfeder balancierend. Von hier aus waren es nur noch sechs Stunden.

Über endlose Serpentinen wand sich die schmale, nur im Schritttempo befahrbare Geröllpiste durch eine Welt aus Fels. Hoch aufgetürmt, zerklüftet, verwittert ragten die kahlen Berge in den Horizont. Vom bleichen Ockerton bis zu Granitschwarz changierten die Farben im gleißenden Sonnenlicht, als ob alles Leben hier schon vor langer Zeit erloschen sei. Einzig ein paar Krähen ließen sich von der Thermik entlang der Steilhänge hochtragen.

So erschien, was erst als kleiner Ausriss hinter einer Kurve im Talgrund sichtbar geworden war, beim Näherkommen umso intensiver: ein smaragdgrün leuchtendes Band aus Bäumen, Feldern und wuchernden Büschen entlang mäandernder Wasserläufe. Ein verstecktes Paradies. Geschaffen über vier Jahrzehnte von den Bauern, die Brunnen und Hunderte Meter unterirdischer Kanäle gegraben hatten, um das Tal langsam urbar zu machen.

Doch unten im Tal von Tagabdar, zwischen Granatapfelbäumen, Maisfeldern und Brombeerbüschen, traten die Familienoberhäupter angstvoll vor ihre Häuser. Vor 16 Tagen, so erzählten es der Dorfvorsteher Said Iqbal und mehrere Bauern übereinstimmend, seien Taliban gekommen, bewaffnet, in mehreren erbeuteten Polizei-Pick-ups. Sie hätten alle

Männer zusammengerufen, ihnen ein Ultimatum verlesen: Sämtlichen Bewohnern blieben 15 Tage Zeit, ihr Land, ihre Häuser, alles zu verlassen und zu verschwinden. Der Talboden, den sie seit Jahrzehnten bestellten und den ihnen nie jemand streitig gemacht hatte, gehöre ihnen gar nicht. Sie sollten freiwillig gehen. Sonst kämen die Taliban wieder, würden sie mit Gewalt vertreiben, töten, falls nötig.

»Aber wohin sollen wir gehen?«, hatte einer der Männer gefragt. Egal, habe es geheißen, weg, nur weg aus ihrem Garten Eden inmitten der Unwirtlichkeit. Dann fuhren die Taliban wieder. Ihr Ultimatum war vor einem Tag abgelaufen. Ein Teil der 300 Familien, knapp 2000 Menschen, hatte Tagabdar aus Furcht bereits verlassen. Die Verbliebenen lauschten angespannt auf jedes Auto, das sich aus den Bergen näherte.

Vier Tage nach unserem Besuch sollten auch sie vertrieben werden, sich zu Verwandten in andere Dörfer, Städte flüchten, in die Armenviertel von Kabul.

Begonnen hatte diese Kampagne brutaler Landnahme Anfang September in Tagabdar und zwei weiteren Dörfern der Umgebung. Im Lauf der folgenden Wochen setzte sie sich fort in mehr als einem Dutzend weiterer Dörfer in den schwer zugänglichen Bergen von Daikundi. Dort zeichnete sich ein Konflikt ab, der im ganzen Land zu Vertreibungen und bewaffneten Konflikten führen konnte, wenn die größte und nun herrschende Minderheit der Paschtunen sich durch den Sieg der Taliban ermächtigt fühlte, den kleineren Minderheiten Land und Rechte zu nehmen.

Afghanistan war seit seiner gewaltsamen Einigung vor 130 Jahren stets ein zerrissenes Land gewesen, wegen konfessioneller und ethnischer Unterschiede. Aber auch, weil die verfeindeten Volksgruppen Afghanistans von einem Krieg in den nächsten zogen, stets in der ehernen Überzeugung, erlittenes Unrecht vergelten zu müssen, und damit immer wieder neues Unrecht schufen.

Diesen Teufelskreis mussten die Taliban stoppen, wenn sie nicht nur ihre Herrschaft, sondern überhaupt den Frieden im Land bewahren wollten.

Doch bei den Vertreibungen in Daikundi traf es stets Hazara, Angehörige jener überwiegend schiitischen Minderheit, die von den Taliban schon früher als Ungläubige, Menschen zweiter Klasse betrachtet worden waren.

Ihre Geschichte war eine der Angst und des Grauens. Vermutlich entstammt die Ethnie vor Hunderten von Jahren eingewanderten Mongolen, was noch heute in vielen Gesichtszügen erkennbar scheint. Sie macht, je nach Zählung, zwölf bis 20 Prozent der afghanischen Bevölkerung aus. Die Hazara leben vor allem in den Gebirgen und Hochebenen Zentralafghanistans.

Einst lebten sie viel weiter verbreitet. Aber ihre Leidensgeschichte begann schon mit den Feldzügen des »eisernen Emirs« Abdurrahman Chan, der Ende des 19. Jahrhunderts alle Völker des heutigen Afghanistan unter seine Kontrolle und Steuerpflicht brachte. Viele Hazara wollten ihre faktische Unabhängigkeit behalten, rebellierten gegen die Armee des paschtunischen Herrschers aus Kabul, unterlagen und wurden zu Hunderttausenden ermordet und versklavt. Mehr als die Hälfte der damaligen Hazara-Bevölkerung soll so in den Jahren bis 1893 ums Leben gekommen oder vertrieben worden sein.

Auch während ihrer ersten Herrschaftszeit hatten die Taliban in den 1990er-Jahren Tausende Hazara massakriert. Jene seien »Kuffar«, Ungläubige, und verdienten den Tod, verkündete damals der Taliban-Gouverneur Mullah Niazi. Damit ließen sich die eigenen Reihen schließen. Noch Anfang 2001 sprengten Taliban-Kommandos das kostbarste Baudenkmal im Gebiet der Hazara: die weltberühmten, riesigen Buddha-Statuen, die vor einem Jahrtausend in die Felshänge oberhalb der Stadt Bamiyan gemeißelt worden waren.

Im Herbst 2021 ging es in abgelegenen Landstrichen wie in Daikundi nun abermals um systematische Entrechtung. Und fast immer lief es nach dem gleichen Muster ab: Ein Trupp Taliban kam ins Dorf, trommelte alle Männer zusammen, in der Moschee oder auf dem Dorfplatz. Das Ultimatum wurde verlesen, mal waren es fünf, mal neun, mal 15 Tage. Dann musste das Dorf geräumt sein. Sonst würden die Menschen mit Gewalt vertrieben.

In den ersten Tagen nach der Machtübernahme wurde vielerorts eine neue Milde der Taliban beschrieben, doch sie schien dort aufzuhören, wo niemand hinschaute. Als sei es das Kalkül der radikalen Machthaber Afghanistans. In ihren Statements, ihrem Auftreten in den großen Städten, selbst dem Banner über dem wiedereröffneten Flughafen von Kabul gaben sie sich konziliant. Der Welt versprachen sie, ein friedlicher Partner zu sein, den Afghanen, für Sicherheit auf den Straßen zu sorgen.

Doch das Bild hatte rasch Kratzer bekommen: Erst die Regierung, die sich doch fast nur aus Taliban-Mullahs zusammensetzte, dann die Bilder aus den Provinzen von ausgestellten Leichen angeblicher Entführer, die Ankündigungen, künftig auch wieder Gliedmaßen zu amputieren für Diebstahl. Der angekündigte Neubeginn verflüchtigte sich, bevor der neue Staat auch nur das erste Gehalt an seine Beamten bezahlt hatte.

In den abgelegenen Bergen von Daikundi schienen die örtlichen Taliban darauf spekuliert zu haben, dass die Bauern in ihren isolierten Dörfern still aufgeben würden, die bis vor wenigen Jahren nur in einem zweiwöchigen Eselsritt von der nächsten Kreisstadt aus zu erreichen waren. Die Paschtunen, die größte Volksgruppe des Landes, der die Taliban entstammen, und die Hazara lebten hier seit jeher nebeneinander und konkurrierten immer wieder um das knappe Ackerland.

Gegen die Willkür der neuen Machthaber hatte der frühere Schuldirektor Mohammadi nun die Dörfler für das Protestvideo versammelt und es auf Facebook gepostet. Gewonnen war damit nichts, aber lautlos mochten die Bauern nicht kapitulieren. Wie schon vor Jahrzehnten wollten die Taliban den Bauern ihr Land rauben, die es wie vor Jahrhunderten bestellten; die ihr Getreide von Hand droschen und ihren Pflug von Ochsen ziehen ließen – und die nun eine Social-Media-Kampagne starteten. Ihren Aufruf schickten sie von Kabul aus in die Welt, denn in ihren Dörfern funktionierte kein Mobiltelefon. Selbst für afghanische Verhältnisse war dieses Gebirgstal ein sehr abgelegener Ort. Was lange Zeit von Vorteil gewesen war.

»Niemand hat sich je an uns hier gestört«, sagte der alte Hazara-Bauer Ya Mohammad, dem das letzte Grundstück voller Maulbeer- und Mandelbäume im Tal gehörte. Dahinter endete das Grünland abrupt, setzte sich das Tal noch einige Hundert Meter als lebensfeindliche Geröllwüste fort bis zu den Felshängen: »So sah das überall aus, als ich vor 38 Jahren aus einem Dorf in der Nähe hierhergekommen bin.«

Jahrelang hatten sie mit Schaufeln, Spitzhacken und Eimern unterirdische Kanäle angelegt, die Grundwasser aus höher gelegenen Hängen auf ihre Felder fließen ließen. Sie pflanzten Bäume, die mittlerweile Schatten spendende Größe erreicht hatten, und mit den Jahren wurde der Boden fruchtbarer. »Das hier ist mein Leben«, sagte der 66-Jährige mit zitternder Stimme und Tränen in den Augen: »Wie soll ich das aufgeben?«

Wochen bevor sie Kabul einnahmen, hatten die Taliban Daikundi erobert. Als der Weizen im Juni reifte, war es noch ruhig gewesen. Doch schon zur Aprikosenernte im Juli habe er schlecht geschlafen, erinnerte sich Ya Mohammad, als die ersten Kämpfer in den Dörfern einfielen und vereinzelte Häuser von Beamten und Armeeangehörigen sprengten. Da hoffte er noch, dass der Sturm vorüberziehen würde.

Als aber vor einigen Wochen das Taliban-Kommando mit dem Ultimatum eingerollt war, hatte er gewusst, dass niemand verschont bleibe. »Sie sagten, der wahre Besitzer habe beim Taliban-Gericht Dokumente vorgelegt, die seine Besitzansprüche belegten«, erinnerte er sich an die Ansprache der Eindringlinge: »Sie hielten ein Dokument hoch. Aber niemand durfte näher kommen, es lesen oder gar fotografieren.«

Er und die anderen Bauern wollten sich wehren, friedlich, vor Gericht. Dem Gericht der Taliban. Nur, dass an dessen Neutralität hier niemand glaubte. Bewaffneter Widerstand wäre Selbstmord gewesen, »außerdem haben mir die Taliban schon letztes Mal, als sie vor 30 Jahren herrschten, die drei Kalaschnikows abgenommen, die ich als junger Mann besaß«. Seither hatte er keine Waffe mehr angerührt. »Wozu auch? Hierher kam doch keiner.«

Wenn sie nun vertrieben würden aus ihrem Tal, »wohin sollten wir dann gehen?«, fragte er halblaut, »wenn die Paschtunen jeden Ort, alles fruchtbare Land hier an sich reißen wollen, werden wir weit und breit nirgends mehr willkommen sein«.

Sein Nachbar Said Iqbal, das Oberhaupt des letzten Dorfes vor dem Talende, war extra für einen Tag aus seinem Versteck zurückgekommen: »Falls ich und die Vorsteher der anderen Gemeinden hier sind, wenn die Taliban wiederkehren, werden sie uns mit Gewalt zwingen, Verzichtsurkunden zu unterschreiben oder zumindest mit einem Daumenabdruck zu besiegeln.« Das zumindest wollten sie mit ihrer Flucht verhindern.

Nun hatte er sich mit der Familie vor dem Haus aus Lehm versammelt. Auf einem strohgedeckten Dach trockneten Maulbeeren, Trauben und Tomaten in der Nachmittagssonne. Ein Kalb zog an seinem Seil. Hühner flatterten umher. Aus der Küche quoll Rauch unter das rußgeschwärzte Vordach. Iqbals Stiefmutter, eine Frau mit Nasenring und blauen Augen, reichte Granatäpfel, Trauben, Brot und heiße Milch mit Honig. Iqbal zuckte mit den Schultern. Bei aller Eile und Not musste trotzdem Zeit sein, die Gäste zu bewirten.

Dann begann er zu erzählen: Vor einem halben Jahrhundert waren sein Großvater und einige andere aus dem Dorf Sahor in das damals unwirtliche Tal gekommen. Vorher hatte jeder die Gegend gemieden, hätten Räuber durchziehende Händler und sogar Hirten überfallen. Es klang, als spräche er von vergangenen Jahrhunderten, aber er meinte die Zeit vor den 1970er-Jahren.

Sie könnten durchaus beweisen, dass das Land ihnen gehörte, sagte er und schickte eines der Kinder, das Besitzdokument zu holen. Ein gefalteter Zettel mit Kugelschreiberschrift und Fingerabdrücken darauf, ausgestellt etwa 1983 für seinen Vater Hadschi Nour Mohammad. Unterschrieben war das Dokument von einem Mudschaheddin-Kommandeur namens Said Mohammad Hassan Malawi. Es gebe, sagte Iqbal, im Tal von Tagabdar 24 solcher Besitzzettel für 24 Gemeinden, die jeweils einem Bewässerungskanal zugeordnet seien.

Das Problem war nur, dass es 1983 keine Staatsmacht gab, die überall im Land anerkannt war. Zwar saß eine Regierung von Moskaus Gnaden in Kabul, die aufständischen Mudschaheddin aber kontrollierten weite Teile des Landes. Die Zerrissenheit Afghanistans hatte seither immer wieder neue Willkür hervorgebracht, einen Teufelskreis aus gegenseitiger Vergeltung der wechselnden Sieger, der nun mit jäher Wucht die Dörfer von Daikundi traf. »Aber unsere Papiere hat doch jede folgende Regierung anerkannt«, hielt Said Iqbal entgegen, »die Taliban damals, später Karzai, Ghani, alle.«

Dieser Tage sei schon vor dem Ultimatum ein alter paschtunischer Bekannter aus einem Dorf in der Nähe vorbeigekommen, ihn lächelnd zu bedrohen: »Wir haben euch Hazara immer in Ruhe gelassen, auch damals, als die Taliban herrschten. Aber dann haben wir gesehen, wie ihr den Amerikanern geholfen habt! Der Regierung in Kabul! Wie ihr Demokratie und Unglauben verbreitet habt. Damit habt ihr euer Daseinsrecht verwirkt! Nun dürfen wir euch alles nehmen, sogar das Leben. Also gebt freiwillig auf, und verschwindet von hier.« Dann war er gegangen. Den Amerikanern geholfen? Demokratie verbreitet? Die Bauern hatten ihre Felder bestellt, kein Amerikaner war je vorbeigekommen.

Die Furcht vor den Paschtunen, der Staatsmacht, hat die Hazara nie wieder losgelassen seit den Schreckensjahren vor mehr als einem Jahrhundert. Als die Taliban nun abermals die Macht eroberten, flohen Tausende Hazara ins Ausland, selbst in ihrer Hochburg Bamiyan hielten sich anfangs viele versteckt. »Wir trauen dem Frieden nicht«, sagten sie fast unisono, auch wenn in Kabul und anderen Großstädten keine offenen Übergriffe bekannt wurden. Doch wie sah es auf dem Land aus, wo niemand hinschaute?

Viele in den verstreuten kleinen Dörfern entlang des Tals erzählten ähnliche Geschichten von kaum verhohlenen Drohungen, einer angeheizten Pogromstimmung. Die Taliban allerdings agierten raffiniert. Sie wollten offiziell nichts zu tun haben mit der Stimmung, die sie schürten.

Jener angebliche Besitzer all der Ländereien im Tal von Tagabdar, dessen Anspruch die Taliban so vehement durchsetzen wollten, war kein Paschtune. Sondern selbst ein Hazara – wie jene, die in seinem Namen vertrieben werden sollten.

Der Großgrundbesitzer Zahir Chan, dessen Anwesen am Hang des mittleren Talabschnitts thronte, hatte, so berichteten es die Dorfbewohner, seit Jahren heimlich die Taliban unterstützt. Einer seiner Verwandten war der Sekretär des neuen Taliban-Gouverneurs der Provinz Daikundi. Schon im Juli hätten die Dorfbewohner ihn dabei beobachtet, wie er und drei mit Kalaschnikows bewaffnete Taliban-Kämpfer gemeinsam das Haus des ehemaligen Schuldirektors Mohammadi in die Luft gejagt hätten.

Nun wollte der Latifundien-Patron offenbar die Belohnung für sein Engagement einstreichen und sich die Ländereien der Nachbarn einverleiben. Bei einigen der Ultimatumsverkündigungen seien er oder sein Vater selbst zugegen gewesen, hätten gedroht, noch die Gebeine der Vorfahren auf dem Friedhof ausgraben und beseitigen zu lassen, wenn die Lebenden nicht freiwillig abzögen.

In anderen Fällen proklamierten die Taliban, dass der

eigentliche Besitzer vor Gericht in der Kreisstadt seinen Anspruch auf alles Land im Tal mit alten Besitzurkunden bewiesen habe. Immer wieder seien dabei Dokumente in die
Luft gehalten worden, denen niemand näher kommen, die
niemand hatte lesen dürfen. Es interessierte die Machthaber
nicht, dass manche der Bauern Steuerquittungen für ihre
Äcker oder Kaufverträge vorlegten, in denen ihr rechtmäßi-
ger Landbesitz sogar vom angeblich rechtmäßigen Besitzer
Zahir Chan selbst per Unterschrift bestätigt worden war.

Ob die Taliban sich selbst bereicherten oder dies ihren
Anhängern im Austausch für politische Loyalität erlaubten,
für die Hazara-Bauern bedeutete es dieselbe Erfahrung wie
früher: Menschen zweiter Klasse zu sein, für die das Recht
nicht galt.

Auf dem Weg wieder heraus aus dem Tagabdar-Tal warteten kurz vor der Dämmerung zwei Männer im Schatten
mächtiger Platanen, um uns ins Loraschiw-Tal zwei Weg-
stunden entfernt zu bringen. Sie rieten uns, bei dieser
Recherche den örtlichen Taliban nicht zu früh über den Weg
zu laufen, nirgends zu lange zu bleiben und nicht zu früh
dort anzukommen, wo wir die Nacht verbrachten. Ein heik-
ler Zickzack-Parcours zwischen den Fronten. Der Ort des
Treffens in Dahan-e Nala, einem der ersten Dörfer des Lora-
schiw-Tals, lag auf einer kleinen Wiese zwischen den ernte-
reifen Maisfeldern. Das sei sicherer, sagten die Gastgeber,
auch für die Nacht. Falls plötzlich die Taliban kämen.

Auch aus Dahan-e Nala sollten die Bauern verschwinden.
Auch hier hatte das Taliban-Gericht in der Kreisstadt Gizab
überraschend festgestellt, dass die Maisfelder und Obstgär-
ten gar nicht jenen Familien gehörten, die sie vor zwei Generationen angelegt hatten und seither dort lebten. »Doch auf

unser Land erheben gleich zwei Personen Anspruch«, setzte Mohammad Sufi, einer der Dorfältesten, an zu erklären: »Eigentlich sind es sogar drei, aber von einem haben wir nichts mehr gehört.« Beide waren Paschtunen, die sich auch gar nicht mehr die Mühe gaben, ihre Ansprüche zu dokumentieren, sondern gleich mit ihren Taliban-Kontakten drohten. Eine Geschichte, wie sie in der Gegend nun gang und gäbe war. Zwei Gäste, extra angereist aus dem zweieinhalb Fahrstunden entfernten Dorf Kindir, erzählten, was ihnen geschehen war, als sie zum Taliban-Gericht kamen.

Sie hätten vom Gericht vor Wochen die Aufforderung bekommen, dass die Dorfältesten dort zu erscheinen hätten. Ohne dass klar war, worum es überhaupt ging. Sieben Repräsentanten hatten sich also auf den Weg in die Kreisstadt Gizab gemacht. »Wieso nur ihr sieben?«, habe sie der Richter gefragt – und sie alle einsperren lassen. Drei säßen immer noch im Gefängnis. Das habe nichts mit Scharia-Recht zu tun, das sei bloße Willkür.

Beim Morgenanbruch wollten die Ältesten von Dahan-e Nala uns noch den Stolz, die Daseinsgrundlage ihres Dorfes zeigen: ihren Kariz, den fast einen Kilometer langen unterirdischen Kanal, der die Felder und Gärten des Dorfes mit Wasser versorgte.

Ende der 1980er-Jahre hätten sie angefangen, den 20 Meter tiefen Brunnenschacht auszuheben, dann den Graben für den überdachten Kanal. Das Konzept ist seit der Antike aus China, Iran und dem Nahen Osten bekannt, Grundwasser in höheren Lagen anzuzapfen und mit leichtem Gefälle talwärts fließen zu lassen. Auch der Bau in Dahan-e Nala entsprach noch weitgehend antiker Technik: »Fünf Jahre haben wir daran gearbeitet«, erzählte Mohammad Sufi stolz beim

Der Autor im Gartenrestaurant am Qargha-See westlich Kabuls: Im Krieg verlief die Front am anderen Ufer, nun ist es wieder eine Oase im Moloch.

Im Hintergrund haben die Taliban einen ihrer zahllosen Kontrollposten errichtet, auf der anderen Spur rollt eine Familie noch ungestört vorbei. Kabul, Herbst 2021.

Kabul hat etwas Unheimliches, Unkontrollierbares mit seinen fünf, sechs Millionen Einwohnern, deren Häuser sich immer weiter die Berge hochziehen.

Rollende Schandpfähle: Gefesselt führen die Taliban nach ihrer Machtergreifung gefangene, angebliche Diebe auf Pickups der Kabuler Bevölkerung vor.

In Panik versuchen nach dem Einmarsch der Taliban Mitte August 2021 Zehntausende, über den Flughafen Kabul zu entkommen.

Die es geschafft haben: Etwa 500 Menschen im Bauch einer US-Frachtmaschine auf ihrem Weg nach Katar, von dort ins Ungewisse.

Auch der Autor flog mit, hier am Terminal, allerdings unfreiwillig. Er wurde nach 18 Stunden auf dem Flughafen von US-Militärs abgeschoben.

Die Frau mit dem schwarzen Finger war mal ein Werbebild für weibliche Wahlbeteiligung. Taliban haben ihr Gesicht übersprüht und Wahlen abgeschafft.

Azadi, Freiheit, steht auf dem gerahmten Bild auf einer der letzten großen Frauendemonstrationen in Kabul, Anfang September 2021.

Der oberste Taliban-Sprecher Zabihullah Mudschahid im Interview mit dem Autor:
Lauter freundliche Floskeln, von denen wenig blieb.

Rare Konzession an die Moderne: Dieser Talib-Posten trägt Sneakers statt der ewigen
Leder- oder Gummisandalen.

Grüne Paradiesinseln wie hier das Dorf Tagabdar haben Hazara-Bauern über Jahrzehnte in den Felsbergen von Daikundi in Zentralafghanistan geschaffen. Und damit die Begehrlichkeiten der Taliban und ihrer Verbündeten geweckt.

»Habt ihr Angst?«, lachte der kleine Junge, als er die besorgten Blicke der Ausländer vor der fragilen Brücke aus Pappelholzstangen sah.

Aber er querte die Holzbrücke über den Helmand-Fluss auch nur mit seinem Esel, nicht mit einem tonnenschweren Bus.

Der Bauer Mohammed Baridad pflügte diesen Mondhügel in der Dürreprovinz Fariyab Ende Oktober 2021 tatsächlich in der Hoffnung auf eine Ernte.

Mit klammen Fingern notiert der Autor, was Dilbar Chan, Clan-Chef von Kutschi-Nomaden in der Südprovinz Zabul, über Schafe, Regen die Ungewissheit erzählt.

Verschleiert, aber bunt: In der Zentralpovinz Bamiyan werden sich Frauen von den Taliban nichts ins Haus verbannen lassen. Denn sie machen die meiste Feldarbeit.

Jeden Frühsommer ziehen die Kutschi-Nomaden, wie hier in der Ostprovinz Nuristan, für den Sommer mit ihren Tieren in die Berge.

Oft gibt es Konflikte um Wasser und Weideflächen, »aber wir halten uns an die Regeln«, beteuert der junge Viehtreiber.

»Wir sind jetzt der Staat«, beteuerten die Taliban an ihrem Posten in der Südprovinz Zabul gegenüber dem Autor: »Nur Gehalt haben wir bislang nicht bekommen.«

Noch ganz traditionell, aus Lehm und Zedernholzbalken, bauen die Bewohner von Barg-e Matal hoch im Norden Nuristans ihre Häuser.

Kleine Forellen, frisch hinter dem Haus gefangen und frittiert, serviert das einzige Restaurant auf der sechsstündigen Fahrtroute nach Nuristan.

Glückssucher in Nuristan: Der Linke will Murmeltiere jagen, habe aber noch nie eines gesehen, der Rechte Edelsteine schürfen, nur wo? »Egal.«

Warten, nur worauf? Freunde vor einem Laden in der fruchtbaren Ostprovinz Paktika, nahe der pakistanischen Grenze.

Wama in Nuristan war einst ein Haupt-Ort der Kafiren, die noch an ihre alten Götter glaubten, bevor ihre Heimat 1895 zwangs-islamisiert wurde.

Wo es Wasser gibt, wie hier im Petsch-Tal zwischen Kunar und Nuristan, ziehen sich die smaragdgrünen Täler durchs felstrockene Bergland.

Süßigkeiten, Kekse, Energy-Drinks: ein Laden in Nuristan, 24/7 geöffnet. Der nächste Supermarkt ist eine Tagesreise entfernt.

Die letzte Freiheit: Als Kinder sind Mädchen, hier in einem Dorf in der Provinz Kunar, so frei wie Jungen, baden gemeinsam im Fluss.

Das Hochgebirgstal von Aschtiwi in Nord-Nuristan. An seinem Ende wohnen Geister, sagen die Dorfbewohner und meiden die letzten Birkenwälder dort.

Ein Schüler auf dem Heimweg in Bamiyan: Noch gibt es Schulen, aber vielerorts kommen die Lehrer nicht mehr, seit die Gehälter ausbleiben.

Gang entlang der Erdhügel, »mit Schaufeln und Eimern, in drei Reihen übereinander, zu mehr als 100 Mann.«

Um am Schachtende noch Licht zu haben, hätten sie Spiegel auf dem Basar in Gizab gekauft, sie so ausgerichtet, dass stets Sonnenlicht in die Grube gelenkt wurde. »Ein Mann war nur für das Ausrichten der Spiegel verantwortlich«, jahrelang. Einmal, Anfang der 1990er-Jahre, seien Taliban vorbeigekommen, hätten die Baustelle gesehen und mit einer Mischung aus Respekt und Schaudern gesagt, sie würden so etwas nicht bauen.

»Könnt ihr in Gizab fragen, was aus unseren drei Brüdern geworden ist, die immer noch dort gefangen sind?«, fragten uns die Dorfältesten zum Abschied.

Der Weg nach Gizab war eigentlich nicht weit, aber wie immer in dieser Gegend ein aufreibender Parcours um Bergspitzen und Schluchten, sechs Stunden Pistenfahrt, bis sich eine weite Ebene öffnete.

Die Kreisstadt lag idyllisch inmitten des größten Tals der Umgebung, einer weitläufigen grünen Oase zwischen den Wüstenbergen. Doch der Ort selbst strahlte eine Atmosphäre zwischen Italo-Western und Endzeitfilm aus. Das Regierungsgebäude der Bezirksverwaltung war eine zerschossene Ruine, neben der sich die Wracks gesprengter, von Kugeln zersiebter grüner Polizei-Pick-ups auftürmten.

Auf der anderen Seite der staubigen Hauptstraße stand ein einsames großes Gebäude: die Mädchenschule. 2002 von der amerikanischen Hilfsorganisation Mercy Corps erbaut, war sie allerdings nie als solche genutzt worden. Denn schon aus Tradition schickte hier niemand seine Tochter dorthin. Aber auch, weil die Taliban in Gizab schon früh wieder an die Macht gekommen waren.

Stattdessen wanderten nun Männer nach Sonnenaufgang hinter die an mehreren Stellen zerborstene Schulmauer und hinterließen dort sichtgeschützt ihre morgendliche Notdurft auf dem Zementstreifen. Wie eine endlose Reihe brauner Miniatur-Pagoden reihte sich Haufen an Haufen. Gleichgültiger, krasser ließ sich Verachtung für die ausländische Bildungshilfe kaum ausdrücken.

»Geldverschwendung« sei der Bau gewesen, sagte der Wirt des einzigen Hotels im Ort, einer Halle mit Einschusslöchern an den Wänden. Das Gericht? Das tage morgens ab acht in der Ruine der Bezirksverwaltung nebenan, gab er an.

Ein Drittel des Gebäudes bestand nur noch aus Trümmern, herunterhängenden Stahlarmierungen, behelfsmäßig abgesperrt mit Mörtelbrocken. Erst hätten die Taliban es im Frühsommer erobert, berichtete ein Posten, dann die Luftwaffe der Regierung es mit Raketen beschossen, um die Taliban zu treffen.

Auf sieben Sofas, manche ebenfalls zerfetzt, nahmen nach und nach die Antragsteller und Hilfesuchenden Platz. »Landraub«, sagte der erste auf die Frage nach dem Grund seines Kommens. »Landraub«, sagte der zweite. »Landraub«, sagte der dritte.

Jählings seien seit der Machtübernahme der Taliban Männer gekommen, erzählten sie, hätten auf ihre guten Beziehungen zu den neuen Herrschern verwiesen. Und dann Anspruch auf die Felder jener erhoben, die nun auf den zerschossenen Sofas saßen und auf Gerechtigkeit pochten. Die Kontrahenten der betroffenen Parteien waren an jenem Morgen Paschtunen. Hier ging es gar nicht mehr um eine Kampagne gegen andere Ethnien, sondern nur noch um Gier und Gesetzlosigkeit.

Die willkürlichen Raubversuche, das ganze Setting inmitten der zertrümmerten Verwaltungshalle wirkten wie eine Miniaturversion Afghanistans: Wie die großen Machtblöcke verhielten sich auch Einzelne. Sie nutzten den Moment der eigenen Stärke, sich zu bereichern, und zerstörten damit letztlich das Land.

Die Anweisung der Taliban-Führung, dass ausländische Journalisten mit größter Zuvorkommenheit zu behandeln seien, hatte sich allerdings selbst bis hierhin herumgesprochen: »Seien Sie uns herzlich willkommen!«, begrüßte uns der eintreffende, nur kurz irritierte Taliban-Polizeichef. »Im Ausland werden wir ja kaum als Menschen angesehen, umso mehr freuen wir uns, dass Sie hier sind, sich selbst ein Bild zu machen! Was auch immer Sie brauchen, Tee, Melonen, eine Sicherheitseskorte in die Provinzhauptstadt, sagen Sie Bescheid!«

Alle hatten Zeit für uns, der Bezirksgouverneur, der Geheimdienstchef und auch der Richter, der die Vertreibungen und Landnahme angeordnet hatte. Möbel gab es nicht im Raum, »die wurden gestohlen«. Ein Talib mit hennagefärbten roten Fingernägeln servierte grünen Tee, dann präsentierte der Bezirkschef seine Version der Dinge: »Diese Hazara sind ja vor 40 Jahren hier eingefallen, haben viele ermordet, Frauen vergewaltigt, sogar Menschen bei lebendigem Leibe gehäutet. Also, das sind gefährliche Kriminelle!« Er redete tatsächlich von den Bauern in Tagabdar und den anderen Dörfern. »Da hat sich seit Jahren kaum jemand hingetraut. Aber jetzt herrschen wieder Recht und Ordnung!«

Es war der klassische Schritt eines Entrechters, sich mit den haarsträubendsten Erfindungen selbst zum Opfer zu erklären. Das nährte den Hunger nach Vergeltung. Der afghanische Teufelskreis, er schien sich in dieser fernen Bergprovinz wieder in Bewegung zu setzen.

Richter Maulawi Mohammad Daoud übernahm: »Zahir Chan«, der räuberische Großgrundbesitzer aus Tagabdar, »hat überzeugende Besitzurkunden noch aus den Tagen der Monarchie vorgelegt. Wir haben hier einen eindeutigen Landraub!« Von diesen Urkunden, die niemand in den Dörfern je zu Gesicht bekommen hatte, habe er leider keine Kopien vorliegen, »aber ich habe sie gesehen!«. Auch die Katasterregistratur von Gizab sei bedauerlicherweise bei den Kämpfen zerstört worden. Aber in einem solch gravierenden Fall von Landraub schrieb das Scharia-Recht die sofortige Rückgabe vor: »Vom Sekretär des Provinzgouverneurs«, dem Verwandten Zahir Chans, »kam die Anordnung, den Bauern nur einen Tag Zeit zu lassen. Wir haben aus humanitären Gründen die Frist auf zwei Wochen festgesetzt.«

Sollten die Vertriebenen nicht einverstanden sein, »können sie sich ja einen Anwalt nehmen und in Kabul Klage einreichen«.

Und die Gefangenen aus dem Dorf Kindir, fragten wir, was mit denen sei? »Ja, da mussten wir drei Leute hierbehalten, als Pfand. Aber die haben wir vor Tagen schon wieder freigelassen.«

Eine Stunde nach dem Termin beim Richter stolperten die drei Männer auf der staubigen Hauptstraße unserem Fahrer entgegen. Sie seien, sagten sie, ohne Angabe von Gründen soeben laufen gelassen worden.

Die Berichte über die rabiate Landnahme trafen bei der Taliban-Führung in Kabul offenbar einen wunden Punkt. Sie torpedierten ihr Bemühen, sich dem Westen als geläuterte Herrscher zu präsentieren. Wider Erwarten erließ einer der obersten Taliban-Richter in Kabul Wochen später ein Dekret: Die Enteignungen müssten rückgängig gemacht werden, bis das Gerichtsverfahren alle Instanzen durchlaufen habe.

Doch dann zeigte sich die neue Unordnung Afghanistans: Die lokale Führung akzeptierte das Diktum, ließ die bereits Geflohenen zurückkehren – nur, um sie dann erneut zu vertreiben. Der Großgrundbesitzer habe Einspruch eingelegt, hieß es. Mohammadi, der Initiator der Social-Media-Kampagne, war derweil nach Iran geflohen, andere Bauern protestierten weiter, drei ihrer Emissäre schafften es in Kabul sogar, bei Expräsident Hamid Karzai vorzusprechen. Nichts war entschieden.

Entnervt rief uns schließlich der Großgrundbesitzer selbst an: Wir sollten aufhören, uns einzumischen. Er werde jeden einzelnen Bauern auch im tiefsten Winter aus dessen Haus vertreiben, »und wenn der und seine Kinder dann auf der Straße erfrieren, dann haben sie das verdient! Sollen sie doch alle verrecken!« Er rief immer wieder an, zeterte, schmeichelte, dass er rasend gern mit der Presse reden würde, er drohte, und irgendwann rief er nicht mehr an.

Ein paar Monate lang, wir waren längst schon zurück in Kabul, hörten wir nichts aus den Bergen. Mohammadi, der unermüdliche Grundschuldirektor, blieb außer Landes. Auch andere Aktivisten aus Kabuls Hazara-Vierteln waren abgetaucht, irgendwo im Grenzgebiet zum Iran, oder hatten zumindest Wohnung und Telefonnummer gewechselt.

Dann rief ausgerechnet Zahir Chan wieder an, der Großgrundbesitzer. Diesmal drohte er nicht mehr, er bettelte. Ihm geschehe großes Unrecht. Die Weltpresse solle einschreiten!

Wie sich herausstellte, war bis auf Weiteres das Unwahrscheinliche eingetreten: Nach und nach waren die vertriebenen Dorfbewohner zurückgekehrt. Vielleicht hatte der Druck der Berichterstattung gewirkt. Vielleicht waren die lokalen Taliban auch zu gierig, zu unverfroren gewesen, sich selbst den Dekreten aus Kabul zu widersetzen, die Vertreibung zu stoppen bis zu einer endgültigen Entscheidung. Die war nie gefällt worden, sondern der Befehl von oben gekommen, sich der Rückkehr der Bauern nicht in den Weg zu stellen.

Nur Mohammadi traute sich nicht zurück, blieb lieber im Iran: »In meinem Fall geht es nicht um Recht. Zahir Chan will mich einfach umbringen lassen, das ist persönlich. Da können mir auch die Taliban nicht helfen.«

KAPITEL 9

»Sie sind hiermit festgenommen!«

*Provinz Kunduz, Grenzübergang Schir Chan Bandar,
Bezirk Imam Sahib an der Grenze zu Tadschikistan;
September 2021*

Das mit Kunduz hatten wir uns einfacher vorgestellt. Thore Schröder, unser SPIEGEL-Kollege, hatte noch ein Visum für Tadschikistan im Pass, die Grenze war offiziell geöffnet. Er wollte nun auf dem Landweg ausreisen. Wir wollten ohnehin nach Kunduz, von Kabul aus war es dieselbe Strecke in den Norden. Also fuhren wir erst einmal durch bis nach Schir Chan Bandar, dem weitläufigen Grenzübergang eine Fahrtstunde nördlich von Kunduz. Ein entspannter Tag auf bekannter Strecke. Nach dem Nadelöhr des Salang-Passes rollten wir hinab durch die grandiose Landschaft des Hindukusch, musikalisch wechselnd zwischen Ahmad Zahir, dem afghanischen Melancholiker, und »Dust in the Wind«, dem 1977 größten Hit der Melancholiker-Band Kansas, deren Violinist Robby Steinhardt mit seiner wallenden Bart- und Haarmähne perfekt als Talib von heute durchgegangen wäre. Nur ohne die Geige.

»Denn alles, was wir sind, ist Staub im Wind«, klang der

Refrain noch nach, als wir begannen, an der Grenze nach dem Übergang zu suchen. Das Wachhäuschen am ersten Schlagbaum war leer, es stand auch niemand herum, der zuständig ausgesehen hätte, weder in alter Uniform noch mit Langhaarmähne. Also kurvten wir für eine halbe Stunde über das unübersichtliche Terrain abgestellter LKWs und zurückgelassenen Gerümpels, passierten Bauten ohne Beschriftung und fragten jeden, der hier herumsaß, nach dem Weg. Doch alle zuckten mit den Schultern, keiner wusste, ob die Grenze wirklich offen war und bei wem man sich melden könnte, um einen Ausreisestempel zu bekommen. Der Wind jagte ein paar Blätter vor sich her, sonst war es still. Als sei Steinhardt der Text für seinen nun auch schon angestaubten Klassiker hier eingefallen.

Bis uns plötzlich mehrere Taliban mit Kalaschnikows über der Schulter zu Fuß umkreisten. Froh, endlich die Grenzbeamten gefunden zu haben, fragten wir nach dem Prozedere, wollten Thore expedieren, bevor es dunkel würde und er auf der anderen Seite nicht mehr ins Land käme.

Aber die Männer reagierten überhaupt nicht auf die Frage, guckten uns nur irritiert an, als hätten wir nach dem Weg zur nächsten Bar gefragt. Dann gab uns einer von ihnen mit unwirscher Geste zu verstehen, dass wir mitkommen sollten. Ein anderer sprang in unser Auto und fuhr ruckelnd quer übers Gelände bis zur kleinen Einsatzzentrale der Taliban-Grenztruppe. Es dauerte ein wenig, bis klar wurde, dass sie uns nicht nur nicht helfen wollten, den Grenzübergang zu finden. Wir würden überhaupt nirgendwohin gehen. Denn wir seien nun festgenommen. Wir waren zu dem Zeitpunkt noch nicht so oft als Gefangene behandelt worden und etwas beunruhigt.

»Wir verdächtigen Sie des versuchten illegalen Grenzübertritts nach Tadschikistan«, sagte der Vizechef der stolz dreinschauenden Männer.

Bitte, was?

Na, wir hätten doch offensichtlich versucht zu fliehen.

Es war so widersinnig, dass wir ihn baten, den Haftgrund noch einmal zu wiederholen.

Wir hätten doch wohl versucht, aus dem Emirat zu fliehen. Jetzt müssten wir mit zum Kommandeur! Der werde uns verhören und dann entscheiden, was mit uns geschehen sollte.

Sahar Maulawi Sahib, ein befehlsgewohnter Mittvierziger, war seit sechs Wochen Direktor des Grenzübergangs von Schir Chan Bandar. Früher sei er bei den Taliban für das Einsammeln der Steuern in der gesamten Provinz Kunduz verantwortlich gewesen, erklärte er stolz. Gewissermaßen ein fliegender Wechsel des »Finanzexperten«, wie er sich bezeichnete, »aber ohne Schule, alles nur aus Erfahrung«.

Wir versuchten, ihn von unseren redlichen Absichten zu überzeugen, doch alles Reden half nichts: Wir seien für die Nacht festgenommen. Verdacht des illegalen Länderwechsels etc., etc.; aber wo wir schon mal hier seien, könnten wir auch zum gemeinsamen Abendessen bleiben. Außerdem gab es Unstimmigkeiten, war aus den halblauten Gesprächen vor der Tür zu hören, in welchen Raum man uns denn einsperren sollte und ob Ahmadullah endlich den Schlüssel zur Arrestzelle wiedergefunden hatte.

Lutfullah, unser stets mitreisender Übersetzer und begnadeter Verhandlungsführer, setzte an, der immer größer werdenden Runde mit verständnisvollem Lächeln die Logik des bisherigen Geschehens zu erläutern.

Hätten sie nicht mitbekommen, dass wir seit einer Weile über das Gelände fuhren und jedem zuriefen, ob er wisse, wo hier die Grenze sei?

Ja, doch, schon.

Und wäre es da nicht widersinnig – mit klandestinen Operationen kannten sie sich doch sicher aus –, derart auffällig herumzukurven, wenn man doch diskret vorbeihuschen wollte?

Doch, schon, ja.

Und hätten Ausländer, die legal eingereist seien (unsere Pässe hatten mehrfach die Runde gemacht), nicht ein Interesse daran, auch legal wieder auszureisen? Ja, wäre der Versuch einer illegalen Flucht unter diesen Umständen nicht ausgesprochen dumm?

Mittlerweile war gegrillter Fisch aufgetragen worden, frisch gefangen aus dem Pandsch-Fluss, der träge direkt hinter der Zollstation vorbeifloss. Der Koch brachte frisches Brot, Gemüse, Wasser.

Doch, ja, da sei was dran.

Es wurde telefoniert, beraten. Draußen war es längst dunkel geworden, drinnen bekamen wir auf Nachfrage das Wifi-Passwort für ein erstaunlich gutes Netz.

Dann räusperte sich Sahib, sagte mit bedeutungsschwerer Stimme: »Ihr seid frei.« Wir könnten jetzt gehen, wenn wir wollten. Wir könnten aber natürlich auch bleiben, schob er rasch nach, sich nicht zu verheddern in der obligatorischen Tradition afghanischer Gastfreundschaft. Ein schwerer Faux-pas wäre es, uns spät an einem kühlen Herbstabend einfach rauszuschmeißen.

Für uns war es etwas komisch, als just entlassene Exgefangene nicht umgehend aufzubrechen. Aber die tadschikische

Grenze war inzwischen geschlossen, der Fisch roch köstlich, und wir hatten Internet. Außerdem bräuchten wir zurück bis Kunduz mindestens eine Stunde.

»Wir bleiben«, erklärte Lutfullah.

Richtig froh schienen sie darüber nicht zu sein. Zumal Ahmadullah mittlerweile wohl den Schlüssel für die Zelle gefunden hatte. Aber dort konnten sie uns jetzt nicht mehr unterbringen, wo wir doch nun Gäste waren.

Neben Sahib nahm ein junger Mann Platz, der sich als Mohammad Isa vorstellte, der neue Englischlehrer der Grenzstation: »Zwei Stunden jeden Tag für jeden, der mitmachen will.« Denn einerseits stehe natürlich alles, was fürs Betreiben einer Zoll- und Grenzstation notwendig sei, schon im Koran. Andererseits sei das internationale Zoll-Abfertigungsverfahren ASYCUDA (Automated System for Customs Data) auf Englisch abgefasst. Da sei es hilfreich, die Sprache der Ungläubigen wenigstens rudimentär zu beherrschen.

Ein paar der Jüngeren konnten schon ein paar Sätze. Als ein Kämpfer mit einem wogenden, pyramidenförmigen Afro auf dem Kopf hereinkam, warf jemand in die Runde: »King of Pop!« So viele, wie laut mitlachten, war klar: Selbst in den Bergen und Sümpfen Nordafghanistans war Michael Jackson nicht unbekannt geblieben. King of Pop strich sich durchs wippende Haar, auf das er augenscheinlich sehr stolz war.

Zwischen Fisch und Salat beklagte Sahib die Missgunst der Welt, der USA im Besonderen: »Wir haben gekämpft, wir haben gesiegt, und nun behalten die Amerikaner einfach unser Geld«, jene sieben bis zehn Milliarden Dollar, die unerreichbar blockiert auf Konten oder in Depots in den USA, der Schweiz, Deutschland und Japan lagerten: »Welche Gerechtigkeit ist das?«

Stimmt, ungerecht sei das, konzedierten wir. Aber bislang hätte Washington doch jeden Jahreshaushalt Afghanistans mit noch weit größeren Summen finanziert. Und selbst im Falle einer Rückzahlung all der konfiszierten Milliarden würde das Geld dem Land nur für ein Jahr reichen. Was dann?

»Ach, Ghani, die alte Regierung, die waren doch alle korrupt«, hielt Sahib dagegen. Die hätten so viel unterschlagen. Jetzt müssten sie mit weniger auskommen, aber sie als Taliban hätten ja schon die letzten 20 Jahre mit sehr viel weniger auskommen müssen. Dieselbe Binnenlogik, die sie landauf, landab auch Lehrern, Ärzten und verzweifelten Importeuren von Düngern, Lebensmitteln und Medikamenten zuwarfen, die auf Gehälter oder die Freigabe ihrer Konten warteten: Wir haben lange gehungert! Jetzt seid ihr dran!

Neben dem Kommandeur saß Mohammad Isa, der nicht nur Englischlehrer, sondern auch Chronist alles Gesagten zu sein schien, und schrieb jede Äußerung des Chefs in ein Schulheft. »Okay, wir haben nicht viele qualifizierte Leute«, fuhr Sahib fort, »die meisten sind einfach Kämpfer. Es wird dauern, die Menschen auszubilden.« Außerdem misstrauten sie den alten Beamten, »wir wollen nicht zurück in die Korruption. Das alles braucht Zeit. Wir brauchen Vertrauen.« Schon jetzt sei doch die allgegenwärtige Sicherheit Ausweis der verbesserten Lage: »Heute können Sie überall in der Provinz Kunduz auch abends unterwegs sein. Früher ging das nicht.«

Ja, erwiderten wir: »Wegen der Angst vor EUCH!« Wer Soldat, Polizist, Beamter war, hatte berechtigte Todesangst gehabt vor den »Schab Nameh«, den Nachtbriefen: Drohungen auf kleinen Zetteln mit Stempeln, die eine letzte Warnung waren vor den Morden und Sprengsätzen am Wegrand. Auch wenn seit der Machtergreifung die erwartete Rachewelle weitgehend ausgeblieben war.

Schepperndes Gelächter, ach, ja, nun. Wie, wagten wir uns langsam voran, sollten die Leute den Taliban mit Vertrauen begegnen, die doch mit Angst und Gewalt gesiegt hatten? Bislang hatte Lutfullah übersetzt, aber plötzlich ergriff Mohammad Isa, der Eckermann des Emirs, auf Englisch das Wort: »Es ist Liebe! Ich kann das wissenschaftlich nachweisen«, proklamierte er: »Es ist Liebe, mit der die Menschen uns begegnen!«

Mir war bislang entgangen, dass die Taliban in Sachen Liebe oder Wissenschaft größere Expertise besäßen. Aber Isa fuhr fort: »Als wir die Militärposten hier eingenommen haben, durften alle die Metallgitter von den Hesco-Containern abreißen und mitnehmen«, jenen mannshohen Drahtkörben mit Geröllfüllung. »Und wir haben einen Parkplatz zur Moschee umgewidmet, Teppiche und Wassertanks besorgt. Die Menschen sind uns näher als der alten Regierung. Jeder könnte sich über uns beschweren. Aber niemand beschwert sich!« Seine Euphorie hatte etwas Schwefliges. Nach einer Weile ging Sahib dazwischen: Das mit der Angst von damals sei schon richtig. Aber nun eben vorbei. Punkt. Nun müsse man weitersehen.

Die Gräten und abgenagten Melonenspalten wurden abgeräumt. Einige Männer trugen eilends Decken, Tüten und Kleidung aus ihrem Zimmer, das nun unseres war. Nur ihre Haaröl-Flaschen ließen sie stehen, auf jedem Mauerabsatz, insgesamt anderthalb Dutzend, einige davon in verschiedenen Duftrichtungen.

Die Vorstellung, unser Kollege Thore könnte am nächsten Morgen mit seinem Visum einfach über die Grenze, war naiv. Was diesmal nicht an den Taliban lag. Die hatten ihm am Abend sogar ihren Stempel überlassen, damit er das richtige Datum einstellen konnte, »obwohl der Stempel mit das Wichtigste in unserem Emirat ist«, sagte Sahib, der Chef.

Doch nun wollten die Tadschiken nicht. Sie ließen den Deutschen mit gültigem Visum stundenlang im Niemandsland stehen, trotz der Anrufe einer hilfsbereiten Bekannten in der tadschikischen Hauptstadt Duschanbe bis hoch in die Spitze des dortigen Außenministeriums. Warten für ihn, Warten für uns. Mittags traf eine Delegation reisender Orts-Emire aus dem Süden in Schir Chan Bandar ein. Die oberen Taliban überall in Afghanistan waren rasch auf den Geschmack gekommen, sich ihr Land mal anzusehen, also auch jene Teile, die ihnen vor der Machtergreifung unzugänglich gewesen waren. So, wie auch wir in ihre Hochburgen reisten. Regelmäßig begegneten wir einander.

Nun wurden die Turbanträger über das Gelände geführt. Doch als die Schar sich für das obligatorische Foto auf die Grenzbrücke über den Pandsch stellen wollte, kamen sofort zwei der örtlichen Bewaffneten und wedelten die Ausflügler zurück in die Deckung einer nahe gelegenen Mauer: »Nicht in großen Gruppen auf die Brücke! Die Tadschiken schießen ohne Vorwarnung!« Offiziell war die Grenze geöffnet, 40-Tonner waren auch in beiden Richtungen unterwegs. Aber die tadschikische Seite mochte offenbar keine Fußgänger, jedenfalls nicht in Gruppen und mit Turban.

Am Nachmittag schaffte unser Kollege es schließlich auf die andere Seite, und auch wir konnten weiter in Richtung Kunduz. Es war noch genug Zeit, einen kleinen Umweg über die Sumpfwälder östlich von Schir Chan Bandar zu nehmen. Hier hatten sich schon ab ungefähr 2007 die regionalen Taliban versteckt gehalten. Ein perfektes Rückzugsgebiet für jede Guerillagruppe, undurchdringliche Vegetation, Fluchtmöglichkeiten ins Ausland und paschtunische Dörfer, die den Taliban halfen mit Brot und anderem, was gebraucht wurde. Ab und zu kam selbst ein Zahnarzt aus Kunduz bei ihnen vorbei, erzählte dessen Neffe, unser Übersetzer Lutfullah.

Die Gegend war eine absolute *No go area* gewesen, die ich einige Male aus dem Flugzeug gesehen hatte. Faszinierend tiefgrün selbst im Sommer ragte dieser Zipfel kilometerweit ins trockene Land hinein. Jetzt konnten wir einfach hinfahren. Durchzogen von zahllosen winzigen Bewässerungskanälen, war zwar der größte Teil mittlerweile urbar gemacht. Aber in Ufernähe des Pandsch standen noch immer alte Baumriesen, war das Schwemmland ein waldiges Dickicht. Der Fluss war hier so breit, dass wir einige Inseln für das andere Ufer hielten. Bauern setzen mit aufgeblasenen LKW-Reifenschläuchen über, beladen mit je einem Getreidesack. Überall wurde geerntet, Getreide gedroschen, Männer grüßten freundlich.

Als uns ein Fuhrwerk entgegenkam, machte der Esel ein paar Schritte in die Mitte des schmalen Weges und blieb stehen. Wir schauten fragend, der kleine Junge auf dem Wagen rief betreten zu Lutfullah herüber: »*Kaka*, Onkel, mein Esel geht nie rückwärts!« Es war ihm sichtlich unangenehm, aber ob wir vielleicht mit dem Auto etwas zurücksetzen könnten? Er blockierte mit seinem Fuhrwerk die Straße, schon richtig, es sei seine Schuld, aber: Der Esel gehe nun mal nie, nie rückwärts.

Die Beine starr zur Seite gestreckt, stand der Esel mürrisch auf der Straßenmitte, Lutfullah am Steuer setzte zurück. Der Junge bedankte sich und zockelte im Bogen an uns vorbei. Nur hatten wir uns mittlerweile völlig verfahren im Gewimmel der Pfade zwischen den Feldern und Wäldchen. Wo ging es nach Imam Sahib, der Kreisstadt, von der die Straße nach Kunduz abzweigte?

Ein Bauer stand am Wegrand. Wir hielten und wollten ihn gerade fragen, als ein Motorrad mit drei Männern, zwischen ihm und uns eine Staubwolke aufwirbelnd, zum Stehen kam. Fragen wir die halt auch, dachten wir uns noch, als die Stimme des Dicksten der drei uns anblaffte: »Wer seid ihr? Was macht ihr hier?!«

Es war die örtliche Taliban-Patrouille, der Fragesteller gar der Geheimdienstchef des nächsten Weilers persönlich. Sämtliche Taliban des Dorfes, also drei, saßen auf dem kleinen Motorrad chinesischer Herkunft. Unsere Auskunft, uns auf dem Rückweg nach Imam Sahib verfahren zu haben, gefiel dem Dicken nicht.

Noch weniger gefiel ihm, dass wir nach seinem nächsten Satz alle in berstendes Gelächter ausbrachen. Aber sein in herrischem Ton vorgebrachtes »Ihr seid festgenommen! Verdacht der illegalen Einreise!« war so erlesen absurd, dass wir nicht anders konnten. Was er wiederum nicht verstand und was die Situation etwas anspannte. Man sollte nicht lachen, wenn die Ordnungsmacht einen gerade verhaftet.

Alle Erklärungsversuche, dass wir am Vorabend für den entgegengesetzten Verdacht festgenommen worden und im Übrigen aus Kabul angereist seien, wir ihm Visum, Einreisestempel, Akkreditierungsschreiben und den handschriftlichen Brief des obersten Taliban-Sprechers gaben, prallten ab an seiner geknickten Ehre: »Folgen!«

So ein Motorrad ist mit drei Leuten ohnehin schwer beladen. Wenn einer der drei auch noch ein schweres Maschinengewehr auf den Knien balancieren muss, kommt man nur schlingernd voran auf einem unebenen Pfad. Die drei fuhren vor uns her nach Imam Sahib, immerhin stimmte die Richtung, vorbei an zwei Eseln, die grasend am Wegrand standen. Bis einer der beiden sich plötzlich umwandte und wie von Sinnen die Verfolgung des Motorrads aufnahm. Dessen Fahrer wiederum beschleunigte zwar, konnte aber den Esel nicht abhängen, der den dreien hechelnd hinterherrannte. Nie hatte ich einen Esel so schnell rennen sehen. Als jage er seinem romantischen Schwarm hinterher. Was nun auch die zahlreicher werdenden Bauern auf dem Weg sahen und mit Gelächter quittierten. Nach einem Kilometer der Hatz drehte der Esel so plötzlich ab, wie er gestartet war. Die Laune der drei Taliban hatte es nicht verbessert. Sie hielten an einer Moschee. Gebetszeit. Auch wir stiegen aus. Einer der beiden Jüngeren begann, uns in die Moschee schubsen zu wollen: »Beten!«

Nein, sagten wir. Ich und der Fotograf seien keine Muslime. »Dann werdet welche!«, herrschte er uns an. Nun war die Stimmung wirklich schlecht. Angekommen an ihrem Hauptquartier, scheuchte uns der Dicke nach oben. Jetzt müsse der Emir kommen! Es gab nicht einmal Tee. Mehr und mehr Kämpfer kamen in den Raum, sich die Ausländer anzugucken.

Manchmal ist es ein Eisbrecher in solch verfahrenen Situationen in Afghanistan, auf Arabisch das Gespräch fortzuführen. Mit etwas Glück spricht es einer der Umstehenden, zumindest erhöht es den Respekt. Der Fremde ist zwar kein Muslim, aber spricht die Sprache des Propheten, dessen

Name gepriesen sei. So halbwegs funktionierte das anfänglich auch hier. Einer der Männer hatte in der Madrasa nicht nur den Koran auswendig, sondern auch genug Arabisch für ein bisschen Konversation gelernt.

Leider saßen wir hier stundenlang fest. Der Emir sei noch beim Emir, einem im Rang über ihm, und komme später. Nach einer Weile rutschte das Gespräch zurück zum Halt vor der Moschee, unserem Unwillen, spontan zum Islam zu konvertieren, schließlich zur Frage der Glaubensfreiheit. Heikles Terrain. Zumal die Lesekundigen unter den Taliban den Koran, die überlieferten Prophetensprüche und Auslegungen zwar kannten, auch umgehend zerlesene Folianten aus einem Regal holten. Doch das meiste waren Übersetzungen. Mit den arabischen Originalen fremdelten sie. Auch wir waren einer gehobenen theologischen Debatte nicht gewachsen, es war ein Schlagabtausch unter Einäugigen.

Aber im Koran steht nun einmal inmitten der rhapsodierenden Beschwörungen, sich Gott und seiner alles umfassenden Macht bei Strafe der Verdammnis zu unterwerfen, unversehens dieser kleine Satz: »Es gibt keinen Zwang im Glauben«, zweite Sure, Vers 256. Ein ziemlich einsamer kleiner Kontrapunkt, aber den brachten Lutfullah, unser belesener Übersetzer, und ich nun vor. Mittlerweile war auch der Emir dazugestoßen. Da stehe etwas ganz anderes in dieser Zeile, wetterten er und der Dicke und hielten sich an den Büchern fest: »Der Glaube muss durchgesetzt werden! Mit allen Mitteln.« Aber nicht auf Arabisch, wandten wir ein. »La ikraha«, kein Zwang. Es war keine Frage unserer Ansicht, nur präzise übersetzt.

Kurze Stille, dann beugte sich der Dicke vor und intonierte melodramatisch: »Sollte das so sein, dann hätten wir ja

20 Jahre lang vergebens gekämpft.« Damit hatten wir nicht gerechnet. Wir hatten nicht vorgehabt, in Koran-Exegese zu punkten. Wir wollten doch nur weg.

Der Emir aber mochte alleine nicht entscheiden, ob wir nun der spektakuläre Fang seiner Patrouille oder Opfer eines Missverständnisses waren. Wir müssten warten auf weitere Emire. Unser Vorschlag, doch einfach beim Grenzchef Sahar Maulawi Sahib in Schir Chan Bandar anzurufen, wurde mit abfälligen Gesten verworfen. Aber der könnte mühelos bestätigen, dass wir uns nicht illegal durch die Sümpfe hatten schmuggeln lassen, versuchten wir es noch mal. Es folgte ein Wortschwall, den Lutfullah zusammenfasste: »Falscher Emir. Den mögen sie hier nicht.« Immer noch kein Tee.

Es dauerte bis kurz vor Mitternacht, als sich unsere Festnahme jählings auflöste. Irgendwo weiter oben im unsichtbaren Geäst der Führung hatte jemand abgewinkt. Zum Abschied gab es Tee, keine Entschuldigung, dann rollten wir nach Kunduz und waren froh, dass ein noch geöffnetes Restaurant ein freies Zimmer im Obergeschoss hatte.

KAPITEL 10

Aufstieg und Fall der Stadt Kunduz

Provinz Kunduz; September 2021

Die beiden Lastwagen waren nicht mehr da. Für eine Weile noch hatten ihre zerschossenen, korrodierten Reste aus dem Wasser geragt wie die Torsi vorsintflutlicher Tiere. Aber nun waren sie verschwunden. »Die hat vor Jahren ein Schrotthändler geholt«, sagte der Fährmann am Morgen. Es war Herbst, der Kunduz-Fluss führte wenig Wasser, und auch in zwölf Jahren verrosten Tanklaster nicht vollständig. Doch die Wegmarken des großen Todes waren umstandslos verschrottet worden. Der Fährmann zuckte mit den Schultern.

Wir waren zurück an jenem Ort, zu dem ich über die schwerwiegendste Tötungsorder der Bundeswehr in ihrer Geschichte berichtet hatte. 90 Menschen waren hier in der Nacht zum 4. September 2009 ums Leben gekommen, zerfetzt, verbrannt, eingeäschert worden von zwei amerikanischen 500-Pfund-Fliegerbomben des Typs GBU-38, die um 1.49 Uhr auf deutschen Befehl ausgeklinkt worden waren über der Menschenmenge am Fluss.

Am frühen Nachmittag des Vortags hatten damals zwei

Dutzend Taliban die Tanklaster entführt. Die Männer unter Befehl eines Lokalkommandeurs trugen zwar Kalaschnikows, aber manche von ihnen hatten nicht einmal Sandalen an. Und weder hatten sie Ahnung von Lastwagen, noch verstanden sie den Einwand eines der entführten Fahrer, dass die einzige Furt durch den Fluss trotz Niedrigwasser zu steil sei für die voll beladenen 20-Tonner. Woraufhin sie den Fahrer erschossen. Der andere gehorchte ihnen zwar, aber beim Versuch der Überquerung hatten sich beide Tanklaster auf einer Sandbank im Fluss festgefahren. Die Idee der Bewaffneten war es eigentlich gewesen, die Wagen zu entführen und den Sprit zu verkaufen. Nachdem am Abend aber alle Versuche gescheitert waren, die Fahrzeuge mit mehreren Treckern freizuschleppen, hatten sie aufgegeben. Einige hatten vorgeschlagen, den Treibstoff abzulassen, andere dagegengehalten, der Stoff sei doch kostbar.

Eine stetig wachsende Zuschauermenge hatte sich am Ufer versammelt. Kaum hatten die Taliban verkündet, jeder könne sich an der Fracht bedienen, drängten die Ersten an die Auslassventile. Rasch hatte sich die Gelegenheit herumgesprochen, und aus den umliegenden Dörfern waren immer mehr Menschen mit Kanistern und jenen bunten Plastikkannen gekommen, in denen das Wasser für die Reinigung nach dem Toilettengang aufbewahrt wird. Ein Liter Diesel kostete damals umgerechnet annähernd einen Dollar – viel Geld bei einem Durchschnittsverdienst von wenigen Dutzend Dollar im Monat.

Bald hatten sich Hunderte um die Laster gedrängt. Es wurde geschubst, geschrien, und um die Menge in Schach zu halten, hatten sich einige Taliban bewaffnet am Rand der Szene aufgestellt. Die Anführer waren längst gegangen, als klar geworden war, dass sich die Fahrzeuge nicht mehr bewegen ließen.

Doch auf gefunkten Wärmebild-Aufnahmen eines amerikanischen B-1-Bombers, die kurz nach Mitternacht im sechs Kilometer entfernten Bundeswehrlager eingegangen waren, hatten der Luftleit-Oberfeldwebel W. und der Kommandeur Oberst Georg Klein nur zahllose Wimmelpunkte gesehen. Alles Taliban? Alles Taliban, versicherte der Oberfeldwebel. Das habe ihm ein Informant telefonisch bestätigt.

Es wäre eine gigantische Operation der Aufständischen gewesen, die für gewöhnlich lediglich in Gruppen von fünf, zehn, 20 Mann operierten, nicht zu Hunderten über Stunden an einer Stelle herumliefen, an der fortwährend welche dazukamen, andere gingen.

Doch in der geheimen Operationszentrale der »Task Force 47« des Bundeswehrlagers hatten sie nur Taliban in den Wimmelpunkten gesehen. Was da wirklich geschah an dem in einer Stunde Laufentfernung gelegenen Flussufer, war ihnen so fern, als säßen sie eingebunkert in einer anderen Welt. Was sie letztlich ja auch taten.

Hubschrauber oder sofort verfügbare Truppen, die dorthin hätten ausrücken können, hatten sie nicht. Nur jenen einzigen Informanten, den die Deutschen beim afghanischen Geheimdienst NDS abgeworben hatten. Dort sei er der Teebote gewesen. Und hatte sich vermutlich eine umso höhere Prämie versprochen, je mehr Taliban er seinen Auftraggebern meldete. So erzählte es der Jahre später gestorbene Chefübersetzer des Lagers, der auch Verbindungsmann zum Gouverneur und den afghanischen Militärs war.

Oberst Klein hatte angeordnet, dass die Punkte an der Furt bombardiert würden. Die über dem Gebiet kreisenden US-

Piloten zweier F-15-Jets aber hatten das nicht gewollt und vorgeschlagen, im Tiefflug über die Furt zu ziehen »und die Leute rennen zu lassen«. Sie hatten keine Einsatzregeln finden können, die eine Bombardierung rechtfertigen würden.

Da hatten die befehlshabenden Deutschen im Bunker eben Anlässe erfunden, um die umringten Treibstofflaster zum »Sofortziel« zu definieren: Die Bundeswehrsoldaten hätten bereits »Feindberührung« gehabt, was nicht stimmte. Es liege eine »unmittelbare Bedrohung« vor. Die Taliban würden sich neu formieren und mit den beiden vermeintlich schon bald mit Sprengstoff beladenen Lastern »vermutlich Camp Kunduz angreifen«. Auch dafür hatte es keine Hinweise gegeben, weder aus den früher am Tag abgehörten Telefonaten der Taliban noch aus anderen Quellen. Außerdem lag das Bundeswehrlager auf einem steilen Hügel. Nicht einmal ein Radfahrer wäre dort unbemerkt die lange, weithin einsehbare Zufahrt hochgekommen. So war es zu dem Bombardement gekommen, bei dem sich die Bundeswehr mit einer Schuld beladen hatte, die sie sich ohne die minutiöse Aufarbeitung des Geschehens durch andere wohl nie eingestanden hätte.

Am Ende langer Untersuchungen hatte ein Nato-Untersuchungsbericht auf rund 500 Seiten auch die kleinsten Details der verhängnisvollen Stunden vermerkt. Nur eines interessierte die Militärs offenbar wenig: Wen sie da eigentlich hatten umbringen lassen. Es habe zwischen »17 und 142 Tote« gegeben. Als hätte man eine Schafherde getroffen.

Der Fotograf Marcel Mettelsiefen und ich fanden das verachtend. Wenn sich die Bundeswehrführung nicht einmal die Mühe machte, zu ermitteln, wie viele Menschen sie hatte umbringen lassen, woher rührte dann die Gewissheit, man habe Terroristen getötet?

Drei Monate lang recherchierten wir Anfang 2010, wer die Menschen gewesen waren, die an jenem Abend zur Furt gegangen und dort umgekommen waren, was sie dabeigehabt, wie lange sie sich dort aufgehalten hatten und ganz schlicht: wie viele es überhaupt gewesen waren. In die Dörfer, aus denen die Toten kamen, konnten wir nicht, zu riskant. Deren Angehörige aber mussten stets nach Kunduz kommen, wo wir ein pleite gegangenes Hotel angemietet hatten. Aber einmal, an einem frühen Wintermorgen, konnten wir zur Furt fahren und sahen die Wracks der Lastwagen aus dem Wasser ragen.

Aufgrund unserer Dokumentation der 90 Toten, ein paar von ihnen Taliban, die allermeisten aber schlichte Plünderer, zahlte die Bundeswehr 2010 eine Entschädigung an die Hinterbliebenen. Bald danach verschwanden die Gegend, die Provinz und schließlich auch die Stadt Kunduz von unserer Landkarte der Orte, die wir noch bereisen konnten. Die Bundeswehr hatte 2013 ihr Lager in Kunduz geschlossen, ein letztes Kontingent von 120 Soldaten 2020 vom Hügel abgezogen. Da gehörte Kunduz längst den Taliban, auch wenn über dem Sitz des Gouverneurs noch die afghanische Flagge der Regierung wehte.

Wie überall im Land war der Staat auch in der Provinz und deren gleichnamiger Hauptstadt Kunduz von den Taliban ganz langsam ausgehöhlt worden, gleich einem Holzstamm, den Termiten so lange von innen zernagen, bis nur noch eine papierdünne Hülle übrig bleibt. Lange vor dem ersten Schuss hatte das stetige Werk der Machtübernahme begonnen. Einzelne Sympathisanten wurden gewonnen, ausgeschickt in ihre Dörfer, erkundeten die Lage, sammelten weitere Unterstützer. Dann kamen nächtliche Abordnungen, wurden Steuern von Wohlhabenden erhoben, manchmal Streitfälle geschlichtet, wurden Regierungsangestellten und Ortskräften der fremden Truppen Drohbriefe mit Unterschrift und Stempel des Emirats Afghanistan vor die Tür gelegt.

Das Vakuum des in weiten Teilen nicht funktionalen Staates, der sich zumeist um wenig kümmerte, wurde leise gefüllt, ohne dass der Staat selbst es merken musste, wenn er es nicht wollte. Tagsüber mochte ein Dorf, ein Bezirk, eine Verbindungsstraße noch zur Machtsphäre der Regierung gehören. Nachts schon nicht mehr. Dorf um Dorf wurde übernommen, während der Hauptort eines Bezirks wie eine Insel übrig blieb, dort das mit Mauern, Lehmwällen und Schuttcontainern gesicherte Hauptquartier von Armee, Polizei oder Geheimdienst manchmal für Jahre die letzte Bastion des Staates verkörperte.

In Kunduz hatte diese schleichende Aushöhlung schon früh zum Kollaps geführt, als die Taliban 2015 und noch einmal 2019 für Tage die gesamte Stadt überrannten, erst mithilfe amerikanischer Luftangriffe wieder vertrieben werden konnten. Im Sommer 2021 dann waren die verbliebenen Einsprengsel der Regierungsmacht überall im Norden reihenweise gefallen. Manchmal waren sie erobert, oft einfach aufgegeben worden von ihren Besatzungen. Denen hatte das landesweit operierende Taliban-Komitee für »Einladung und Orientierungshilfe« zuvor freies Geleit, Zivilkleidung und Handgeld geboten, was auch eingehalten wurde. So war es auch in den beiden östlichen Nachbarprovinzen von Kunduz abgelaufen, die einst zum Mandatsgebiet der Bundeswehr gehört hatten: Tachar war innerhalb von zwei, drei Tagen im Juni, Badachschan ebenso schnell Anfang Juli überrannt worden.

Nun waren wir zurückgekehrt und suchten nach den Spuren der Deutschen. Des Lagers, ihrer aufwendig befestigten Stellungen im »Feindesland«, aber eben auch danach, was aus dem Ort des Infernos, den Überlebenden geworden war.

An den Feuerball über dem Fluss, der seinen Bruder bis zur Unkenntlichkeit verbrannt hatte, erinnerte sich der alte Bauer Karim noch: »Er war schwarz, vollkommen verkohlt, dabei wollte er doch nur ein paar Liter Diesel abbekommen für den Winter.« Im kleinen Dorfladen von Isa Chel, einem Ort, aus dem zehn der Opfer stammten, drängten sich bald 30 Menschen zwischen Seife, Keksen und Getränkedosen. Ausländische Journalisten waren hier bislang selten vorbeigekommen nach jener Nacht im September 2009.

Der Krieg war unvermindert weitergegangen, am Karfreitag 2010 waren drei Bundeswehrsoldaten nahe Isa Chel in einem Hinterhalt umgekommen. Später hätten nur noch Afghanen gegen Afghanen gekämpft. Die Bauern erzählten von Drohnenangriffen, von den gefürchteten Nachtrazzien der Spezialeinheiten, die als menschliche Schutzschilde aus jedem Haus ein, zwei Personen vor sich hertrieben. Selbst wenn sie keine Aufständischen waren, »wurden sie einfach mitgenommen«, erinnerte sich Mohammad Isa, der selbst Wochen im Gefängnis in Kunduz verbracht hatte: »Die Offiziere lachten uns aus. Wenn sie umsonst gekommen seien, sagten sie, müssten wir für ihre Unkosten aufkommen. Erst dann kämen wir frei.«

Dann wurde es für einen Moment still im Dorfladen. Es sei ja gut, dass sich Deutschland noch ein Jahrzehnt später für seine Opfer von damals interessiere, hob der Ladenbesitzer Mir Alam an: »Aber die Toten sind tot. Jetzt haben wir ein ganz anderes Problem, das uns größere Sorgen bereitet: Seit dem Sieg der Taliban haben alle Beamten, Lehrer, Polizisten keine Gehälter mehr bekommen, kaum jemand hat noch Arbeit, während die Preise für Brot, Diesel, Dünger steigen.«

Zum ersten Mal seit fast 20 Jahren war Frieden. Niemand musste sich mehr fürchten vor Luftangriffen, Razzien, willkürlichen Verhaftungen. Das sei eine große Erleichterung, pflichteten alle raunend bei. Die Herrschaft der Taliban begrüßten sie. Doch nun hätten sie furchtbare Angst vor dem Winter.

Es war eine unerwartet ambivalente Gemütslage, die uns in Isa Chel, den Dörfern der Umgebung und in Kunduz selbst begegnete. In der Stadt zeugten zwar nur noch einige ausgebrannte, mit Einschusslöchern übersäte Gebäude von den schweren Kämpfen der ersten Augusttage. Auch standen die Verkehrspolizisten so unbeachtet wie ehedem in ihren weißen Uniformen und den breiten Schirmkappen auf den Kreuzungen.

Doch die Stadt schien wie zum Erliegen gekommen. Immer weniger war zu kaufen, und noch weniger Menschen hatten Geld, mehr als Brot und das Notwendigste zu erwerben. Ein Händler für Dessous und Unterkleider saß untätig vor seinem Teeglas, »ich dürfte Geschäfte machen. Aber alle Bankguthaben sind gesperrt, ich kann keine Ware einkaufen, außerdem habe ich kaum noch etwas verkauft.« Frauen würden im Moment nicht in paillettenbestickte Gewänder, sondern höchstens in Burkas investieren: »Obwohl die noch nicht einmal vorgeschrieben sind.« Doch der vorauseilende Gehorsam war stärker.

Zwar hatten die Friseure weiterhin geöffnet, »aber sie haben uns eingeschärft, die Finger von den Bärten zu lassen«, erzählte ein junger Friseur, der selbst noch einen perfekt getrimmten Spitzbart trug. Als er uns die fusseligen Bärte und das Haar stutzte, stellte sich extra sein Gehilfe ins Fenster, um den Blick ins Innere zu verdecken.

Nur, wie es weitergehen sollte, ohne Geld, mit Bart, wusste niemand. Das galt für ganz Afghanistan. Aber keine Stadt hatte Aufstieg und Fall, erneuten Aufstieg und Absturz in solch schwindelerregenden Bahnen erlebt wie Kunduz.

In der Stadt gab es ein zweistöckiges Gebäude mit Säulenportal, immer noch das imposanteste Bauwerk in Kunduz, vor dem einige gelangweilte Taliban nun Wache schoben, ohne zu wissen, was genau sie da bewachten. »Irgendwas von der Regierung«, murmelte einer. Das leere Direktionsgebäude, eine verfallende Retortensiedlung für die einstigen Angestellten und der Altbau des städtischen Krankenhauses waren die letzten historischen Spuren des »Weißen Goldes«, »Spinzar« auf Dari. So hatte der florierende Mischkonzern geheißen, der vor etwa 100 Jahren aus einer praktikablen Idee, privatem Unternehmertum und königlichen Dekreten entstanden war: als Baumwollplantage und -spinnerei.

1934 hatte sich der britische Reiseschriftsteller und Dandy Robert Byron über die malariaverseuchten Niederungen des Kunduz-Flusses schaudernd ausgelassen, »laut Volksmund ist die Reise nach Kunduz praktisch Selbstmord«. Doch die fruchtbare Ebene mit ihren heißen, trockenen Sommern war perfekt für den Anbau langfaseriger Baumwolle. Schir Chan Naschir, Unternehmer, Vertrauter des Königs und später Gouverneur der Provinz, begann mit der Kultivierung im großen Stil. Die »Kunduz Cotton Company« wurde als

Aktiengesellschaft gegründet, Ende der 1950er-Jahre das »Kunduz« im Namen durch »Spinzar« ersetzt.

Eine Spinnerei entstand, Fabriken für Speiseöl und Porzellan, ein Hotel, ein Krankenhaus, sogar eine Zeitung. Mehr als 10 000 Menschen arbeiteten zu den besten Zeiten für Spinzar in den Niederlassungen überall in Nordafghanistan. Arbeiter aus dem ganzen Land zogen hierher. Zwei Theater machten in Kunduz auf, ein Kino, ein Museum, Cafés, in denen man sich darüber unterhielt, ob Tschechow besser auf Russisch oder auf Dari und Paschtu aufgeführt werden sollte.

1959 war der Schleierzwang für Frauen offiziell in ganz Afghanistan abgeschafft worden, und in Kunduz spielten Frauen Volleyball, gingen ohne männliche Begleitung aus. Ende der 1960er-Jahre war die Stadt kulturell lebhafter als Kabul. Noch bis in die 1970er-Jahre kamen Opern- und Ballettensembles aus der Sowjetunion und der Tschechoslowakei in diese eigentümliche Stadt. Schon drei Jahrzehnte zuvor hatte die reisende Schweizer Schriftstellerin und Morphinistin Annemarie Schwarzenbach geschrieben, Kunduz komme ihr vor, als sei sie auf einem anderen Planeten.

Vorbei, verfallen, verweht.

1973 war erst der König von seinem Cousin gestürzt, dann der Cousin von der kommunistischen Partei weggeputscht worden, deren Anführer im September 1979 auf Befehl seines Stellvertreters Hafizullah Amin umgebracht wurde. Amin wiederum starb drei Monate später im Geschosshagel der einrückenden Sowjettruppen. Der Direktor der Spinzar war da schon lange im Gefängnis gelandet. Nach zehn Jahren, Ende der 1980er, gingen die Sowjets wieder, der Bürgerkrieg kam, dann die erste Ära der Taliban.

Als die Ende 2001 abrupt in den amerikanischen Bombardements untergingen, war Spinzar nicht nur tot. Das Unternehmen ließ sich auch nicht mehr wiederbeleben. Denn die Manager, Buchhalter, Agrarexperten, die es dafür gebraucht hätte, waren längst tot oder geflohen. Die alten Spinzar-Verwaltungen waren auch in anderen Orten des Nordens immer noch die schönsten Gebäude gewesen, weshalb die Bezirksverwaltungen gern dort einzogen, wie in der Kleinstadt Chawadscha Ghar. Woraufhin die Taliban sie dort angriffen und die zweistöckigen Ziegelbauten zerschossen, die bislang alle Wirren überstanden hatten.

Es blieben die Ruinen einer Zukunft, die Kunduz einmal hatte.

Auch das Jahrzehnt der Deutschen in Kunduz hatte am Ende eher die Bundeswehr verändert als die Stadt. Hunderte Millionen Euro waren in den fortwährenden Ausbau und Unterhalt des PRT geflossen, eine kleinere Summe auch in den Bau von Schulen, Brücken, Straßen und Märkten in der gesamten Provinz. Aber auf afghanischer Seite war in diesem Zuge kein zweites Spinzar entstanden. Floriert hatten vielmehr Baufirmen und Logistiker in völliger Abhängigkeit von den ausländischen Militärs, deren Abzug auch ihr Ende bedeutete. Und je schlechter die Sicherheitslage für die Soldaten geworden war, desto weiter hatten sich die Truppen auf ihren Hügel zurückgezogen.

Da wollten wir hin. Sehen, was Jahre nach dem Abzug erst der Deutschen, dann der jähen Flucht der afghanischen Truppen im Sommer aus diesem Ort geworden war. Es sei schwierig, auf den Hügel zu kommen, hatten schon Kollegen in Kabul erzählt, die normale Akkreditierung reiche nicht. Man bräuchte eine Sondererlaubnis des örtlichen Taliban-Gouverneurs.

Doch der blieb unauffindbar. Es wurde zur konstanten Paradoxie dieses Herbstes, dass Taliban uns zwar am laufenden Band festnahmen und für Stunden aufhielten. Aber wenn wir unsererseits Taliban kontaktieren wollten, ganz ordnungsgerecht um eine Genehmigung vorsprachen, um eine Auskunft, vielleicht ein paar Worte zu den essentiellen Zukunftsfragen zu bekommen, waren sie nicht da. Oder nicht zuständig. Oder gerade beim Emir.

Eine beunruhigende Macht, allgegenwärtig und abwesend zugleich. Eine Ambivalenz, die sie auch im Umgang mit ihren Gegnern von gestern zeigte. Die befürchtete Rache an allen, die früher für die Sicherheitskräfte oder die ausländischen Truppen gearbeitet hatten, war zwar nicht ausgeblieben, aber geschah weitaus individueller als erwartet: »Sie haben ihm alle Fingernägel mit einer Kneifzange ausgerissen«, erzählte uns ein Hotelangestellter abends über einen Freund, der früher Verhörexperte bei der Kriminalpolizei in Kunduz gewesen war und den er nach seiner Entlassung aus dem Taliban-Knast für zwei Nächte im Hotel versteckt gehalten hatte, bevor der Mann floh, versuchte, sich nach Tadschikistan durchzuschlagen.

Den ehemaligen, 2019 pensionierten Sicherheitschef des Gefängnisses hingegen hatten seine früheren Häftlinge wiederholt angerufen: »Du hast uns damals fair, als Menschen, behandelt. Wenn dich jemand bedroht, ruf an, wir werden dich beschützen!« Der Sicherheitschef hatte Besuchsgenehmigungen ohne Schmiergeld durchgesetzt, nichts von ihrer Verpflegung auf dem Schwarzmarkt verkauft, Folter unterbunden. Lauter selbstverständliche Dinge, die aber nicht selbstverständlich waren. »Das rechnen wir ihm hoch an«, sagte einer seiner Exhäftlinge, nun leitender Emir beim Taliban-Geheimdienst vor Ort. Der mit uns aber auch nur telefonieren, uns nicht sehen wollte.

Schließlich landeten wir bei der alten Regierung auf der Suche nach der neuen. Im Informationsministerium hatte der frühere Verantwortliche für Kunduz seinen Dienst wiederaufgenommen, nachdem er sich drei Wochen lang versteckt gehalten hatte. Dann hatte er einen Anruf bekommen: Er möge doch zurückkommen. Was er auch getan hatte und unbehelligt geblieben war. Die Flagge Afghanistans und das Bild von Präsident Ghani waren verschwunden, nun stand ein weißer Taliban-Wimpel auf seinem Schreibtisch. Nur auf dem alten Chefsessel mochte er nicht Platz nehmen. Sein herbeitelefonierter Taliban-Chef, Provinz-Verantwortlicher für auswärtige Kontakte, wollte dort auch nicht sitzen. Schließlich platzierten sich beide auf den Besuchersesseln.

Matiullah Rohani, Taliban-Verantwortlicher für auswärtige Kontakte und vertretungshalber Gouverneur, hielt sich nicht lange auf mit Floskeln: »Sie müssen uns nicht mögen. Sie können uns als Militante bezeichnen. Aber wir haben gesiegt. Wir verdienen zu herrschen. Wenn die USA uns nun nicht einmal die Gelder auszahlen, die uns gehören, bestrafen sie Millionen Menschen. Was können die armen Afghanen dafür? Wir kämpfen ernsthaft gegen die Korruption, werden ehrlicher regieren als jene, die mit Milliarden überschüttet wurden.« Es war dasselbe Mantra, das jedes Gespräch mit Taliban-Führern im ganzen Land beherrschte.

Wir brachten unser Anliegen vor und baten um die nötige Genehmigung. Nur der Hügel? Tja, der sei leider militärisches Sperrgebiet. Das könne nur der Gouverneur entscheiden, der echte. Der nicht da sei. Und die Emire des Militärs seien für uns nicht zu sprechen.

Trotzdem machten wir uns auf die Suche nach den Militärchefs. Aber das hätten wir gar nicht zu tun brauchen. Sie kamen zu uns. Am selben Abend in einem der drei besseren Restaurants der Stadt flog plötzlich schwungvoll die Tür auf. Herein drängten ein Dutzend Taliban-Kommandeure mit ihren Leibgardisten, als zögen sie in die Schlacht: Amerikanische M16-Sturmgewehre und Kalaschnikows mit aufmontierten Nachtsichtgeräten wurden ins Restaurant getragen, eine Tüte mit Handgranaten abgelegt, dann verhakte sich das schwere Maschinengewehr in der gläsernen Eingangstür. Aber sie wollten gar nicht kämpfen, dem martialischen Gestus zum Trotz. Sie wollten nur essen gehen.

Es handelte sich um den nächsten Betriebsausflug angereister Emire, diesmal aus Helmand im Süden, die nun ihre Kollegen im Norden besuchten. Als sie merkten, dass die Bärtigen in Landestracht, die neben ihnen auf den flachen Kissen saßen und aßen, ausländische Journalisten waren, grüßten die meisten uns so knapp und verachtend wie möglich. Einer der Jüngeren aus der Runde hingegen suchte das Gespräch und half mit Telefonnummern aus. Es gebe da jemanden, meinte er, der mächtig genug sei, uns auf den Hügel zu bringen: Saifullah, der Provinzkommandeur von »Qeta-je Sorch«, der Elitetruppe »Rote Einheit«. Über Jahre war der Mann verantwortlich für Sprengstoffanschläge auf die afghanischen Truppen gewesen, für Hinrichtungen, das ganze Programm des Grauens. Der sei mächtig. Und, versicherte der junge Kommandeur, ein wirklich interessanter Gesprächspartner.

Wären wir Saifullahs Männern ein Vierteljahr früher begegnet, hätte dies vermutlich den Tod unserer afghanischen Begleiter und ein längeres Geiseldasein für uns bedeutet.

Viele der afghanischen Bundeswehr-Ortskräfte, die wir im Juni in Mazar-e Scharif getroffen hatten, waren im Besitz ganzer Aktensammlungen mit Todesdrohungen, Fotos von Einschüssen, Behandlungsberichten aus dem Krankenhaus. Sie hatten Todesangst gehabt vor den Schergen der Taliban, die ihre Namen, ihre Telefonnummern, ihre Heimatdörfer kannten.

Nach dem Sturz der Regierung hatte die Taliban-Führung zwar eine Generalamnestie erlassen. Auch blieben jene Ortskräfte, die nicht evakuiert worden waren, bislang zumeist unbehelligt. Aber dieser Wille zur Versöhnung galt bei Weitem nicht allen Soldaten der Eliteeinheiten, nicht den Verhörspezialisten des Geheimdienstes, den wirklichen Feinden. Manche waren bei ihrer Gefangennahme erschossen worden, andere spurlos verschwunden.

Saifullahs Ruf ließ einen erschaudern, aber unser Anliegen war banal. Eine Genehmigung, auf den Hügel zu kommen, wo die deutschen Truppen ein knappes Jahrzehnt lang ihr berühmtes Lager unterhalten hatten. Also riefen wir ihn am nächsten Morgen an. Eine müde Stimme meldete sich. Woher wir seine Nummer hätten? Er sei viel unterwegs und, nein, in seinem Büro ginge es nicht. Aber er könne uns in einem Restaurant im Zentrum treffen.

Etwas später betrat ein Mittvierziger mit steifem Knie den Raum. Er sah seinen Gegnern ähnlicher als jeder andere Talib, den wir bislang getroffen hatten: kurze Haare, gestutzter Bart. Er hatte auch nicht dieses beseelte Sendungsbewusstsein, das Gespräche mit Taliban-Oberen sonst oft zu einer ermüdenden Angelegenheit werden ließ, wenn sie mit glasigen Augen vom Triumph des Islam schwadronierten oder jammerten, dass die Welt sich gegen sie verschworen habe.

Es war seltsam.

Was jemand mit seinem Bart mache, sei ihm egal, sagte er: »Wir sind nicht mehr die Taliban von vor 20 Jahren.« Er sei seit 25 Jahren dabei, seit seinem 18. Lebensjahr, und es habe alles lange genug gedauert. »Wir wissen auch nicht, wie es weitergeht. Wir brauchen die gesperrten Gelder aus Amerika. Vor allem müssen wir dahin kommen, dass niemand mehr eine Waffe braucht und auch wir wieder zurück in unsere alten Jobs gehen können!« Wobei er in seinem Fall nicht recht sagen konnte, was für ein Job das sein sollte.

Die Geschichten unserer wechselhaften Festnahmen hörte er sich kopfschüttelnd an: »Was wollt ihr? Die Jungs in Imam Sahib haben 20 Jahre lang in den Sümpfen gelebt. Das sind Wilde.« Der Experte in Sachen Meuchelmord und Bombenbau war ein absoluter Bildungsverfechter. Sein Sohn studierte Medizin in Mazar-e Scharif, auch Frauen sollten studieren, »selbstverständlich«. Überhaupt sei Bildung der entscheidende Hebel, das Land voranzubringen.

Aber wie, warfen wir ein, sollte Normalität einkehren angesichts der fortwährenden Angst, der Rachemorde, der Todesdrohungen? Ja, Racheakte habe es in der Vergangenheit gegeben, konzedierte er, »aber wer heute noch behauptet, eine Todesdrohung von uns zu bekommen, lügt«. Auch wenn sich manch einer eine solche wünschte, denn um erfolgreich irgendwo in der Welt Asyl zu beantragen, war eine akute Bedrohungslage erfolgversprechender als Hunger oder Armut. Es ging hin und her, bis er wütend rief: »Wenn ihr mir nicht glaubt, rufen wir da halt an!« Er hatte eine Textnachricht von einer Frau bekommen, die ihn um einen Drohbrief gebeten hatte. So stand es da.

Er rief an, stellte auf laut, eine erfreute Frauenstimme war zu hören. Sie bat Saifullah, ihr doch eine Todesdrohung mit Briefkopf und seiner Unterschrift zu erstellen: »Den Inhalt kann ich selbst reinschreiben!« Er wollte nicht, sie hielt dagegen. Es sei doch nur ein kleiner Gefallen, so was habe er doch früher bestimmt im Dutzend geschrieben. Er ging nicht darauf ein und lehnte ab.

Und der Hügel mit dem Lager? Von ihm aus gerne, aber, Staat ist Staat, da müsse er Rohani anrufen. Jenen geschäftsführenden Gouverneur, den wir schon getroffen hatten. Rohanis Nein war so laut, dass wir es mithören konnten. Wir sollten es endlich lassen, die zuständigen Instanzen umgehen zu wollen. Diese Zeiten seien vorbei.

Das einstige Feldlager der Bundeswehr war jetzt den Truppen der Taliban vorbehalten. Vom Krieg aber, der hier so lange so erbittert geführt worden war, fanden sich in der Umgebung nur noch verwehte Spuren. Im Sommer 2010 waren die Bundeswehrtruppen ins Terrain der Taliban vorgerückt und hatten einen steil aufragenden kleinen Hügel zum äußersten Vorposten ausgebaut: »Höhe 432«. Monatelang hatten sie tief ausgeschachtete Laufgänge in den steinharten Lehm gehackt, Unterstände aus Bohlen und Sandsäcken gebaut, bis das winzige Plateau aussah wie eine Reminiszenz an den Ersten Weltkrieg. Als sie abzogen, sollten die afghanischen Einheiten die Stellung übernehmen. Doch die Armee wollte sie nicht. Die Taliban wollte sie später auch nicht. Niemand brauchte den Hügel mehr, der nun wieder verlassen zwischen den Feldern dalag.

Nahe der Furt am Kunduz-Fluss, aus dem die Lastwagen verschwunden waren, stand der Fährmann auf einem Stahlkahn, den er mit Muskelkraft immer wieder über den Fluss zog. Hinter ihm ragten die Ruinen einer Brücke aus dem Wasser, die von den Deutschen nach dem Bombardement errichtet worden war. »Die Taliban wollten sie sprengen, aber die Brücke war zu stabil, wirklich gut gebaut«, erzählte Fährmann Hassan lakonisch: »Da sind sie mit einem Boot gekommen und haben nächtelang von unten die Stahlseile durchgesägt. Tja, und dann ist die Brücke plötzlich einge-stürzt, hat zwei Taliban unter sich begraben.« Die Bugspitze des versenkten Bootes ragte noch aus dem trüben Wasser, »die Bauern waren so wütend, dass die Taliban dann diesen Fährkahn gekauft haben«. Den betrieb jetzt er. Zwei Drittel seiner Einnahmen musste er den Taliban abtreten, »aber sie selbst zahlen natürlich nie«.

Wir brachen auf, Kunduz wieder zu verlassen. Diese Stadt, die Provinz, die sich schon lange vor dem Intermezzo der Deutschen einmal aufgeschwungen hatte zu grandioser Höhe, um hernach ebenso tief wieder abzustürzen. Nicht, weil eine sinistre ausländische Verschwörung das so durch-setzte. Sondern weil die afghanischen Fraktionen sich gegen-seitig niedergemacht und dabei alles in Stücke gehackt hat-ten, was die Basis eines freien Daseins ausmachte. Menschen brauchten Brot und Brücken. Doch auch der letzte Krieg hatte nur eine kurze, falsche Blüte gebracht, genährt von deutschen Geldern und vom Irrtum, dass die ewig fließen würden. Nun lag die Stadt abermals da wie vor den drama-tischen 80 Jahren zwischen Glorie und Grauen. Arm, ratlos, welk. Oder wie es Robert Byron 1934 geschrieben hatte, als er den Kunduz-Fluss querte: »in einer Wolke aus Staub und Gestrüpp«.

Als wir gen Süden rollten und die Checkpoints der Taliban seltener wurden, konnten wir wieder furchtlos Musik hören.

Die Playlist war ein Potpourri unserer verschiedenen Geschmäcker, aber auf eine Stimme konnten wir uns immer einigen: Ahmad Zahir. Auf alten Fotos sah er unspektakulär aus, etwas rundlich, lange Koteletten, bunte Hemden. Aber wie er sang, zog Ausländer wie Afghanen auch noch Jahrzehnte nach seinem frühen Tod Ende der 1970er in den Bann. Seine Stimme war melancholisch, aber nicht wehleidig, geprägt von improvisatorisch umspielten Basistönen voller Trotz, Wärme, manchmal Heiterkeit. Obwohl sich die Texte stets ums Scheitern drehten. Frau und Mann, Geliebte und Geliebter, aber nie, nie konnten sie zueinanderfinden.

Alles, was frivol, tabu gewesen war in den Kreisen der Traditionalisten, hatte Zahir immer wieder aufs Neue kombiniert: das zerzauste Haar der Geliebten, durch das der Wind fuhr, wovon nur war es zerzaust? Der Wein, die Freiheit der Wahl, der Spott. »Gott, zeige mir den Weg zur Kaaba der Verliebten. Nicht mal in die Bar haben sie mich reingelassen. Gott, wo soll eine schutzlose Person wie ich Zuflucht finden?« Die Kaaba, das würfelförmige größte Heiligtum der Muslime in Mekka, in einem Atemzug mit einer Kneipe zu nennen, der er auch noch den Vorzug gegeben hätte – das war harter Stoff für die frömmelnden Sinnesfeinde.

Aber das war Kabul in den frühen 1970ern. Zahir war der Star der wilden letzten Jahre vor dem Untergang. Tausende kamen zu seinen Konzerten, lauschten seinen Kassetten. Sie nannten ihn den Elvis Afghanistans, weniger wegen des Hüftschwungs als wegen seiner unverwechselbaren Stimme, die mit überschaubarer Instrumentierung immer neue Anläufe nahm: »Wenn deine Locken den Morgen berühren«, »dein Lippenstift am Glas in der Bar lässt den Wein betrunken werden«, mal Melodram, mal gaga: »Ich breche ein Loch in die Mauer, deine Finger zu berühren. Dein Vater ist Maurer, er kann es wieder reparieren.«

Die Texte waren wie Afghanistans Landschaft, voll Drama und Wiederholung. Fast immer ging es um verzehrende Sehnsucht, und natürlich ging es immer schief, war die Geliebte wahlweise unerreichbar, verschwunden oder vergeben und der Nebenbuhler ein furchtbarer Mensch, war die Verzweiflung groß, die Liebe unentrinnbar größer. Niemand besang das ewige Scheitern so schön schrabbelig wie er. 1973 hatte Zahir die Absetzung der Monarchie noch begrüßt. Dass er in den letzten Jahren vor seinem Tod auch Lieder gegen die zusehends mörderische Diktatur und die Säuberungswellen der Kommunisten geschrieben hatte, war nicht so präsent im kollektiven Gedächtnis geblieben.

Auf unserer vertrauten Route zurück nach Kabul führte die Straße erst am Fluss entlang, kamen Taliban-Posten schon von Weitem in Sicht. Dann schalteten wir rasch aus. Instrumentalmusik wäre vielleicht noch gegangen, Gesang schon nicht mehr und Ahmad Zahir ganz sicher nicht. Nach einer Stunde begannen die Berge. Langsam schraubten wir uns die Serpentinen zum Salang-Pass hoch. Irgendwo hier war Ahmad Zahir umgekommen am 14. Juni 1979. Ein Verkehrsunfall, hatte es damals geheißen. Zahir sei mit seinem VW-Käfer von der Straße abgekommen.

Aber das glaubte niemand.

Natürlich war er ermordet worden.

Nur, von wem? Von welchem der beiden verdächtigen Diktatoren? Dem noch amtierenden Nur Muhammad Taraki, dessen Namen Zahir als »tahriki«, Dunkelheit, im Lied verballhornt hatte? Oder von dem begeisterten Stalinisten Hafizullah Amin, der sich drei Monate nach Zahirs Tod ins Amt geputscht hatte? Ausgerechnet mit Amins Tochter hatte der große Frauenschwarm Zahir angeblich eine Affäre begonnen. Ob das stimmte, ist nie bewiesen worden. Überliefert ist die Anklage von Ahmad Zahirs Vater, dass der angebliche Verkehrsunfall seines Sohnes kaum die Einschusslöcher in dessen Rücken erklären konnte.

Im Winter danach rollten die sowjetischen Panzer durch den Salang-Tunnel. Offiziell wurde die Invasion deklariert als brüderliche Hilfe unter Sozialisten. Tatsächlich aber wollte Moskau die Herrschaft der afghanischen KP retten – nicht vor äußeren Feinden, sondern vor ihrem eigenen Verbündeten, Präsident und Parteichef Amin. Das Land war in Aufruhr, Zehntausende waren willkürlich festgenommen, Tausende hingerichtet worden oder spurlos verschwunden. Nach und nach desertierte die halbe Armee, Provinzen entglitten Kabuls Kontrolle, während Hafizullah Amin besorgten Besuchern aus Moskau gern das gerahmte Foto seines Idols auf seinem Schreibtisch zeigte: »Genosse Stalin hat uns doch gezeigt, wie man den Sozialismus in einem rückständigen Land aufbaut.«

Eigentlich hatte die sowjetische Führung gar nicht in Afghanistan einmarschieren wollen, zu unberechenbar erschien ihr das Unterfangen. Aber Ende Dezember 1979 tat sie es dann doch, ließ als Erstes ein Elitekommando den Palast stürmen und Amin ermorden. Seinen Nachfolger hatten sie gleich mitgebracht, den Führer einer rivalisierenden Parteifraktion, der eine Weile zuvor nach Moskau geflohen war: Babrak Karmal. Derselbe Vorname, auf den auch der Tankstellenbesitzer auf der Strecke nach Kunduz hörte, an der wir früher oft gehalten hatten, um auf eine Pause zwischen den Gefechten zu warten. Ein eher seltener Name in Afghanistan. Ob er nach Moskaus Statthalter benannt worden war, hatte ich damals vergessen zu fragen.

Das besungene Scheitern im Ohr, waren wir vorbeigefahren. Es gab keinen Grund mehr, auf ein Ende der Kämpfe zu warten. Zumindest der Krieg war ja vorbei.

KAPITEL 11

Hoffnung, sagte der Mann, der den Mond pflügte, sei eine unsinnige Sache

Provinz Fariyab, Bezirk Ghormatsch; Provinz Kunar;
Oktober 2021

Schon von Weitem war er sichtbar: als ruckelnder schwarzer Punkt, mit seinem Pflug und zwei Eseln auf einem Hügelacker, der nicht einmal ihm gehörte und mit ein wenig Phantasie auch als Oberflächenaufnahme des Mondes durchginge. Seit Tagen pflügte er diese Oberfläche, die aus nichts mehr als Geröll und puderartigem Staub bestand, der ihn bei jeder Windböe in ockergelben Fahnen umwehte. Noch ein paar Tage würde er damit fortfahren, würde dann Weizen säen und abwarten, was geschah.

Mohammad Baridad war nicht der erste schwarze Punkt in der Hügelsteppe von Fariyab, im Nordwesten Afghanistans. Immer wieder tauchten in der unwirtlichen Ferne Männer, Jungen auf, die langsam Schneisen durch den Staub zogen. Seit zwei Jahren war hier kaum noch Regen gefallen. Die Dürre in weiten Teilen Zentralasiens hatte lange vor dem Sieg der Taliban begonnen, war nicht ihnen anzulasten.

Aber sie machte es in diesem Herbst 2021 zur entscheidenden Frage, was sie unternehmen wollten, um die Bevölkerung vor dem Verhungern zu bewahren. Denn für die waren sie ja nun verantwortlich.

Als wir den Bauern Baridad sahen, fragten wir uns: Was gab dem Mann dort oben auf seinem Mondhügel die Hoffnung, dem Staub irgendwann etwas Essbares abzuringen? »Nichts«, sagte er, nachdem wir hochgestiegen waren und ihn gefragt hatten, ob wir ihn kurz stören dürften. Er wiederholte seine Antwort, als er unser stummes Erstaunen sah: »Nichts.« Wenn Gott gnädig sei, »dann wird es regnen. Und ich werde etwas zu essen bekommen. Wenn nicht, dann nicht. Was bleibt mir anderes übrig?« Hoffnung, sagte er, sei eine unsinnige Sache. Wir konnten uns Sisyphos als Bauern aus Fariyab vorstellen.

Hier und in anderen west- und zentralafghanischen Provinzen Getreide anzubauen, war schon immer ein Vabanque-Spiel mit der Witterung gewesen. Aber so lange wie jetzt hatte seit Jahrzehnten keine Dürre mehr gedauert. An ihr war, so sagten die Experten, »La Niña« schuld, eine periodische Kaltwasserströmung im östlichen Pazifik.

Baridad hatte von La Niña in seinem mehr als 70-jährigen Leben noch nie gehört. Aber Gott habe er auch noch nie gesehen, sagte er. Mithin spräche nichts gegen die Existenz höherer Mächte. Nur hatten die es selten gut gemeint mit ihm und den anderen Bauern in der Gegend. Ob es nun La Niña war oder ob Gott es einfach nicht regnen lassen wollte: Baridad zuckte mit den Schultern. Um etwas anzubauen, blieb ihm hier nur der Regen. Das Wasser der kargen Bäche gehörte den Bauern an ihren Ufern, und überhaupt: »Wie sollte ich Wasser hier hoch bekommen? Mit dem Esel?«

Wenn es hier regnete, dann vor allem im Winter. Regnete es viel, reichte es für eine Ernte. Vor fünf Jahren, erinnerte sich Mohammad Baridad nach einigem Zählen, da hatte es für eine vernünftige Ernte gereicht: »Das war ein gutes Jahr.« Aber seit damals hatte es kein gutes Jahr mehr gegeben, und seit Jahresbeginn 2020 hatte es überhaupt nicht mehr geregnet. In der letzten Saison hatten hier noch die Halme zu sprießen begonnen, doch im Frühjahr waren sie verdorrt. Im Mai hatten die Bauern das Vieh über die Felder getrieben und die kümmerlichen Strohreste fressen lassen.

»Vor acht oder zehn Jahren hatte ich zwei Kühe«, erinnerte sich Baridad, »da gab es plötzlich ein Gefecht zwischen Soldaten und Taliban. Beide waren ein Stück weit entfernt, aber schossen über diesen Hügel, auf dem wir jetzt stehen. Und wo meine beiden Kühe grasten.« Er habe seinen Sohn gerufen, sofort hochzulaufen, sie hereinzuholen. Aber der sei zu spät gekommen: »Eine Kuh war tot. Eine Kugel hatte sie getroffen. Ich habe sie gehäutet, das Fleisch durften wir nicht essen. Sie war ja nicht halal geschlachtet worden.« Wer hatte die Kuh erschossen? »Unwichtig. Keine Seite hat mir geholfen. Weder die Regierung noch die Taliban.« Die zweite Kuh musste er später verkaufen, als der Regen ausblieb.

Mittlerweile fielen in Fariyab und den Nachbarprovinzen auch die Brunnen und uralten unterirdischen Bewässerungskanäle trocken, schrumpften die letzten Flüsse zu Rinnsalen. Selbst das Trinkwasser musste mit Tanklastwagen über immer weitere Strecken herangebracht werden. Bis Mitte Dezember blieb es trocken, fielen die Grundwasserstände weiter. Früher waren die Bauern in solchen Notlagen in die Städte gezogen, um sich dort als Handlanger, Bauarbeiter zu verdingen. Oder ihnen hatten Verwandte mit Jobs im ausufernden Staatsapparat geholfen. Lokale Infrastrukturprojekte und weite Teile der ländlichen Gesundheitsversorgung lagen in der Hand ausländischer Hilfsorganisationen. Doch in diesem Herbst zogen viele derer, die vor der Dürre nach Kabul, Herat oder Mazar-e Scharif geflohen waren, wieder zurück in ihre Dörfer, ein buchstäblicher Teufelskreis. Als wir Wochen zuvor im Schahr-e-No-Park in Kabul die vor allem aus Kunduz vor den Taliban dorthin Geflohenen gefragt hatten, wieso sie hier denn immer noch in Zelten hausten, die Taliban seien doch längst da, hieß es immer wieder: Ja, aber hier könnten sie betteln. In Kunduz hätten sie vielleicht ein Dach über dem Kopf, aber nun kein Brot mehr.

Rettung war nirgends in Sicht.

Einzig das Welternährungsprogramm der UNO, das World Food Programme (WFP), versorgte die Bedürftigen, hatte dies auch schon zuvor getan – sowohl in Einflussgebieten der Regierung als auch in jenen der Taliban. Schon 2019 hatte einer der WFP-Chefs in Kabul nüchtern aufgezählt, was sie täten, wenn ihre Konvois blockiert wurden: »Wenn es im Regierungsgebiet passiert, rufen wir in Kabul an. Wenn es im Taliban-Land passiert, rufen wir in Doha an«, der Hauptstadt Katars, wo die Exilführung der Taliban residierte. »Das funktioniert beides. Schwierig wird es bei den Milizen, die offiziell im Auftrag der Regierung ihre kleinen Fürstentümer beherrschen. Die halten sich seltener an Regeln. Außerdem wissen wir da oft schlicht nicht, wen genau wir anrufen sollen, um das Problem zu lösen.«

Nur mussten angesichts der anhaltenden Dürre jetzt immer mehr Menschen versorgt werden, während selbst das mächtige WFP an seine finanziellen, logistischen Grenzen geriet. Vor dem Machtwechsel hatte das WFP nur wenige

Millionen Afghanen versorgt, im kommenden Winter würden es mehr als 18 Millionen sein, fast die Hälfte der Bevölkerung. Und das war noch vor dem russischen Überfall auf die Ukraine und dem darauffolgenden weltweiten Anstieg der Getreidepreise. Sie bräuchten, sagten im Herbst die WFP-Chefs im Kabuler Hauptquartier, die lieber offen und anonym sprachen, als sich mit nichtssagenden Floskeln zitieren zu lassen, viel mehr Mittel als vor dem Machtwechsel veranschlagt. Dazu kämen die Schwierigkeiten, genug Nahrungsmittel ins Land zu bekommen. Selbst das Benzin für die LKW-Flotte sei doppelt so teuer wie vor dem August.

So gut es ginge, laufe die Verteilung auch in den entlegensten Landesteilen. Die WFP-Zentrale in Kabul gab grünes Licht, dass wir mit einem ihrer Teams unterwegs sein dürften. Zusätzlich wurde die Erlaubnis des Provinzgouverneurs der Taliban eingeholt. Auch die fürs ganze Land gültige Akkreditierung des Taliban-Informationsministeriums hatten wir dabei, als wir uns auf den Weg nach Westen machten. Durchs neue Emirat reiste man am besten mit einer kleinen Aktenmappe, wie sie auch die Taliban-Emire gern von ihren Sekretären hinter sich hertragen ließen. Mittlerweile, Ende Oktober 2021, gab es wieder einige Inlandsflüge. Die Tickets von Kam-Air, der verlässlichsten privaten Fluggesellschaft im Land, musste man zwar in bar bezahlen. Aber ihre Maschinen starteten so pünktlich wie vorher. Auf den Flügen nach Dubai waren sogar noch die Stewardessen im Einsatz, mit Kopfschleier und so selbstbewusst wie ehedem.

Es war kalt geworden in der Steppe. Vom Flughafen Mazar-e Scharifs waren wir mit dem Überlandtaxi gekommen. Keine Musik. Dafür hätten wir und der fremde Fahrer uns besser kennen müssen. In Maimana, der kleinen Hauptstadt von Fariyab, holte uns Schafiq Rahimi ab, der lokale Koordinator des WFP, mit dem es im Morgengrauen westwärts ging nach Ghormatsch. Einen der radikalsten Taliban-Bezirke, den die Dürre am schwersten getroffen hatte. Gottes unerfindlicher Ratschluss, aber was konnten die Bauern dafür?

Der Weg durchs wüste Land führte über eine vor langer Zeit bombardierte Brücke, unter der ein Fluss noch etwas Wasser führte. Männer standen, saßen, knieten auf den verstreuten, von Disteln gerahmten Betonfragmenten der einstigen Brücke, ein ungewöhnliches Ensemble. Es waren Fliehende, am Straßenrand stand ihr Bus, die zur iranischen Grenze wollten. Hier war das letzte offene Gewässer für die rituelle Waschung vor dem Gebet.

In Ghormatsch hatten sich mehr als 100 Männer in einem ummauerten Hof versammelt. Dorf um Dorf war den registrierten Empfängern schon Tage zuvor eine ungefähre Zeit übermittelt worden, wann sie ihre Ration abholen könnten. Mit ihrer Telefonnummer oder dem Personalausweis, sofern vorhanden, in manchen Bezirken sogar mit ihren biometrischen Daten, waren jene im WFP-System erfasst, die von Erkundungsteams als die dringendsten Fälle ermittelt worden waren. Für Familien mit weiblichem Oberhaupt war ein männlicher Verwandter oder Nachbar festgelegt worden, der die 46 Kilo Mehl, die 6,5 Kilo Linsen und die 4,55 Liter Speiseöl pro Familie für sie abholen durfte. Wobei die regelmäßig wiederkehrenden Bedarfsermittler nachfragten, ob sie diese Güter auch erhalten hatte.

Das ausgeklügelte, eingespielte System funktionierte so gut, dass es kein Gedrängel, kein Gebrüll gab an diesem Vormittag. Alle warteten, bis sie an der Reihe waren. Manche kamen von weit her, aus dem Umkreis von 30 Kilometern, manchmal auf Eseln, manchmal hatten mehrere Männer zusammengelegt, einen Fahrer mit Pick-up zu mieten. Rund um Ghormatsch mussten sie oft auf Feldwege ausweichen, weil die Straßen von den Taliban zwar vermint, aber die Minen nie wieder geräumt worden waren. Man hatte vergessen, wo genau sie lagen.

»Im Prinzip funktioniert es«, sagte Rahimi: »Nur können wir diesmal nicht alle Registrierten versorgen.« Wer jetzt leer ausging, komme erst in ein paar Wochen dran, »und das Hauptproblem ist: Im Moment können wir maximal ein Zehntel der Menschen hier ernähren. Aber in Ghormatsch bräuchte eigentlich jeder Hilfe!« Für wie lange? Schulterzucken. Niemand habe eine Vorstellung, wie Afghanistans immens gewachsene Bevölkerung von knapp 40 Millionen Menschen auf Dauer satt werden sollte, wenigstens nicht hungern musste. Weder das WFP noch die Taliban.

Mit ihren üppigen Bärten, Umhängen und Turbanen sahen viele der Wartenden nicht nur aus wie Taliban, sondern waren schon lange vor dem Fall der Regierung welche gewesen. »Natürlich haben wir uns gefreut, als die Mudschaheddin«, die Kämpfer, wie sie genannt wurden, »den Staat übernommen haben«, sprach uns ein hagerer Bauer an, der sich als Ferhad vorstellte. Doch statt Triumphgefühl herrschte auch hier Katerstimmung. Es war zwar ein großer Sieg, dass die Amerikaner vertrieben worden waren. Dass viele der Mehlsäcke, die nun nach draußen auf wartende Eselkarren und die Ladeflächen der Pick-ups gehievt wurden, amerikanische Herkunftszeichen trugen, störte hier niemanden, gehörte vielmehr schon ewig zur Dichotomie afghanischer Aufstände. Schließlich schickten die wechselnden Interventionsmächte auch schon seit Jahrzehnten Geld und Güter, selbst wenn sie bekämpft wurden. Oder gerade dann. Doch jetzt war die Hilfe jäh zusammengeschrumpft. »Erst habe ich meine Äcker verkauft«, erzählte Ferhad, »dann die Teppiche, schließlich habe ich mir Geld geliehen, 150 000 Afghani«, umgerechnet knapp 1500 Euro, »die ich nicht zurückzahlen kann. Es gibt keine Arbeit, es gibt kein Geld.« Er wollte nun versuchen, sich wie so viele über die Grenze nach Iran schmuggeln zu lassen.

Allzu laut mochte niemand die neuen Herrscher kritisieren. Die saßen schließlich mit am Tisch der Registrierung und behielten uns im Auge. Unser Fotograf Juan Carlos Qinteros aus El Salvador wäre auch als Afghane durchgegangen. Doch als er nach einer entfernten Stelle zum Austreten suchte, folgten ihm mehrere Augenpaare. Ein zwergenhafter Sub-Emir, der bislang kein Wort gesagt hatte und verkniffenes Unbehagen angesichts unserer Anwesenheit ausstrahlte, zischte halblaut zu seinen Kameraden: »Wenn er im Stehen pinkelt, ist er auch ein Ungläubiger.« Afghanen gehen dafür grundsätzlich in die Hocke. Juan Carlos, stehend, sah anschließend nicht, wie in seinem Rücken mehrere Taliban breit grinsten.

Maulawi Zeb, der Chef des örtlichen Wohlfahrtskomitees, trug fortwährend Stempel und Stempelkissen als Insignien seiner Position mit sich herum. »Wir fühlen uns verantwortlich für das Wohlergehen der Menschen«, sagte der Mittdreißiger, der schon vor dem Regierungssturz Schattenzuständiger der Taliban in derselben Position gewesen war: »Aber wo bleibt die Hilfe aus dem Ausland? Es drängt.« Auf die Frage, wie sich der gepriesene Kampf gegen die Ungläubigen damit vertrage, sie jetzt so dringend zurückzurufen und um Hilfe zu bitten, tippte er nervös lachend mit dem Kugelschreiber auf sein Smartphone: »Es gibt zwei Sorten von Ungläubigen, die militärischen und die unbewaffneten. Letztere sind uns natürlich willkommen!«

Der Taliban-Chef aus einem etwas weiter entfernt gelegenen Bezirk hatte gehört, dass das WFP komme und sogar Ausländer mitbringe. Er war zwar nicht selbst gekommen, hatte aber, sogar in rudimentärem Englisch, eine Forderungsliste geschickt: Ihr Bezirk Paschtun Kot benötige umgehend Nahrung, Tierfutter, sauberes Trinkwasser und Hilfe für die Landwirtschaft. Er, Mullah Abdul Wahab Hedayat, erwarte die Lieferung der aufgeführten Hilfsgüter sofort! Der nölig fordernde Ton war aufschlussreich. Offensichtlich ging Mullah Hedayat, gingen alle davon aus, ein Anrecht darauf zu haben, vom Rest der Welt versorgt zu werden. Nicht, weil gerade ein Erdbeben oder eine Flutkatastrophe die Menschen jählings in Not gestürzt hatte. Sondern weil die Dürre anhielt, die Lage insgesamt schlecht war und die Ausländer Afghanistan ja auch vorher die ganze Zeit alimentiert hatten. Aus der Distanz klang es befremdlich, aber im Kanon ihrer Annahmen über die Welt gingen die Taliban davon aus, dass es zu den physikalischen Grundsätzen dieser Welt gehörte, die Grundversorgung der afghanischen Bevölkerung zu bezahlen und am besten auch zu organisieren.

In einer Forderungsliste an Martin Griffiths, den UNO-Nothilfe-Koordinator, hatte der Taliban-Außenminister anlässlich einer Geberkonferenz in Genf schon im September aufgelistet, was sie alles so bräuchten. Punkt 12: eine neue Armee. Die »gegenwärtige Regierung« in Kabul brauche »mehr Hilfe und mehr Ausrüstung«, schließlich solle der Sicherheitssektor »reorganisiert« werden. Der Westen, so die Forderung, sollte den Taliban also mehr Waffen, Munition, am besten Flugzeuge liefern, um jene Streitmacht aufzurüsten, die 20 Jahre lang gegen den Westen gekämpft hatte, und das bar jeglicher Ironie.

Der afghanische Staat mit seinen Ministerien und Verwaltungen war derart gänzlich verschwunden, dass man glauben konnte, die Ausländer hätten ihn unbemerkt mitgenommen bei ihrem jähen Fortgang. In der kleinen staatlichen Klinik von Ghormatsch saßen zwei Dutzend Mütter mit Kindern, die weniger auf Medikamente und Behandlung als auf etwas zu essen hofften. Sultana, 23, war mit ihrem anämischen Sohn da, acht Monate alt, der apathisch in ihren Armen lag: »Mein Mann ist arbeitslos, wir haben nichts mehr, keiner im Dorf hat mehr irgendetwas.« Die Krankenschwester, die alle nur Dr. Nazifa nannten, obwohl sie nie studiert hatte, stand da mit leeren Händen: »Wir haben fast nichts mehr. Weder Medizin noch Babynahrung. Ich habe seit sechs Monaten kein Gehalt mehr bekommen, habe zwei Kinder. Manchmal frage ich mich, was wir hier noch machen. Wir können die Kinder ja nicht mal mehr ausziehen zur Untersuchung, wenn es Winter wird, wir haben ja keine Heizung mehr.«

Aus einem der Behandlungszimmer kam »der letzte Ausländer in Ghormatsch«, wie der Rest des Personals den Direktor nannte. Siradschuddin Tschalegow, ein Chirurg aus Tadschikistan, war geblieben, der letzte Arzt vor Ort. »Ich warte nur auf mein Gehalt, dann bin ich weg«, spottete er. »Nein, Tschalegow, du wirst nicht gehen«, sagte Nazifa leise: »Du hast ein zu großes Herz.« Aber wie es weitergehen sollte mit der einzigen Klinik der Umgebung, die ihre Patienten umsonst behandelte, wussten auch sie nicht. Garn hätten sie noch ein bisschen, aber nicht mal mehr Kanülen.

»Wir sind in ganz Ghormatsch verschuldet«, begann

Tschalegow seine Aufzählung: »Jeder vom Personal hat Schulden beim Lebensmittelhändler. Die Klinik bei der Tankstelle für Diesel, um den Generator zu betreiben. Ach ja, und wir stehen außerdem beim Glaser und beim Schreiner in der Kreide: für die Instandsetzung nach dem letzten Bombenangriff.« Im Sommer, ein paar Wochen vor dem Ende, hatten Taliban einen Polizeiposten in der Nähe angegriffen, »da kam sogar ein Flugzeug der afghanischen Luftwaffe«. Nur leider habe es fälschlicherweise das Krankenhaus bombardiert, zum Glück aber nur das leer stehende Labor getroffen.

Zur Nacht lud uns der größte Großgrundbesitzer der Umgebung in sein abgelegenes Landhaus inmitten eines weitläufigen Obstgartens ein. Der Familie gehörten Ländereien, Lagerhäuser, Läden und ein ganzer Basar, dessen Räume sie einzeln an Händler vermieteten. Sie waren reich. Und Sympathisanten der Taliban. Anders wäre es hier auch nicht gegangen, erzählte der Mann nach einem opulenten, angesichts des Anlasses unseres Kommens etwas zynisch wirkenden Mahl.

»Wir waren, sind, für die Taliban«, setzte er an, »und sie haben den Krieg beendet, das gesamte Land unter Kontrolle gebracht, was ja gut ist. Nur: Sie haben zu sehr gesiegt!« Das war der beste Satz, den wir in zwei Monaten kreuz und quer unterwegs im Land dazu hörten. Der Mann war Kaufmann, pragmatisch in seiner Loyalität und kühler Beobachter des Geschehens. Dieser Triumph, der Durchmarsch in den Provinzen, das völlige Kollabieren der alten Macht, deren Soldaten ihre Waffen weggeworfen hatten, deren Präsident im Hubschrauber entschwebt war, bevor überhaupt gekämpft wurde, »das hat ihnen nicht gutgetan!«.

Jemand in der Runde erzählte einen Witz aus den letzten Monaten der alten Zeit, der in Varianten im ganzen Land kursierte: Ein einzelner Talib hatte sich verfahren, konnte halt keine Karten lesen. Aus Versehen sei er vor einem schwer gesicherten Kontrollposten der Armee gelandet. Die 13 Soldaten dort hätten sich ihm sofort ergeben. Kurzes Auflachen, ungefähr so war es ja auch gewesen.

»Nur was ist jetzt der Plan?«, fuhr der Herr über Läden und Ländereien fort: »Ich habe die Verantwortlichen immer wieder gefragt, und sie sagen ganz unschuldig: ›Wir haben keinen.‹ Damit rasseln wir in die Katastrophe. Wie wollen sie die Sicherheit kontrollieren, wenn die Leute nichts zu essen haben und kriminell werden, weil ihnen gar nichts anderes übrigbleibt? Sie haben ja selbst kaum genug für ihre Leute. Die Taliban sind nicht korrupt, das ist gut. Aber es reicht nicht.«

Alles habe seinen Preis, auch ein rauschhafter Sieg, dessen Rechnung nun nachträglich komme: »Was wollen wir? Uns noch weiter beseelt darauf ausruhen, dass wir die Ausländer, diese Imperialisten und Ungläubigen endlich vertrieben haben? Oder wollen wir Hilfe von ihnen, so viel wie möglich, für immer, wenn möglich? Die Führung will beides, aber wir können nicht beides haben.«

Da klingelte sein Telefon. Es war schon spät, nach 22 Uhr, er musste kurz suchen, aus welcher seiner vier Westentaschen sein Klingelton erklang, ein argentinischer Tango. Am anderen Ende sprach der Geheimdienstchef des Bezirks: Die Gäste, diese Ausländer, die bei der Lebensmittelverteilung dabei waren, ob die bei ihm seien? Die habe er noch gar nicht gründlich befragt! Sie müssten am Morgen sofort zu ihm, dann in die Provinzhauptstadt kommen zum Verhör.

Auf den Hinweis, dass alles genehmigt, der Gouverneur im Bilde sei, folgte sein Einwand: Aber *er* sei nun einmal nicht gefragt worden. Dass wir ans andere Ende Afghanistans gekommen waren, um über die Dürre zu berichten, Dörfer und Bauern zu besuchen, die ausgedörrten Brunnen und Flüsse zu sehen und zu dokumentieren, Termine am Morgen hätten, beeindruckte ihn nicht im Mindesten. Erst zum Verhör!

Zwei Stunden dauerte am nächsten Morgen die zunehmend hitzige Debatte mit Aminullah Farid, dem örtlichen Geheimdienstchef, in dessen Büro. Er folge hier nur Befehlen. Die Dürre, nun ja, »wenn die Menschen verhungern, war es Gottes Wille«. Doch er müsse über jeden Ausländer in seinem Bezirk genauestens informiert sein.

Es war nun nicht das erste Mal, dass ein Bezirksmächtiger uns festsetzte. Aber es wurde schlimmer. Nach den ersten verwirrten Wochen im August und September, in denen wir problemlos hatten reisen können, betrachtete nun jeder Lokalkommandeur seinen Sprengel als sein Reich. In den Jahren des Krieges war eine weitgehende Autonomie praktikabler gewesen als das Warten auf Direktiven. Aber dass es nun eine Taliban-Regierung gab in Kabul, offizielle Taliban-Gouverneure in den Provinzen und die landesweit gültige Akkreditierung des Informationsministeriums, kränkte ihre Eitelkeit. Oder sie wussten nicht, was dieses Dokument des Ministeriums zu bedeuten hatte, das sie gelegentlich kopfüber hielten. Oder beides.

In Kunduz, wo wir erst vom Grenzkommandeur, dann vom Taliban-Chef der Ufersümpfe gefangen genommen worden waren, hatten beide wenigstens noch Verdachtsgründe gehabt, so unsinnig die auch gewesen sein mochten. Aber mittlerweile drohte uns die Festsetzung an jeder Bezirksgrenze. Tage zuvor, als einsetzende Schneefälle uns zur Rückkehr aus den Bergen im Osten getrieben hatten, waren wir an einem Tag gleich drei Mal gestrandet. Während der Durchfahrt auf der Überlandstraße, als wenn in Deutschland zwischen Dortmund und Dorsten jählings ein Grenzübergang mit Bewaffneten stünde.

Wir müssten leider mitkommen, eröffneten uns die Bewaffneten am Posten von Nangalam in der Provinz Kunar. Warum? Unbefugtes Durchqueren ihres Bezirks. Wer wisse schon, ob wir wirklich Journalisten seien? Der Waliswal, der Bezirks-Gouverneur, müsse über unser weiteres Schicksal entscheiden. Bei ihm angekommen, öffneten wir unser Aktenmäppchen, holten Akkreditierung, den handschriftlichen Brief des obersten Taliban-Sprechers, Pässe und Presseausweise heraus. Wir dürften hier durch, insistieren wir. »Nein. Es ist mein Bezirk!«, insistierte der Chef. Auf der Akkreditierung war eine Telefonnummer für Rückfragen eingetragen. Zum Glück ging Herr Ahmadzai in Kabul ans Telefon, nach einer Dreiviertelstunde durften wir weiterfahren.

Noch in derselben Provinz, nun im Bezirk Nurgal, das gleiche Spiel: Anhalten, Festnahme, diesmal stellten sich die Bewaffneten um uns herum. Also wieder: Zettel und Brief herausholen mit Verweis, dass Zabihullah Mudschahid persönlich ihn geschrieben habe. »Aber vielleicht ist es eine Fälschung?!«, beharrte der hiesige Emir. »Dann rufen Sie doch die Nummer an!« Woher wisse er, dass das kein eingeweihter Kumpel von uns sei? Herr Ahmadzai mühte sich am Telefon. Hier dauerte es zwei Stunden.

Nur einen Bezirk weiter, am Posten in Chewa, nach einer

216

viertelstündigen Fahrt, die gleiche Prozedur: »Wieso haben Sie uns nicht vorher informiert?« Zettel, Brief, Telefon, ergänzt um den Hinweis, doch seine Kollegen einen Checkpoint weiter nördlich anzurufen. Keinesfalls, sagten sie: »Das ist eine andere Provinz, hier sind wir schon in Nangarhar.« Ein Älterer unter den Bärtigen, die sich mittlerweile um uns versammelt hatten, begrüßte mich freundlich: »Dich kenne ich! Du warst doch hier im Juni auf der Dschirga der Stammesältesten!«, damals noch eine Runde der regierungsloyalen Ältesten. Dachten wir zumindest. Schön, erwiderte ich entnervt: Dann könnte er doch seinem Kommandeur bestätigen, dass ich Journalist sei. So einfach sei das nicht, beschied er: »Jetzt müssen die Ältesten über euch entscheiden.« Herr Ahmadzai am Telefon klang mittlerweile etwas erschöpft. Nach einer Stunde durften wir weiter, mit Winken und guten Wünschen für die Fahrt.

Es waren alles keine lebensgefährlichen Zusammenstöße mehr, verglichen mit der Begegnung mit den irren Halbwüchsigen an ihren entsicherten M16-Gewehren Anfang September im Pandschschir-Tal. Alle blieben ruhig, manchmal höflich. Aber in seiner verblüffenden Wiederkehr wirkte es ziemlich absurd. Die Taliban herrschten seit mehr als zwei Monaten über Afghanistan. Sie festigten ihre Macht. Nur, auf welche verquere Weise dies geschah, bekam man in Kabul gar nicht mit. Nicht bloß die Kontrolle der Regierung über das Land als Ganzes wuchs, sondern lauter kleine Lokalkommandeure wachten eifersüchtig über ihre Bezirke und wollten jede Bewegung darin minutiös überwachen. Früher, im Untergrund, hatten sie das ja auch so gemacht. Mit dem Unterschied, dass sie jetzt nicht nur über die Nächte und Nebenstraßen gebieten konnten, sondern zumindest nominell Organe der Gesamtstaates waren. Zumindest sein sollten. Hauptsache, alles wurde bis in die letzten Fasern überwacht. Das Emirat geriet zu einer Art Nordkorea mit Bart und Höflichkeitsanspruch, aber ohne Plan.

In Ghormatsch an jenem Morgen wirkten die Akkreditierung, der Brief und selbst der mitgekommene WFP-Mann nicht mehr. Erst als wir versprachen, nach unseren Recherchen umgehend zur Befragung nach Maimana zu fahren und uns beim Provinz-Geheimdienstchef zu melden, durften wir aufbrechen. Mit zwei Taliban an unserer Seite als Aufpasser, dass wir nicht versuchen würden zu entkommen.

Unterwegs mit den beiden bewaffneten Aufpassern im staubigen Hügelland, tauchten in der Ferne immer wieder pflügende Bauern auf, hinter sich lange Staubfahnen herziehend. Ein Bauer hingegen hatte einen überschaubar kleinen Acker mit Wasser aus einem Tanklastzug gewässert, liebevoll winzige Mulden in den Lehm gegraben. Wir fragten ihn, was er da anbaue. »Opium«, sagte er lakonisch. Das bringe mehr Geld als Getreide. Die zwei Taliban an unserer Seite verzogen keine Miene. Opium halt. Im kommenden April allerdings würden die Taliban ein Verbot des Opiumanbaus verkünden in der Hoffnung, der internationalen Anerkennung damit näher zu kommen. Das hatten sie am Ende ihrer ersten Herrschaft schon einmal getan, in derselben Hoffnung. Doch um ein Ende des Drogenbusiness ging es dabei nie.

Ich hatte 2010 über Monate zu den afghanischen Kartellen und Schmuggelbeziehungen recherchiert. Aufschlussreicher als Hunderte Namen waren am Ende die Mechanismen gewesen, denen das Geschäft mit dem Heroin-Rohstoff unterlag. Denn es lag kaum an den halbherzigen Regierungsangriffen auf Mohnfelder, dass die Anbaufläche nach kräftigem Wachstum stagnierte. Zumal Opiumanbau, Heroingewinnung und Schmuggel kein exklusives Geschäftsfeld der Taliban waren. Im großen Geschäft mischten alle mit, Karzais Familienmitglieder, Gouverneure, eine prominente Frauenrechtlerin, Offiziere, Warlords und Zöllner. Nicht seine Bekämpfung drosselte das Drogengeschäft, sondern: der Markt. Und der war weltweit auch 2001 bereits überversorgt, was die Preise fallen ließ. Heroin war in den reichen Staaten der Welt schon lange keine Droge des Zeitgeists mehr, wie Kokain oder synthetisch erzeugte Amphetamine. Die einzigen noch expandierenden Märkte für den verheerenden Stoff lagen nun in Iran, in Pakistan, in Afghanistan selbst, wo die Junkies nur Cent-Beträge für den nächsten Schuss ausgeben konnten. Afghanistans Anteil am Weltmarkt für Rohopium lag stabil bei 80 Prozent. Nur wuchs der Markt nicht mehr.

Schon als wir im Sommer 2002 zum ersten Mal durch Südafghanistan gefahren waren, hatten Bauern wie Kleinhändler darüber geklagt, auf einer ganzen Jahresernte Teriyak, ausgehärtetes Rohopium, zu sitzen, die sie nicht oder nur zu geringen Preisen loswurden. Die schwarzen Klumpen hatten wie versteinerte kleine Kuhfladen ausgesehen und hielten sich in der trockenen Witterung jahrelang. Würde jetzt der Anbau abermals für ein, zwei Jahre verboten, wie damals und jetzt erneut dekretiert, wäre das tragisch für die Kleinbauern. Aber profitabel für alle Händler, die auf größeren Vorräten saßen und diese nun bei steigenden Preisen losschlagen könnten. Ob die Taliban diesmal tatsächlich den Anbau stoppen würden, war mehr als fraglich. Schließlich besteuerten sie ihn. Und die Erträge waren trotz aller Schwankungen immens: Für 2021 schätzte die UNO-Drogenbekämpfungsbehörde UNODC den Anteil des Opiumgeschäfts an Afghanistans Bruttosozialprodukt auf neun bis 14 Prozent.

Als wir auf der Fahrt durch die Staubsteppe schließlich am Hügel von Mohammad Baridad hielten, dem stoischen Greis mit seinem Holzpflug, entschuldigte sich einer der beiden Taliban für seine Oberen: »Die begreifen den Ernst der neuen Lage nicht, sind im Kopf immer noch im Krieg. Aber auf allen Führungspositionen wurden nur die verdienten Kämpfer ernannt, nicht Leute, die nach vorne schauen.«

Oben drehte Baridad seine Runden mit zwei Eseln, von denen nur einer ihm gehörte. Den anderen hatte er sich vom Nachbarn geliehen. Ebenso das Saatgut. Sollte es regnen, würde er einen Teil der Ernte bekommen. Wenn nicht, hatte er nichts mehr, »ich besitze ja nicht mal einen Baum, nur noch meinen Pflug«. Der Schaft aus Maulbeerholz, der Rest aus Eiche, »der Pflug ist mir treuer geblieben als die Menschen«, befand er. Sein Sohn habe ihn vor Jahren verlassen, sei nach Iran gegangen. Seine Frau: tot. Seine Tochter: auch gestorben. Wenn es nicht regnen werde, »dann bin ich im Arsch. So wie alles, das ganze Land ist doch schon im Arsch!« Für einen Moment war er nun doch wütend geworden.

Ob Gott ein Einsehen hatte oder La Niña an Strömungsintensität verlor: Als wir lange schon wieder fort waren, regnete es am Ende des Winters dann doch. Nicht viel, aber die Wette des stoischen Bauern könnte aufgegangen sein. Zumindest für ein weiteres Jahr.

KAPITEL 12

Winter is coming

Kabul; Ende Oktober 2021

K abul war dunkler geworden, als ich Ende Oktober 2021 versuchte, das Emirat nach zwei Monaten wieder zu verlassen. Was gar nicht so leicht war, denn die einzigen Flüge waren Evakuierungsmissionen des katarischen Militärs, die unregelmäßig flogen. Für die Landgrenzen, die noch offen waren, hätte man Visa gebraucht, die nicht ausgestellt wurden.

Dunkel war Kabul vor allem, wenn wieder einmal der Strom ausfiel. Der Importstrom kam wundersamerweise weiterhin an, obwohl Afghanistan ihn nicht mehr bezahlte. Aber regelmäßig wurden nun abermals die Masten der Hochspannungsleitungen gesprengt. Als sei dies unverbrüchlicher Bestandteil des hiesigen Daseins. Irgendwer sprengte immer die Masten. Die Taliban hatten das schon vor ihrer Machtübernahme stets dementiert: Sie seien das nicht gewesen, wenn im Norden alle paar Wochen, Monate wieder die Versorgung per Anschlag unterbrochen worden war. »Schließlich kassieren wir dort, wo wir herrschen, für den Strom«, argumentierte im Frühsommer einer ihrer Kommandeure.

Jetzt waren sie es ganz sicher nicht. Nur wer dahintersteckte, blieb unklar. Der »Islamische Staat«? Der »Nationale Widerstand« aus dem Pandschschir-Tal?

Düster war die Stadt. Die Angst wucherte in so vielen Formen, dass Kabuls Einwohner sich vorkamen, als seien sie in einen Sumpf voller Schlingpflanzen geschubst worden, die nun von allen Seiten an ihnen zogen. Die alten Gegner der Taliban hatten Angst vor deren Rache, Frauen vor den kruden Zwangsregeln. Menschen hatten Angst vor ihren Nachbarn, davor, mit echten oder erfundenen Anschuldigungen denunziert zu werden. So, wie Frauen in vorauseilendem Gehorsam nur noch in Burka auf die Straße gingen, während es noch gar nicht vorgeschrieben war, wurden jene dreister, die dachten, sich unter den neuen Herren nun unter den Nagel reißen zu können, was sie haben wollten. Jene erpressen zu können, die früher den Klammergriff der traditionellen Moralvorstellungen ignoriert hatten. Es waren nicht nur die Taliban selbst, die das Leben strangulierten. Sondern auch die Angst und ebenso die sinistren Annahmen all der anderen.

Die Taliban hatten etwas wachgeküsst, was als lauernde, selten eingestandene Eigenheit weit verbreitet war: Missgunst. Anderen ihre Erfolge, Ideen, Neuerungen lieber kaputtzumachen, als sich mit ihnen zu freuen. Die Afghanen machten selbst Witze darüber wie jenen berühmten von den zwei armen Bauern Qadratullah und Hafizullah: Qadratullah besaß eine Kuh, ansonsten waren sie beide bitterarm. Ihnen erschien eine Fee (wahlweise ein männlicher Geist) und sagte: »Ihr habt einen Wunsch frei, was immer es sei. Reichtum, Ansehen, Macht, was ihr wollt!« Hafizullah überlegte lange, aber ihm fiel nichts ein. Bis ein Leuchten über sein Gesicht ging und er der Fee seinen Wunsch zuraunte: »Ich will, dass Qadratullahs Kuh stirbt!«

Aber alle, egal ob flammender Taliban-Jünger oder aufrechter Demokrat, hatten Angst vor dem totalen Absturz, vor Hunger, Kälte, geschlossenen Krankenhäusern, selbst der Frage, woher das Trinkwasser käme, wenn es demnächst weder Strom noch Diesel gäbe, um es zu pumpen oder per LKW in die Stadt zu schaffen.

Die Provinzen waren arm gewesen, arm geblieben, aber sie profitierten nun wenigstens davon, dass nirgends mehr gekämpft wurde. Niemand musste mehr Todesangst haben beim Geräusch von Hubschrauberrotoren, keine stundenlangen Gefechte zwischen Taliban und Sicherheitskräften mehr befürchten, deren Kugeln oft vollkommen Unbeteiligte trafen.

Aber Kabul: Jenseits von Terroranschlägen, die nun wie zum Hohn weitergingen, hatte die Hauptstadt den Krieg nicht erlebt. Die Taliban hatte man hier nur aus dem Fernsehen gekannt. Der lehmgraue Moloch mit seinen fünf, sechs Millionen Menschen war zugleich ein Reich der blühenden Nischen gewesen, in dem Ideen, Filme, Designs, Puppentheater und Liebschaften entstanden waren, wo junge Männer und Frauen aus den Provinzen freier leben konnten, wenn sie es denn bis hierher geschafft hatten.

Viele von ihnen waren nun fort. Wer noch da war, versuchte oft verzweifelt, seine Möbel, sein Auto, das Haus zu verkaufen, während die Preise sanken und sanken, weil niemand kaufte. Die wilden Flohmärkte entlang der Straßen, auf denen im September über Kilometer Waschmaschinen, Teppiche, Geschirr, Dreiräder und Lampen auf Käufer warteten, wurden schon wieder weniger. Frauen sollten doch zu Hause bleiben, verkündeten die Taliban. Außerhalb von Schulen und Krankenhäusern wurden sie aus fast allen Positionen verdrängt. Fast alle meine afghanischen Freunde der vergangenen 20 Jahre sowie unsere langjährigen Übersetzer waren gegangen, manche abgetaucht. Ein paar lebten noch in der Stadt, einige kannte ich noch nicht lange, einen schon seit zehn Jahren: Fachruddin Badeli, einen Schneider. Ich war neugierig, was aus ihm geworden war.

Eigentlich war Badeli eine völlig normale Kabuler Mittelstandsexistenz. Bis zu jenem schicksalshaften Moment, als der amerikanische Fotograf Seamus Murphy 1994 in den dunkelsten Tagen Kabuls an einer Ruine vorbeigekommen war, in der Fachruddin mit seinem Vater und zwei Brüdern hauste. Der Vater hatte durch einen geborstenen Mauerrest die Hand zum Gruß erhoben, den Fotografen zum Tee eingeladen. Murphy kam, fotografierte, kam wieder und wieder, während des Bürgerkriegs, in der Taliban-Zeit und danach, 2010, als ich Fachruddin traf, um seine Geschichte aufzuschreiben.

Danach hatten wir uns noch ein paarmal kurz getroffen, sein Leben war erfreulich gleichförmig weitergegangen. Aber nun? Die alte Telefonnummer war tot, doch falls er sein Geschäft noch am selben Ort hatte, würden wir ihn finden im verwinkelten Basar der Schneider.

Seine Geschichte von damals barg eine andere Perspektive auf das Überleben in Kabul und seine Kriege, eine vollkommen normale. Sonst suchten wir als Korrespondenten ja die besonderen Biographien, trafen auch privat eher die gut Ausgebildeten, die viel wussten, viel zu erzählen hatten.

Was hatte ein Schneider zu erzählen?

Es war dramatischer, als es klang, ein normales Leben in

Kabul zu führen, zwischen allen Fronten. Ein Leben, das im Jahr des sowjetischen Einmarsches begonnen hatte und fast schon zu Ende war, als der 14-jährige Fachruddin Brot holen wollte und eine Granate neben ihm einschlug, die sein rechtes Bein zerfetzte, »und das Brot war auch weg«. Der Halbwüchsige überlebte mit einem Bein. Kämpfer konnte er nun nicht mehr werden, »aber etwas zum Anziehen brauchen doch alle«. Er lernte das Nähen. Frischer, fester Faden war kostbar Mitte der 1990er-Jahre in Kabul, einer Stadt im Belagerungszustand. Knöpfe konnte man von den Uniformen der Toten schneiden oder aus dem Staub der Ruinen fischen. Aber »auf das Garn musste man achtgeben«, sagte Badeli über die Zeit des Grauens.

Nicht den Faden verlieren, wenn wieder alles erbebte im Keller. Wenn der Lehmstaub aus den Rissen der ohnehin längst einsturzgefährdeten Mauern rieselte und Fachruddin im Schein der Petroleumlampe nähen musste. Während die Mudschaheddin zwar gemeinsam die Sowjetarmee zum Abzug gebracht hatten, aber nun gegeneinander kämpften und zerstörten, was sie gewonnen hatten. Fachruddins Brüder starben als Milizionäre. Doch von all den Kriegen erzählte er aus seiner ganz eigenen Perspektive: »Mit den Mudschaheddin verschwanden die Hosen und Hemden der Russenzeit«, brachte er die Fragen nach den großen Dramen immer wieder auf deren textile Begleitumstände, alle trugen wieder afghanische Sachen: Schalwar Qamiz, die Pluderhose und das knielange Hemd, Ton in Ton, »und Wistkut«, das verballhornte »Waistcoat« aus der Ära britischer Kolonialversuche in Afghanistan.

Als Taliban 1996 die Stadt eroberten, sei das eine Erleichterung gewesen, befand er 2011. Zu den Gebetszeiten wurden die Menschen zwar fortan mit der Peitsche von der Straße getrieben, aber konnten sich nun auch nachts auf selbige trauen, ohne Angst haben zu müssen. Es begann die Herrschaft der Eiferer. Gottes Reich – und Fachruddins Beitrag: »Dunkle Stoffe, an den Ärmeln keine Knöpfe mehr, kein Umschlagkragen, die Hosenbeine breiter, kürzer und unten viereckig geschnitten.« Angst hatte er nicht vor den Taliban. Er war doch nur der Schneider, und alle kamen sie zu ihm. Kämpfer wie Kommandanten hielten still, während er einbeinig, aber wie eine eilfertige Spinne mit seinem abgewetzten Maßband um sie herumhüpfte, mit blitzschnellen Bewegungen, hier, dort, da abmaß. Er wurde gut darin, Maß zu nehmen an den Menschen. »Sie mochten die dunklen Farben«, sagte er über jene, die sich für die Reinen hielten, »damit man den Schmutz nicht so sah. Das gefiel ihnen. Schmutzig zu sein, denn sie waren ja innerlich rein genug. Nur sehen sollte man es nicht so.«

Jede neue Herrschaft marodierender Horden, für den distanzierten Couturier der Apokalypse war sie letztlich ein Modenwechsel. Der 11. September 2001, das wochenlange Bombardement der Amerikaner, die Vertreibung der Taliban – in Fachruddin Badelis Erinnerung schrumpfte alles aufs Stoffliche: Hosen wieder länger und schmal, die Ecken des Hemdes wieder runder, helle Knöpfe sowie die Rückkehr der Stofffarben »half-white« und »creme«. Er mietete sich einen eigenen Laden an der Rückseite des zerschossenen Grabmals von Timur Schah Durrani, einem der diversen Gründungsherrscher Afghanistans, kaufte sich eine gebrauchte japanische Janome-Nähmaschine mit chinesischem Motor. Wie seit Jahrhunderten mussten die Kunden ihren Stoff selbst mitbringen, er war zuständig fürs Nähen und sonst nichts. Noch machte ihm keine chinesische Billig-produktion Konkurrenz. »Schalwar Qamiz produzieren die nicht«, sagte er damals achselzuckend: »Ich kann gut leben vom Nähen.«

Es waren gute Jahre. Aus dem Ausland kam immer mehr Geld nach Afghanistan, und ein bisschen von den Milliarden kam auch unten an, beim Schneider Fachruddin. Und auch der Besitzer eines kleinen Ladens für Kosmetika, bunte Unterkleider und billigen Schmuck profitierte. Den eröffnete Baqir Sadat 2009, im selben Jahr, als Fachruddin Badeli ge-nug Geld gespart hatte, um ein Grundstück zu kaufen und das erste Stockwerk seines Hauses zu bauen. Wir stießen erst in diesem Herbst 2022 auf ihn, das heißt eigentlich auf seine Töchter. Deren älteste war Teilnehmerin einer Berg-steigerinnen-Expedition gewesen und im Oktober 2022 be-reits nach Dubai entkommen. Von dort aus hatte sie gemein-same Freunde alarmiert, weil ihre Familie jählings in Gefahr geriet. Eine afghanische Odyssee, so normal wie dramatisch.

Die Sadats waren Hazara, Angehörige der mehrheitlich schiitischen Minderheit, die von den Taliban in ihrer Heimat-stadt Yakaulang ganz im Westen der Bergprovinz Bamiyan zu Hunderten gejagt und massakriert worden waren. Sie waren wie viele nach Pakistan geflohen, zurückgekommen, als es sicher schien. Im Kabuler Hazara-Viertel Dascht-e Bartschi eröffneten sie ihren Laden. »Ich dachte, das kriege ich hin«, sagte Baqir und schaute betreten: »Meine Frau und ich, wir können doch nicht lesen und schreiben. Andere Be-rufe hätte ich mir nicht zugetraut.« Anfangs lief der Laden gut, auch wenn sich Kunden immer wieder beschwerten, dass oft die Mutter hinter der Ladentheke stand. So etwas ge-höre sich doch nicht für eine Frau.

Die Badelis hatten derweil zwei Söhne bekommen. Die Sadats fünf Töchter. Was das bedeutete, keinen Jungen zu haben, der Ansehen und Sicherheit versprochen hätte, zeigte sich schon auf einem Foto aus dem Jahr ihrer Rückkehr. Aufgenommen worden war es vom Flüchtlingshilfswerk UNHCR, gewissermaßen das Abschiedsbild vom jahrelangen Exil. Mahnur, die mittlere Tochter der Familie Sadat, nun 17, stand grinsend in der Mitte: als Junge. »Ich wollte der Bruder sein für meine Schwestern, ein Junge für meine Eltern, wenigstens einer! Wir waren doch sonst nur Mädchen.«

Mahnur hatte die Haare kurz getragen und keine Ohrringe, hatte sich Jungenkleidung angezogen und sich einfach so benommen, als sei sie kein Mädchen. Das war gut gegangen, bis sie nach Afghanistan zurückgingen. Die Eltern wollten nicht zurück aufs Land. »Was hätten wir dort tun sollen, außer wieder Bauern zu werden? Davon kann man überleben, aber in unserem Dorf gibt es nur eine Madrasa, sonst nichts. Keine Bildung, keine Jobs, erst recht nicht für unsere Töchter.« Doch als die in Kabul auf die Schule kamen, wollte kein Mädchen neben Mahnur sitzen: »Alle guckten mich an und fragten: Was will der Junge hier?«

Also wurde sie, was sie war. Nur, dass alle fünf Schwestern andere Sehnsüchte und vor allem einen anderen Willen besaßen, als es für Mädchen in Afghanistan üblich war. Vor allem Mahnur und Saida, die Älteste, fuhren Fahrrad, trainierten Taekwondo, lernten und lehrten Kalligraphie an ihrer Schule und ermutigten ihre kleinen Schwestern, es ihnen nachzutun. Saida hatte mit Bergsteigerinnen trainiert, die den fast 7500 Meter Noschaq bestiegen, Afghanistans höchsten Gipfel. Ihre Eltern ließen sie gewähren, ja unterstützten sie. Es hätte eine schöne Geschichte werden können vom Aufbruch mutiger, begabter Mädchen in Afghanistan.

Fachruddin, der Schneider, fühlte sich damals glücklich in Kabul, der Stadt, die so grausam zu ihm gewesen war und die er dennoch liebte. Wenn er von den Jahren des Bürgerkriegs erzählte, dem Leben im Keller ohne Licht und in permanenter Angst davor, wahlweise zu verhungern oder von einer Granate getroffen zu werden, verstand man, warum sein Wohnzimmer im warmen Violettton von Heidelbeereis gestrichen war. Warum tulpengemusterte, selbst genähte Vorhänge in gerüschtem Schwung vor den Fenstern hingen, turtelnde Porzellantauben neben einem Plüschwidder blaugoldene Zierteller bewachten und der ganze Raum ein Traum in Kitsch und Farben war: »Ich kann das nicht vergessen, immer im Keller zu leben.« Die schrundigen Wände, das Eis im Winter, immerfort rinnendes Wasser im Frühjahr, der stickige Geruch im Dunkeln. Die Abwesenheit von Licht und Farben.

Als wir uns 2010 zum ersten Mal getroffen hatten, war der Krieg für einen Schneider in Kabul weit weg erschienen. »Im Fernsehen höre ich davon. Sonst nicht«, hatte er damals gesagt. Auch von der Anwesenheit der Ausländer war er nicht betroffen gewesen: »Ich bin unabhängig. Der Staat hat uns Frieden gegeben, sonst nichts.« Seine Eltern, seine Brüder waren damals bereits tot. Er war manchmal freitags mit seiner Familie ins Dorf von Verwandten in den grünen Hügeln nördlich von Kabul gefahren. Dort hatten sie auf der Wiese gelegen, die Kinder hatten gespielt, Fachruddin sein Bein ausgestreckt, die Krücken beiseitegeworfen. Die Neffen hatten Kalaschnikow mit ihnen gespielt, *ratatatat*, den imaginären Schaft über die kleine Schulter geklemmt, die Finger am Abzug des Griffs. Was man halt so spielte. Das Leben, hatte Fachruddin an einem Freitagnachmittag im Gras gesagt, sei wie eine Gewitterwolke. Man könne hoffen, aber doch nichts tun. Und irgendwann zöge die Wolke weiter. Vielleicht würde es wieder schlimmer werden. »Vielleicht kommen die Taliban wieder.« Er hatte es damals nicht gehofft. Andererseits, was hätte es für ihn als Schneider bedeutet? Die Rückkehr der gedeckten Farben.

Die Sadats mit ihren fünf Töchtern hatten den Laden vergrößern, das Sortiment erweitern wollen. Und Fahrräder kaufen für die kleinen Töchter. Ein alter Bekannter, auch aus Yakaulang nach Kabul gezogen, hatte ihnen einen Kredit gegeben: 600 000 Afghani, damals umgerechnet etwa 9000 Dollar. Doch dann schleppte sich das Geschäft, »aber ich habe immer die Zinsen bezahlt, auch die meisten Raten«, erzählte der Vater im Kreis der Familie in einem fast kahlen Raum, einer geheimen Notunterkunft, in die sie sich geflüchtet hatten.

Denn kaum hatten die Taliban Mitte August die Macht übernommen, war der Gläubiger gekommen: Der Vater müsse nun die Restsumme auf einmal bezahlen, 8000 Dollar! »Das ist mehr, als ich ihm noch schulde. Aber ich habe damals nicht auf einer Quittung bestanden.« Er hätte sie ja ohnehin nicht lesen können. »Wie sollen wir das schaffen? Den Laden hatten wir schon am 15. August geschlossen, Verwandte gebeten, alles zu verkaufen, was sie loswerden können. Wer kauft denn unter den Taliban noch Lippenstifte und Make-up?« Alles brüchige Glück der vergangenen Jahre hatte sich in Unglück verwandelt.

Wenn sie nicht zahlten, so die Drohung des Gläubigers, würde er zu den Taliban gehen. Ihnen von den Schulden

erzählen und vor allem davon, was die Töchter der Familie
für sündhafte Dinge getrieben hätten in den vergangenen
Jahren: Taekwondo, Radfahren, Kalligraphie, Bergsteigen. All
das werde er den bärtigen Machthabern weitersagen, drohte
er immer wieder. Es sei denn, er bekäme die 15-jährige Bahara zur Frau. Rückzahlung in Naturalien, das Mädchen sei
doch die perfekte Zweitfrau für ihn. Seine erste Frau, Mitte
20, habe ja gerade ihr erstes Kind bekommen.

Er hatte schon lange ein Auge auf die 15-Jährige mit den
sanften Zügen geworfen, sie beobachtet, einmal vor der
Schule abgepasst. »Ich habe ihm mein Buch an den Kopf ge-
hauen«, sagte Bahara, die bislang schweigend den Erzählungen des Vaters zugehört hatte, »genauer, das verschnürte
Bündel aus meinen fünf Schulbüchern!« Ein erstes Mal
lachte sie an diesem Vormittag.

In Panik war die Familie nach den Drohungen aus ihrer
Wohnung geflohen, die Organisatoren der Bergexpedition
hatten vorläufig die Miete des Notquartiers irgendwo in
einem anderen Viertel Kabuls bezahlt. Es war nicht die Furcht
vor den Taliban allein, die Menschen in bodenlose Angst ver-
setzte, sondern auch die Furcht vor den Nachbarn, Bekannten, Gläubigern, Verwandten, mit denen man sich zerstritten hatte. Die Radikalen mochten der Regierungskorruption
ein Ende bereitet haben. Aber genug Leute witterten ihren
Vorteil in der Denunziation. Von Dubai aus, Zwischenstation ihrer Flucht, hatte Saida in Panik die Bergsteigerinnen
von der Expedition angerufen: »Meine kleine Schwester soll
verkauft werden.« Die Bergsteigerinnen wiederum hatten
mich kontaktiert, so war ich zu den Sadats gekommen.

Baqir beteuerte, er hätte nie wirklich erwogen, auf die
Erpressung einzugehen. »Himmel, was soll ich denn jetzt

machen? Mit fünf Töchtern?« Unvermittelt fing er an zu weinen. Alle schwiegen betreten, bis Mahnur neben ihm ihr Kopftuch nahm, die Tränen aus seinen Augenwinkeln zu wischen. »Was soll ich machen mit all den Töchtern?«, wiederholte er die Klage, die ihm keines der Mädchen übel nahm. Schuldlos waren sie Schuldige geworden: die Töchter mit ihren Fahrrädern und Büchern, die Eltern, die ihnen ermöglichen wollten, was selbst die Nachbarn als frivole Abweichungen bekrittelt hatten, auch schon lange vor der Rückkehr der Taliban.

In den ersten Tagen nach deren Sieg hatten die Sadats den Versuch unternommen, auf den Flughafen zu kommen. Zwei Tage lang versuchten sie, sich durch die Massen am Abbey Gate voranzukämpfen, einem der Zugangstore. Nun zeigte sich, wofür Bergsteigen gut sein konnte: Die durchtrainierte Saida schaffte es, über die Stacheldrahtrollen zu springen und mehrere Mauern hochzuklettern, kam als Einzige aus der Familie in den Flughafen und wurde in einer der riesigen amerikanischen Frachtmaschinen ausgeflogen.

»Sie wird es schaffen«, waren sich ihre jüngeren Schwestern sicher. »Aber wir? Wofür haben wir uns so bemüht all die Jahre?« Mahnur, die mittlere, hatte ihren schwarzen Gürtel im Taekwondo aus dem Nebenzimmer geholt und eine Tasche voller Papiere. Nach und nach breitete sie die Urkunden, Zeugnisse, Medaillen aus, bis fast der ganze Fußboden bedeckt war: »Manchmal verdamme ich all das. Alles, was uns etwas bedeutet, hat keinen Wert mehr in diesem Afghanistan«, sagte sie leise und half den anderen, sorgsam die Urkunden, Medaillen, Zeugnisse wieder in der Tasche zu verstauen. Als würden sie eine Zukunft einpacken, die keine mehr war.

Fachruddin Badeli fanden wir nach langer Suche am alten Ort. Nur der Basar um ihn herum war gewachsen, Timur Schahs Grabmal irgendwann restauriert und dann wieder verriegelt worden. Badelis Körper war schwer geworden, der Bart lang, müde saß er inmitten leerer Regale. Sein älterer Sohn hatte es geschafft, vor Jahren nach Deutschland zu fliehen. Sein jüngerer half ihm, die wenigen Stücke zu flicken, mit denen Kunden noch zu ihm kamen. Er hätte den Laden gern aufgegeben, aber hatte so hohe Schulden beim Vermieter, dass er lieber blieb, als den Besitzer anzurufen.

Sein Untergang war von der Rückkehr der Taliban, dem wirtschaftlichen Absturz beschleunigt worden. Aber für ihn, den Schneider, der sich nie um Politik geschert hatte, war das Unheil schon Jahre früher aus einer ganz anderen Richtung gekommen: »Die Chinesen produzieren jetzt auch Schalwar Qamiz!« Schleichend seien die billigen Fertigstücke in den Markt gesickert, aber bald schon habe kaum noch jemand eine komplette Garnitur bei ihm in Auftrag gegeben. Und nun hatte ohnehin niemand mehr Geld für neue Kleidung.

Für die Planungsstäbe und Verwaltungsapparate der internationalen Hilfsorganisationen und zuständigen Ministerien war die Frage, wer das Zuschneiden traditioneller afghanischer Hosen und Kittelhemden erledigte, vermutlich nie von Belang gewesen. Für den Basar der Schneider aber war sie existenzentscheidend. Niemand wollte das völlige Abgleiten Afghanistans in den Wirtschaftskollaps, weder die Taliban noch die internationale Gemeinschaft. Dennoch hielt keine Seite ihn auf.

Die Ausgangslage war bereits seit dem 15. August dramatisch und klar gewesen: Über Nacht war das Land von mehr als 90 Prozent seiner vor allem in den USA lagernden Devisenreserven abgeschnitten worden, etwa neun Milliarden Dollar. Die Zahlungen aus Europa, den USA und Japan, die bislang drei Viertel des Staatshaushaltes finanziert hatten, waren bis auf die humanitäre Nothilfe gekappt und würden nicht wiederaufgenommen. Fast alle ausländischen Hilfsorganisationen hatten das Land verlassen. Zehntausende Spitzenbeamte, Unternehmer, Banker waren geflohen. Und das war nur die Vorhut der wachsenden Zahl derer, die gehen wollten.

Afghanistans legale Exporte der vergangenen Jahre, Kohle, Trockenfrüchte, Obst, Teppiche, hatten im Jahr weniger als eine Milliarde Dollar erbracht. Der Opium- und Heroinexport wurde auf ein bis zwei Milliarden Dollar geschätzt. Doch importiert worden war für mehr als sieben Milliarden Dollar.

Der Staat, nunmehr das Islamische Emirat der Taliban, bezahlte nur noch Teile des Lehr- und Krankenhauspersonals, ansonsten keine Gehälter mehr an den aufgeblähten Beamtenapparat. Die Banken durften nur minimale Beträge in der Landeswährung Afghani herausgeben, um die Inflation nicht noch weiter anzuheizen. Millionen Menschen ging das Geld aus, während die Preise für viele Nahrungsmittel, Benzin und Kochgas sich innerhalb von Wochen beinahe verdoppelten. Alles nicht wirklich überraschend im Lichte der Taliban-Entscheidung, sich nicht auf eine gemeinsame Regierung mit den alten Gegnern einzulassen, sondern auf den alleinigen Sieg zu pochen und nur auf den Sieg. Den hatten sie bekommen. Aber es gab keine Pläne dafür, woher fortan das Geld kommen sollte, wie sich Firmen, Projekte retten ließen, deren Existenz für eine Weile noch in der Schwebe hing. »Ich war früher schon verwundert«, resümierte damals ein europäischer Diplomat, der in Doha jahrelang mit der Taliban-Exilführung verhandelt hatte, »wann immer ich nach Plänen für die wirtschaftliche Zukunft fragte, hieß es, ach, das werde sich ergeben.«

In der Wirtschaftswissenschaft nennt man einen Staat, der sich nicht durch die Arbeit seiner Bürger, sondern durch Bodenschätze oder ausländische Gelder finanziert, einen Rentier-Staat. Seine Eigenschaft, die Saudi-Arabien oder Kuweit mit Afghanistan teilten: Die Regierung war nicht auf die Steuern ihrer Bürger angewiesen, was autoritäre Tendenzen beförderte. Afghanistan nun war in der kuriosen Lage gelandet, dass auch die Taliban über ihre Schutzgelderpressungen und Wegezölle massiv von den Milliardenzahlungen jener ausländischen Mächte profitiert hatten, die sie zugleich bekämpften. Auch in jenen Gebieten, die sie unter ihre Kontrolle gebracht hatten, besteuerten sie zwar die Bevölkerung. Aber Schulen, Krankenhäuser, Infrastrukturprojekte ließen sie weiterhin vom Staat bezahlen – oder gleich von ausländischen NGOs. Nicht nur der afghanische Staat war ein Rentier-Staat gewesen, auch der Aufstand gegen ihn eine »Rentier-Revolte«, wie es die britische Afghanistanexpertin Kate Clark treffend formulierte.

Nun aber war das von anderen bezahlte Dasein für alle vorbei. Afghanistan landete wie ein Junkie auf kaltem Entzug. Die süße Droge, dass der ungläubige Rest der Welt stets weiter für die Grundversorgung aufkommen werde, hatten auch die Taliban zutiefst verinnerlicht, sosehr sie diesen Rest verdammen mochten. Mit der kinetischen Wucht von zwei Jahrzehnten Kampf und Glauben waren sie am Ende so donnernd über die Ziellinie gerauscht, dass sie gar nicht abrupt stoppen konnten oder wollten. Stattdessen verstolperten sie sich in der Paradoxie ihrer überall plakatierten Propaganda. Mitte Oktober gaben sie im Interconti, einem verblichenen Grandhotel, einen Ehrenempfang mit Imbiss für die Angehörigen von Selbstmordattentätern. Nicht etwa für die der Opfer. Die exklusive Berufung von Klerikern ins Kabinett, ihre Besessenheit, Frauen und Mädchen abermals aus Bildung und Berufen zu verdrängen, konterkarierten ihre Charmeoffensive, doch ganz anders zu sein als früher. Sie priesen immer noch die siegreiche Vertreibung der Ausländer, während sie längst dringend auf deren Rückkehr angewiesen waren. Nicht mit den Waffen, aber mit dem Geld von früher. Oder wenigstens einem Bruchteil davon.

Die aufkommende Not, die ausbleibenden Importe und steigenden Preise konnte man nicht mit Waffengewalt bekämpfen. Also taten die Taliban, was man tut, wenn man an die Macht des Wortes über die Wirklichkeit glaubt: Sie erließen Verbote. Preis und Größe des Brotes in den Bäckereien dürften sich nicht ändern, dekretierte eine Taliban-Kommission für Wirtschaft und Finanzen im Fernsehen. Zehn Afghani für einen kleinen Laib von 250 Gramm, 20 für einen doppelt so schweren – so, wie immer in den vergangenen 20 Jahren. Umgerechnet waren das etwa zehn und 20 Euro-Cent. Wo diese Kommission residierte, zu welchem Ministerium sie gehörte, wie man sie erreichen konnte, blieb unergründlich. Kurze Zeit später verkündete sie eine Mietpreisbremse, diesmal auf Facebook.

Doch auch mit magischem Denken ließ sich der Markt nicht aushebeln. Immer mehr Läden schlossen einfach, und ihre Pächter zahlten keine Miete mehr. Ein Bäckereibesitzer aus Nordkabul rechnete uns wütend seine gegenwärtige Kalkulation vor: »Im Juli kostete der Zentnersack Mehl knapp

1300 Afghani, jetzt im Oktober sind es 2300. Das Gas für den Ofen kostet jetzt doppelt so viel, und nun hat auch noch der Hausbesitzer angekündigt, die Miete erhöhen zu müssen, weil er ja sonst kein Einkommen mehr habe.« Über mangelnde Kundschaft konnte er sich nicht beschweren, »aber wenn ich die Preise nicht erhöhen darf, mache ich den Laden dicht, und dasselbe werden auch andere Bäcker tun«.

Die Taliban, voller Gottvertrauen und Misstrauen gegenüber den Menschen, merkten zwar, dass sie so nicht weitermachen konnten. Aber was sie stattdessen tun sollten, wussten sie auch nicht. Jene wenigen ihrer Funktionäre, die sich mit Unternehmern, Bankern und den Technokraten des alten Staatsapparates trafen, sagten denen über Wochen und Monate dem Vernehmen nach immer wieder dasselbe: »Warten Sie ab! Wir werden ein Komitee bilden, das sich mit Ihren Fragen befassen wird. Wir rufen zurück.«

»Sie behaupten, sie würden auf unsere Expertise hören«, erzählte uns der frustrierte Vizepräsident einer der größten Privatbanken: »Aber das tun sie nicht. Überall auf den Spitzenpositionen sitzen Maulawis«, Islamgelehrte, »die keinen Schimmer haben von internationalen Geldgeschäften, von den komplizierten Finanzierungsmodellen mit ausländischen Mitteln, die hier über afghanische Ministerien abgewickelt wurden. Doch sie lassen uns außen vor, trauen niemandem und entscheiden nichts.« In ihren Reihen hatten die Taliban so wenige erfahrene Ingenieure, Finanzexperten oder Techniker, dass sie einen Bachelor-Absolventen zum Kabuler Universitätsrektor, Kämpfer zu Gouverneuren und Kleriker zu Bankenchefs machten.

Sie seien aufrichtig in ihrem Bemühen gegen die Korruption der früheren Regierung, konzedierte ein anderer Bank-manager: »Aber das reicht nicht.« Wie sollte ein Prediger mit bisweilen überschaubaren Kenntnissen der Koran-Exegese die Auswüchse eines Apparates erkennen, ohne überhaupt den Apparat verstehen zu können? »Sie stecken in der Klemme«, fuhr er fort: »Beschränken sie weiter die Banken, sodass auch Geschäftsleute nicht mehr als 25 000 Dollar im Monat abheben können, sterben die Firmen und Händler. Geben sie die Guthaben frei, werden die Menschen alles abheben, gehen die Banken pleite und wird der Afghani ins Bodenlose fallen, da jeder nur Dollar eintauschen will.«

Was also war der Plan? Eine Woche lang versuchten wir zu erfahren, was die neuen Herrscher vorhatten. Um einen der Wirtschafts- oder Finanzverantwortlichen des Emirats zum Interview zu bekommen, führte der Dienstweg über das Informationsministerium. Der einzige Mitarbeiter, der dort verlässlich ans Telefon ging, nannte uns Festnetznummern, bei denen nie jemand abhob. Der Chef aller Staatsbetriebe sagte erst zu, dann wieder ab. Die Kommission für Wirtschaft und Finanzen hatte weiterhin keine Adresse. Im Wirtschaftsministerium konnten wir uns zwar hochquatschen bis auf die Etage des Ministerbüros. Dort aber hieß es, der Minister sei erstens verreist, habe zweitens keine Zeit und drittens bislang keine Stellvertreter, die bevollmächtigt seien, etwas zu sagen. Im Finanzministerium schließlich fand sich ein soeben ernannter Sprecher, der uns die Standardfloskeln jeder Staatsverwaltung gab: »Wir werden bürokratische Hürden abbauen! Wir werden Auslandsinvestitionen erleichtern!« Im Übrigen nehme das Emirat bereits umgerechnet drei bis vier Millionen Euro an Steuern und Zöllen ein, »täglich!«.

Die Taliban verstanden nicht, dass sie schnell handeln

mussten, um wenigstens Firmen, Projekte, die wenigen funktionierenden Großbaustellen für Kanäle und Neubaukomplexe zu retten, bevor alle Experten emigriert, die Baumaschinen gestohlen würden.

Doch die Geberländer verstanden es ebenso wenig.

Zwar hatte sich Noch-Bundeskanzlerin Angela Merkel am 12. Oktober 2021 nach einer G20-Schaltkonferenz dafür ausgesprochen, Afghanistan auch über humanitäre Nothilfe hinaus zu unterstützen: »Zuzuschauen, wie 40 Millionen Menschen ins Chaos verfallen, weil weder Strom geliefert werden kann noch ein Finanzsystem existiert, das kann und darf nicht das Ziel der internationalen Staatengemeinschaft sein.« Doch ihr eigener Apparat, in diesem Fall das Entwicklungsministerium, tat genau das und ließ die Kreditanstalt für Wiederaufbau (KfW) sowie die Gesellschaft für Internationale Zusammenarbeit (GIZ) ihre Rechnungen selbst für Leistungen, die vor dem 15. August erbracht wurden, nicht bezahlen.

Die Manager einer bis dahin hochgeschätzten Beratungsagentur für Energiefragen in Kabul fielen aus allen Wolken, als sie sich im September bei der GIZ nach der Bezahlung einer Rechnung aus dem Juni erkundigten: »Aufgrund der gegenwärtigen ›Halt‹-Order der Bundesregierung« würden bis auf Weiteres keine Zahlungen geleistet, stand in einer Mail. »Wie stellen die sich das vor?«, sagte uns der Agenturchef, der Angst hatte, seine Firma namentlich zu erwähnen: »Wenn sie den Vertrag kündigen, gibt es Regeln dafür. Aber wie soll ich die Arbeiter, die Miete, alles weiterbezahlen, wenn die Deutschen nicht mal für unsere Arbeit unter der alten Regierung aufkommen?« Selbst in Deutschland waren hochspezialisierte Baufirmen, Ingenieurbüros, Lieferanten, vom jähen Zahlungsstopp betroffen. »Zahlungen seien bis auf Weiteres nicht zu erwarten, hieß es in einer Mail der KfW«, erzählte uns ein weiterer empörter Firmenchef: »Am Telefon war dann von Terrorfinanzierung und Compliance-Vorbehalten die Rede. Für erbrachte Leistungen deutscher Firmen unter der vorigen afghanischen Regierung, zu bezahlen auf deutsche Konten. Was bitte hat das mit Terrorfinanzierung zu tun?«

Berlin verstand nicht, wie innerhalb von Wochen erodierte, was sich in der ersten Zeit nach dem Umsturz vielleicht noch hätte retten lassen. Selbst wenn das hochspezialisierte Personal einer dringend benötigten Institution willens war zu bleiben, zerbröselte ein Multimillionen-Dollar-Projekt am Chaos und Desinteresse der Taliban wie der Deutschen: Die »Afghan Credit Guarantee Foundation« (ACGF) hatte seit Jahren mit einer zweistelligen Millionensumme für Kredite afghanischer Firmen gebürgt. Finanziert aus Bundesmitteln, prüften die 30 Mitarbeiter Bonität, Konzepte und Marktchancen und garantierten bei positiver Bewertung die Kreditsumme im Falle eines Zahlungsausfalls. »Es war sehr schwierig, in Afghanistan Bilanzexperten zu finden«, erinnerte sich Idrees Haidarpoor aus dem Management, »eine Stelle haben wir dreimal vergeblich ausgeschrieben, schließlich einen unserer Mitarbeiter fortgebildet.«

Mitte September, als wir das erste Mal mit ihm gesprochen hatten, hatte Haidarpoor noch erwogen, in Kabul zu bleiben. Die ACGF habe kurz vor dem Fall der Regierung noch eine Projektzusage der Weltbank über 60 Millionen Dollar bekommen, um kleine Firmen wettbewerbsfähiger zu machen, und habe dafür extra 50 neue Mitarbeiter eingestellt: »Viele von uns wollen weitermachen. Nur müsste irgendjemand die

Taliban dazu bringen, unsere Büros wieder zu räumen!« Eine Kampfgruppe aus der Provinz Ghazni hatte sich nach dem 15. August die von den verängstigten Angestellten verlassene Immobilie gegriffen. Jetzt müssten die Deutschen Druck machen, hatte Haidarpoor gesagt, oder die Taliban-Chefs. Doch wochenlang war nichts geschehen. Ende Oktober waren dann auch Haidarpoor und die verbliebenen Experten gegangen, ebenso wie die anderen Spezialisten. Die Taliban-Führung wiederum sieht in Krediten grundsätzlich einen Sündenfall wider das islamische Zinsverbot und untersagt sämtlichen Banken, Kredite gegen Zinsen zu vergeben. Wie sie fortan wirtschaften sollten? Egal. Einen Monat nach unserem Treffen mit Haidarpoor war die ACGF unwiederbringlich tot, selbst wenn die Geldgeber es sich doch wieder anders überlegt hätten. Das Fachpersonal war weg. Die Taliban-Kämpfer hielten immer noch das großzügige Anwesen im Kabuler Stadtviertel Taimani besetzt. Das »Konferenzzentrum« des »Sicherheitskomitees« für fünf Provinzen sei nun hier, erklärte ein unwirscher Bewaffneter am Tor. Mehr durfte er nicht sagen, nicht seinen Namen, nicht einmal, für welche fünf Provinzen man hier periodisch tagte.

Kabul wurde trister. Es war nicht so, dass Frauen grundsätzlich aus dem Straßenbild verschwanden. Es waren nur andere da als früher. Die Studentinnen, Angestellten, die einkaufenden Frauen wurden seltener. Die Bettlerinnen wurden mehr, allein, zu zweit, mit Kindern, in ganzen Gruppen lagerten sie vor Banken oder Restaurants, warteten dort auf Reste, standen an den Kreuzungen, den Nadelöhren der Staus, klopften an Fensterscheiben, stets in Burka.

Abends saßen wir oft in einem der traditionellen Restaurants rund um den Schahr-e-No-Park, die weiterhin geöffnet hatten und gigantische Rauchschwaden ihrer meterlangen Grillbecken verbreiteten, als sei ein Haus in Brand geraten. Dort sahen wir sie eines Abends, dann noch einmal, meistens schaute sie nur kurz herein, wurde vom Kellner fortgewedelt. Stets trug sie ein halbmeterdickes Bündel von Büchern mit sich herum. Sie war: die Buchhändlerin von Kabul.

Als sie eines anderen Abends erneut auftauchte, baten wir den Kellner, sie nicht gleich fortzuschicken. Erleichtert kam sie zu unserer Ecke und ließ als Erstes den mit einer Kordel fixierten Bücherstapel sinken. »Die sind wirklich schwer. Außerdem bekomme ich langsam Rückenprobleme.« Bibi Saldschan trug eine wilde Mischung mit sich herum, afghanische Lyrik und Kurzgeschichten, »die sind von meinem Mann!«, Rhetorik-Ratgeber, Yuval Noah Hararis Bestseller *Sapiens. A Brief History of Humankind*, ebenfalls auf Englisch die *Spy Chronicles, Change Your Thinking, Change Your Life!* und, zeitlos passend zum Land, *The Illusion of Peace*. Essen mochte sie nichts, sie habe nicht viel Zeit, sagte sie, auch wenn sie an diesem Abend und in den ganzen letzten Wochen kein Buch verkauft hatte. »In Karzais ersten Jahren«, sprang sie jäh zurück zum Anfang der 2000er-Jahre, »da waren die Leute neugierig. Aber jetzt sagen sie: Wir haben 20 Jahre lang studiert, gelernt, wie die Welt sich dreht. Und wohin hat es uns gebracht? Nein, niemand kauft mehr. Aber ich ermutige sie trotzdem zu lesen.« Sie lebte von dem, was ihr Sohn aus Indonesien ab und zu schickte und was ihre anderen erwachsenen Kinder gespart hatten. Wenigstens das Haus gehörte ihnen.

Die Bücher waren ihre private Mission. Eigentlich war sie Kindergärtnerin. Aber vor 20 Jahren, kurz vor ihrem Sturz, seien die Taliban zu ihnen nach Hause gekommen, hätten ihren Mann so lange verprügelt, dass er anschließend kaum noch etwas sehen konnte. »Er war Schriftsteller, das mochten sie nicht.« Fortan blieb er ans Haus gefesselt, schrieb, »und ich habe die Bücher verkauft, erst nur seine, dann auch andere«. Vor drei Jahren sei er gestorben. Sicher sei es nun nicht mehr für sie, abends allein auf der Straße unterwegs zu sein, »aber die Bücher geben mir ein bisschen Schutz. Außerdem bin ich nicht mehr die Jüngste.« Ab und an hätten Taliban sie angepöbelt, was sie da tue. Frauen gehörten doch ins Haus. Aber jeder im Viertel kannte sie. »Ich bettle nicht«, das war ihr wichtig. »Wollte ich betteln, würde ich nicht diesen Stapel mit mir herumtragen. Wer mir so Geld geben möchte, bekommt wenigstens das kleinste Buch.«

Alles war deprimierend, aber aufgeben würde ja nichts verbessern, meinte sie noch und band die Kordel wieder um den etwas geschrumpften Stapel: »Meine Kinder haben so viel versucht, hier herauszukommen. Ich kann sie verstehen. Aber wenn alle gehen, wer rettet dann dieses Land? Unsere Generation, wir haben es nicht vermocht, Afghanistan vor sich selbst zu retten.« Da war sie auch schon an der Tür und huschte ins kalte Dunkel, die Bücher über den Rücken geschwungen.

KAPITEL 13

Die große Flucht und ihre Gebührenordnung

Provinz Nimruz; Februar 2022

Schon im Herbst hatten wir davon gehört, nachdem Mohammadi plötzlich abgetaucht war und sich nach Tagen aus Nimruz meldete. Die abgelegene Wüstenprovinz im Südwesten war die letzte offene Route, Afghanistan zu verlassen. Der rebellische Grundschuldirektor aus Daikundi war geflohen vor der Rache des Großgrundbesitzers, dessen Raubpläne er durchkreuzt hatte. Von Nimruz aus hatte er ein Stück Wüste Pakistans durchquert, war schließlich in Iran gelandet und unbehelligt bis nach Teheran gekommen.

Wer fliehen wollte, ohne kontrolliert zu werden, wer nicht zu den glücklichen Auserwählten gehörte, die eine Aufnahmezusage aus einem anderen Land hatten, machte sich auf den Weg nach Nimruz. Von Kabul aus waren das fast 1000 Kilometer, eine Reise durch die Provinzen Wardak, Ghazni, Zabul, Kandahar und Helmand. Ein Jahr zuvor wäre das für uns wie für viele Afghanen, die bei der Regierung oder beim Militär beschäftigt waren, noch ein Himmelfahrtskommando gewesen.

Diese Straße von Kabul nach Kandahar war von Beginn der amerikanischen Invasion an ein Symbol für den Fortschritt im Land gewesen, erst ein absichtsvolles, später ein unfreiwilliges: Schon 2003 war der erste Abschnitt der asphaltierten Schnellstraße von Hamid Karzai eingeweiht worden, der von »einem der besten Tage meines Lebens« sprach.

Doch keine Route wurde bald häufiger angegriffen, mit vergrabenen Minen der Taliban von unten, mit Bomben der Amerikaner von oben, und so in eine Slalompiste verwandelt, als diese essentielle Verkehrsader zwischen den größten Städten des Landes. Hier, aber auch bei anderen Überlandstraßen, zahlten US-Militärs horrende Summen an afghanische Milizen, amerikanische Versorgungskonvois zu sichern, von denen ein Teil des Geldes wiederum bei den Taliban landete. Der mächtigste Milizen-Chef der Provinz Uruzgan perfektionierte das Geschäft, als er den »Security Day« schuf: Nur an diesem jede Woche wechselnden Tag sicherten seine Truppen die Strecke, durften Fahrzeuge gegen drei-, vierstellige Dollar-Gebühren durch seinen Landesteil fahren. Ein Teil der Schutzgelder ging dabei an die Taliban. Wer es an anderen Tagen wagte aufzubrechen, musste damit rechnen, sowohl von ihnen als auch von den Schergen des Milizen-Chefs selbst beschossen zu werden. Es ging schließlich um die gemeinsame Geschäftshoheit. Schon vor zehn Jahren kannte ich niemanden, der nach Kandahar fuhr. Alle flogen dorthin, Ausländer wie Afghanen.

Was die Angriffe nicht ruiniert hatten, besorgten Verkehr und Regen. Die USA investierten zwar über zwei Jahrzehnte insgesamt vier Milliarden Dollar in den Bau der Straßen, aber sie bauten sie nicht selbst. Die Verträge dafür gingen an die Firmen mit den besten Kontakten nach Kabul oder zu

lokalen Machthaben, die sie einmal, zweimal, dreimal wei-
terverkauften, bis von der verbliebenen Summe keine stabile
Straße mehr zu bauen war. Schwere LKWs hatten über die
Jahre Spuren im dünnen Asphalt hinterlassen, die schon keine Spurrillen mehr waren, sondern teils fußballtiefe Verwer-
fungen. Als sei die Straßendecke ein Faltenwurf.

Nun aber, nach dem Machtwechsel, konnte man, was von
ihr geblieben war, ohne Angst vor Überfällen, Explosionen
und den berüchtigten »fliegenden Checkpoints« der Taliban
befahren. Die standen jetzt allenfalls als offizielle Wächter
an ihren Posten, popelten gelangweilt im Ohr oder schauten
in die Ferne. Im Herbst hatten sie noch misstrauisch in jedes
fremde Auto gespäht, jetzt im Winter zuckten sie meist nur
noch mit dem Kopf zum Zeichen, dass wir weiterfahren sollten. Kabul war noch verschneit. Hinter Wardak verschwanden
die letzten weißen Wehen, erst kurz vor Kandahar wurde es
wärmer. Die kleinen Festungen der afghanischen Armee,
einst mit den allgegenwärtigen Hesco-Containern meterhoch
gesichert, waren meist verlassen. Plünderer hatten die Metallgitter der Container abgerissen. Was blieb, waren schutzlose, bröselnde Lehmwälle, die jetzt schon so aussahen, als
seien sie Jahrhunderte zuvor von Timur Schahs Untertanen
errichtet worden. Ab und an tauchten Hochspannungsmas-
ten auf, die leitungslos in der Steppe standen.

Nahe der Straße hatten Kutschi-Nomaden ihr Lager auf-
geschlagen. Wir hatten es nicht eilig und hielten. Der alte
Dilbar Chan schlang sich tiefer in seinen grün und bunt
gemusterten, schweren Umhang und begann, die Lage der
Schäfer zu umreißen: »Wir können jetzt der Straße folgen,
das werden wir tun bis Ghazni. Das ist gut. Vorher war das
schwierig, da haben uns oft die Soldaten vertrieben und

247

unsere Schafe gestohlen. Entlang der Straße ist freies Land, da kommen wir niemandem in die Quere.« Zögen sie durchs offene Gelände, liefen sie Gefahr, mit ihren Tieren durchs private Land von Bauern zu laufen, »das ist nicht immer markiert«. Und dann könne es rasch Ärger geben.

Beim Sprechen stieß er kleine Kondensationswolken aus. »Seit einem Monat gibt es Regen. Ob genug, wissen wir noch nicht. Es hat sehr lange nicht geregnet.« Die furchteinflößenden, riesigen Hütehunde lagen angekettet vor den Zelten. »Ist zu gefährlich, sie loszumachen«, denn die hätten vor nichts Angst, würden auf die Straße laufen und dann von Autos überfahren. »Die besten Hunde kommen aus Turkmenistan.« Er erzählte gern von den Hunden, »aber wir kaufen keine, paaren die von anderen Hirten untereinander, ziehen die Welpen groß«. Sie würden ja auch, fuhr er fort, keine ihrer Töchter oder Söhne an Sesshafte verheiraten. Sie müssten unter sich bleiben.

Manches sei besser geworden als früher, die Ruhe, die Wegsicherheit. Nur könne sich kaum noch jemand Fleisch leisten. »Vorher haben wir 20 000 pakistanische Rupien für ein Schaf bekommen«, umgerechnet etwa 90 Euro. »Aber jetzt kauft keiner eines für mehr als 10 000.« Warum sie in pakistanischer Währung handelten? Schulterzucken, das sei schon lange so.

Wie es weitergehe?

Gott sei groß.

Das musste reichen.

In Kandahar blieben wir zur Nacht. Von hier führte der Weg nur noch durch flaches Land, ockergelbe Steppe, im Sommer unerträglich heiß, jetzt mild. Die einzigen Menschen an der Straße warteten auf Almosen. Kleine Gruppen von Jungen und Männern sammelten Geld für künftige Moscheebauten, obschon es an Moscheen nirgends einen Mangel gab. Frauen bettelten, um zu überleben. An den Kratern der Minenexplosionen aus dem Krieg, die hier in den Provinzen Kandahar und Helmand noch häufiger waren als anderswo, standen Kinderbanden, wie wir sie schon aus Kunduz kannten, zeigten uns auch hier ihre Schaufeln und warfen manchmal sogar etwas Geröll in die Luft, um zu signalisieren, dass sie an der Verfüllung der Löcher arbeiteten. Was natürlich nie zu einem Ende gebracht werden durfte, sonst hätten sie sich ja die eigene Einkommensquelle abgegraben.

Am Abend des zweiten Tages erreichten wir Zarandsch, die Stadt im Nichts von Nimruz, einer Provinz fast nur aus Wüste ganz unten in der südwestlichsten Ecke des Landes.

Nimruz war nie eine Hochburg der Taliban gewesen, genauso wenig eine der Regierung. Nimruz war das Epizentrum der Schmuggler, seit Langem schon, und das Geschäft vertrug sich schlecht mit ehernen Überzeugungen. Flexibel und verlässlich, auf dieser Geschäftsgrundlage hatten sich die Fuhrleute von Nimruz durch die vergangenen Jahrzehnte manövriert. Drogen, Benzin, Autoersatzteile, Menschen, Waffen, was immer seinen Weg nach Afghanistan oder hinaus schaffen sollte, kam durch Nimruz. Nur kein Alkohol, der war auf beiden Seiten der Grenze verboten. Aber außer Schmuggel gab es in der Wüstenprovinz wenig, womit sich Geld verdienen ließ. Und nun hatte der Exodus Hochkonjunktur: Täglich kamen etwa 3000 Menschen aus den verschiedensten Provinzen des Landes meist per Nachtbus nach Zarandsch, die überschaubare Hauptstadt der Provinz.

Nur von hier aus war die Flucht ins Ausland noch möglich

für all jene, die nicht reich genug waren, sich ein Visum für den Iran oder Pakistan kaufen zu können, die keine Verwandten in Europa oder Amerika hatten. Alle Nachbarländer hatten ihre Grenzen in den letzten Jahren aufwendig befestigt und gesichert. Anders als vor 30, 40 Jahren, als Millionen Afghanen nach Pakistan und Iran geflohen waren. Nur in Nimruz ließ sich die Grenze schlecht sichern. Der letzte Weg hinaus führte durch die Wüste. Wenn man ihn überlebte.

Leicht erkennbar an ihren Rucksäcken, die sonst fast niemand in Afghanistan trug, wanderten die Angekommenen meist in kleinen Gruppen durch die Straßen, füllten die Garküchen, saßen wartend am Rand des einzigen Parks. Dutzende Hotels, oft benannt nach anderen Provinzen, beherbergten Ankömmlinge von dort. Agenten der Hotelbesitzer vermittelten bereits in anderen Landesteilen die Kontakte zu den Schmugglern. Geldwechsler boten iranische Tuman und türkische Lira an, agierten als Bank und gaben eingezahlte Gelder für den Schmuggel erst nach Ankunft im Zielland frei. Fliegende Händler verkauften SIM-Karten, Gletscherbrillen mit Gummizug gegen Staub und Sonne, Medikamente, Wasser. Unauffällige Taxis brachten die Flüchtlinge zu den nächtlichen Sammelpunkten in Stadtnähe, wo der kurze, aber gefährliche Weg zu Fuß begann. Betagte Pickups fuhren Kunden entlang der beschwerlichen, aber weniger gefährlichen Langroute 30 Stunden durch die Wüste bis zur pakistanischen Grenze, wo die nächsten Fahrer übernahmen.

Mitten in der Wüste war hier eine ganz eigene Welt entstanden, ein Durchlaufbeschleuniger des Exodus, aus der jeden Tag, jede Nacht Tausende um alles dorthin wollten, ins Ausland, wo sie verprügelt, erniedrigt, beschossen und im schlimmsten Fall wieder zurückgebracht wurden nach Afghanistan.

Junge Männer ohne Arbeit waren schon früher illegal über Nimruz gen Westen geflohen. Aber seit vergangenem August versuchten nun auch Bauern, Ingenieure, Beamte und ganze Familien mit ihren Kindern nach Iran oder weiter zu kommen: »Wir haben jetzt Frieden, ja, aber keine Wirtschaft mehr, keine Jobs, Gehälter, keiner kauft mehr etwas«, klang es fast unisono in allen Antworten. Dazu kamen ehemalige Soldaten, Polizisten, Geheimdienstler, die von den Taliban vor die Wahl gestellt wurden: Verlasst das Land – oder sterbt.

Dabei gab es auch in Iran kaum Jobs, die anhaltende Wirtschaftskrise traf als Erstes die Ärmsten, afghanische Arbeiter, illegale Flüchtlinge, denen die wachsende Feindseligkeit der selbst verzweifelten Iraner begegnete. Das wussten alle, aber es sei egal, sagten sie: nur fort, egal wohin. Allzu teuer war die illegale Route nach Iran nicht, bei 50 Dollar pro Versuch ging es los. Bis in die Türkei kostete es 1400. Von Europa sprach kaum jemand, als sei das ein zu vermessener Traum.

In anderen Grenzstädten galten auch im Emirat der Taliban die alten, international akzeptierten Regeln. Wer ging, wurde bei der Ausreise durchleuchtet und war gezwungen, beim Betreten des nächsten Landes zuerst die Pass- und Zollkontrollen zu passieren. So ging es im Norden mit Tadschikistan, außer dass die Tadschiken hier ab und zu herüberschossen, so ging es in Torcham und Spin Boldak Richtung Pakistan.

In Nimruz aber galten andere Regeln. Es gab durchaus welche, aber sie waren so unstet und wechselhaft wie die Sanddünen, die außerhalb der Stadt manchmal über Nacht eine halbe Straße verschluckten und das Fahren in der

Dunkelheit gefährlich machten. Seit auch in Zarandsch die Taliban regierten, war der Menschenschmuggel je nach Route legal oder illegal geworden und die nunmehr legale Route Gegenstand detaillierter Verordnungen und Gebühren. Erratisch und penibel zugleich, »Taliban style«, auch am Ende der Welt. »Schreiben Sie über die Fliehenden, bitte, nur zu«, verdutzte uns am nächsten Morgen der örtliche Taliban-Verantwortliche für Medien, Mufti Habibullah Elham, der im Untergrund Leiter der Taliban-Kulturkommission von Nimruz gewesen war: »Wir sind gewiss nicht glücklich darüber, dass so viele gehen wollen, aber das liegt an den 20 Jahren der Propaganda aus dem Ausland, die böse Gerüchte gegen uns geschürt hat. Aber im Islam hat ein jeder das Recht zu leben, wo er leben möchte. Wenn die abhauen wollen, ist das nicht Sache des Emirats, das ist deren Angelegenheit! Wir werden sie nicht mit vorgehaltener Waffe stoppen! Außerdem«, setzte er zum Ende seines überraschenden Statements an, während er schon dabei war, »Massenflucht« als genehmigtes Recherchethema auf einen weiteren Akkreditierungszettel für unsere Mappe zu schreiben, »sobald die sehen, wie es woanders ist, bereuen sie es und kommen sowieso wieder!«

Wir sagten ihm, dass wir gern noch den Stausee besuchen wollten, dessen Schließung durch die Taliban Wochen zuvor zu wütenden Reaktionen der iranischen Seite geführt hatte. Ein Leichtes, dachten wir. »Den See? Nein, auf gar keinen Fall! Der ist Sperrgebiet! Ähm, außerdem wird die Straße gerade instand gesetzt.« Massenhafter Menschenschmuggel sollte kein Problem sein, der Stausee aber schon? Nimruz folgte sehr eigenen Regeln.

Um zu verstehen, wo in diesem wundersamen Wüsteneiland das Verbotene anfing, bis wohin sich das Erlaubte erstreckte, trafen wir erst einmal einige der Schmuggler. Die Treffen schon von Kabul aus zu arrangieren, war kein Problem gewesen. So chaotisch die Szenerie erscheinen mochte, so organisiert und routiniert verlief das Ganze. Es gebe zwei Routen, erläuterte Zabi, ein Hotelbesitzer aus der Usbekenprovinz Dschuzdschan im Norden: »Mit Pick-ups etwa zwei Tage lang durch die Wüste, wobei die Hälfte der Strecke über einen Zipfel Pakistans führt. Da wechseln die Fahrer, da wird es gefährlich, das ist eine völlig gesetzlose Gegend. In allen drei Nationen leben Belutschen, die das Geschäft unter sich regeln, da mischen sich weder die Sicherheitskräfte aus Pakistan oder Iran noch die von den Taliban gern ein. Dann geht es noch mal zwei, drei Tage zu Fuß durch die Berge. Das ist der legale Weg. Der andere: Aus der Umgebung von Zarandsch ein, zwei Stunden zu Fuß bis zur Grenzmauer der Iraner, dann rüber und rennen. Geht schneller, ist aber lebensgefährlich.« Warum der eine Weg nun legal, der andere illegal war, wusste er auch nicht und rätselte: »Taliban haben es ja mit Mauern. Vielleicht denken sie, das ist wie ein Einbruch, wenn man drüber klettert? Oder sie wollen keinen Ärger direkt beim Grenzübergang?« »Früher«, hob er die Hände seufzend als Unschuldsgeste, »da war alles verboten, aber gleichzeitig auch alles egal.«

Als Hotelbesitzer war er der ganz legale Arm des Gewerbes, den eigentlichen Schmuggel organisierte in diesem hoch arbeitsteiligen Räderwerk stets ein anderer, in diesem Fall sein Cousin. Der aber wollte als Erstes unsere Akkreditierung der Taliban sehen, dass wir auch offiziell berechtigt waren, zu dem Menschenschmuggelgeschäft zu recherchieren. Gegen Gebühr ließe sich beides vermitteln, die legale wie die illegale Route. Nur direkt zuständig seien dann wieder andere. So zogen auch wir durch Zarandsch von einem Treffen bei grünem Tee, kandierten Mandeln und Rosinen zum nächsten. Bis einer der Koordinatoren des illegalen Sektors meinte, er habe gerade genug Leute zusammen für einen Nacht-Transfer. Zumindest vom *safe house*, dem Sammelpunkt vor dem Fußmarsch, bis kurz vor die Mauer könnten wir mitkommen. Dahinter sei dann wieder jemand anderes zuständig. Außerdem stehe der Mond gut, nicht zu hell. Wir sollten uns beeilen, gegebenenfalls rasch aufbrechen, um die ab Nachteinbruch stärkeren Kontrollen zu umgehen.

So fanden wir uns Stunden später bei eisiger Kälte irgendwo nicht weit von Zarandsch entfernt in der Wüste wieder, in einem kahlen, ziemlich finsteren Raum. Leise, rasch und ohne Lampen sollten sie gleich loslaufen, gab der junge Mann das knappe Kommando an die Gruppe aus. 40 Männer, Frauen und kleine Kinder schauten ihn an. Blasse, ängstliche, erschöpfte Gesichter im fahlen Schein zweier Taschenlampen. Sie sollten nicht so viel Gepäck mitnehmen, sagte er noch. Wer zurückbleibe, werde liegen gelassen. Im Lauf des Abends waren sie in kleinen Gruppen zum Gehöft am Rand eines Dorfes gebracht worden, um weniger aufzufallen. Seit Stunden warteten alle nun auf das Signal zum Aufbruch. Gleich gehe es los, hieß es um halb drei Uhr morgens. Nein, doch noch nicht, kam das nächste Kommando. Flüstern war zu hören, das Wimmern eines Kleinkinds.

»Los! Jetzt!«, zischte der Schmuggler, als offenbar alle Späher gemeldet hatten, dass keine Patrouille mehr unterwegs war im Gebiet bis zur iranischen Grenze. Alle sprangen auf, drängten schweigend in die Nacht. Keine Zeit mehr zum Abschied von jenen, die in den Stunden zuvor von ihren Schicksalen erzählt hatten: Nasrullah, der Schneider aus Herat, der seit der Rückkehr der Taliban nur noch Löcher gestopft, seine letzten Habe verkauft hatte, um mit seiner Frau und den drei Kindern fortzugehen. Ghulam Yahya, der 54 war, aber aussah wie 70, und mit seinem Handkarren Obst in Kabul verkauft hatte, das sich keiner mehr leisten konnte. Oder Ali Akbar, 17, der schon seit fünf Jahren auf der Flucht war und es mit seinen Eltern bis nach Moria geschafft hatte, dem berüchtigten Lager auf Lesbos. Dort hatte er ein bisschen Griechisch gelernt. Er war irgendwann bei einer Razzia in Griechenland verhaftet worden und hatte sich nach einer Woche im Gefängnis freiwillig zurück nach Afghanistan deportieren lassen: »Jetzt will ich zurück zu meiner Familie! Die haben es bis nach Athen geschafft. Ich muss es auch schaffen. Hier habe ich doch niemanden mehr.« Die meisten hier hatten sich verschuldet, um das Geld für die Odyssee zusammenzubekommen, hatten Versprechen hinterlassen, es später zurückzuzahlen, es als Schwarzarbeiter in Iran zu verdienen, irgendwie.

Die Nacht war kalt, das Terrain gnädig gegenüber jenen, die nicht gesehen werden wollten. Mannshohe Büsche und Senken zwischen den Sanddünen boten Deckung. Der Schmuggler lief voran, am Ende ein Gehilfe. Dazwischen liefen die Flüchtenden, stolperten manchmal leise fluchend über Steine und Wurzeln, versanken anderswo mit jedem Schritt knöcheltief im Sand. Hauptsache, nicht gesehen werden. Denn die Route verlief nur wenige Kilometer südlich von Zarandsch. In der Ferne waren die Flutlichtscheinwerfer der iranischen Wachtürme zu sehen. Immer wieder bellten Hunde, ab und zu war ein Schuss zu hören, und minutenlang heulte eine Gruppe Goldschakale. Es klang wie herangewehtes Gelächter von Menschen, unwirklich, als wäre irgendwo in der Ferne ein ausgelassenes Fest im Gange.

Ein paar Alte und Frauen in der Gruppe waren erschöpft, wurden zischend von den anderen ermahnt, doch jetzt nicht aufzugeben. Irgendjemand ließ eine Tasche mit Kleidung einfach im Sand stehen. Einen halben Kilometer vor der Grenze mussten wir zurückbleiben: nicht nur, weil die iranischen Grenzer eventuell doch das Feuer eröffnen könnten. Sondern auch, weil dort ein anderer Schmuggler die Gruppe übernehmen würde, der nicht eingeweiht war, dass ausländische Journalisten ihre Klienten begleiteten.

Kurz vor dem ursprünglich fünf Meter hohen Grenzwall, den Wanderdünen an vielen Stellen fast bis zur Kante erreicht hatten, übernahm der »Koordinator«, der Absprachen und Schmiergelder mit den iranischen Grenzpolizisten arrangierte. Oft führte er gleich mehrere Gruppen, zusammen manchmal Hunderte Menschen, an einer Stelle über die Grenze. Trotzdem wurden meist etwa zwei Drittel der Geschmuggelten rasch hinter der Grenze gefasst, vor allem wenn Einheiten der iranischen Armee oder Geheimdienste plötzlich auftauchten. Oder wenn die Grenzbeamten nicht bezahlt worden waren.

Wir wanderten durch die vom dünnen Mond beschienene Nachtlandschaft zurück mit dem Abschnittsschleuser, der ab und zu stehen blieb, in die Dunkelheit zu lauschen. »Keine Schüsse. Das ist gut.« Wenn seine Klienten die ersten ein, zwei Kilometer direkt hinter der Grenze geschafft hatten, sollten sie im Dunkeln nach Lichtstreifen am Nachthimmel suchen: Mit grünen, roten, gelben Laserpointern würde den Gruppen ihr jeweiliger Weg zu den nächsten Guides geleuchtet. Außerdem habe jeder einen Zettel mit einem Nummerncode bekommen, um sich dort dann ausweisen zu können als Mitglied von Gruppe x oder y. Eigentlich sei stets alles arrangiert, erzählte er im Gehen: »Die Hoteleigentümer kennen die Schmuggler, und die kennen die Offiziere der Grenzpolizisten. Zwölf Mann pro Wachturm, eigentlich werden die nur alle sechs Monate abgelöst. Jeder von ihnen wird bezahlt, bevor die Leute rübergehen. Geschossen wird höchstens, wenn jemand geprellt wurde.«

Eigentlich könnte das Geschäft reibungslos laufen, wären da nur nicht die gelegentlichen Razzien der iranischen Armee und Geheimdienste, »die bringen alles durcheinander. Letzte Nacht wurde ein Wachturm-Offizier vom Geheimdienst verhaftet, jetzt ist alles in Unruhe.« Daher sein besorgtes Lauschen. Noch ein Stück zu Fuß, dann ging es mit seinem Auto zurück in die Stadt, kurz vor Sonnenaufgang, vorbei an einem Taliban-Checkpoint, dessen Besatzung vollkommen klar sein musste, warum wir da draußen gewesen waren. Aber in dieser Richtung war es ihnen egal. Niemand hatte verboten, nachts vom Hotspot des illegalen Grenzübertritts wieder nach Zarandsch zurückzufahren.

Um am Morgen den Abfahrtsort der legalen Route zu finden, brauchte es keinen Vermittler. Wir mussten nur den Leuten mit Rucksäcken folgen. Jeden Tag strömten Tausende zum riesigen staubigen Areal des »Terminal«, wo mehr als 100 meist sichtbar gealterte Pick-ups mit Fahrern auf ihre vorher arrangierten Kunden warteten. Neue Wagen mochte niemand auf diese Route schicken angesichts des Risikos, sich selbst bei Zwischenfällen vielleicht noch vor Räubern und Grenzsoldaten retten zu können, Fracht und Fahrzeug aber sehr wahrscheinlich preisgeben zu müssen.

Bis zum Mittag sammelten sich die Gruppen, gaben jene, die es zum dritten, vierten Mal versuchten, den Novizen Tipps: Auf jeden Fall eine Skibrille gegen die Sandstürme tragen! Genug Wasser mitnehmen! Nicht den Zeitangaben der Schmuggler trauen, die von drei Stunden Fußmarsch nach der 40-stündigen Autofahrt sprachen: »Es sind zwei, drei Tage«, erzählte der 33-jährige Mohammad, der schon zwei Mal aus dem Iran abgeschoben worden war: »Auf dem Weg durch die Berge habe ich immer wieder Leichen gesehen. Im Winter erfrieren manche, im Sommer verdursten oder kollabieren sie in der Hitze. Früher wurden die aufgesammelt, aber jetzt bleiben sie einfach liegen. Es sind zu viele.« Koh-e Muschkil, Berg der Mühsal, werde die Gegend genannt.

Trotzdem versuchte er es abermals, schilderte Facetten vom immer gleichen großen Bild: kein Geld, keine Arbeit, keine Hoffnung. Der 19-jährige Firdaus ein paar Autos weiter erzählte in perfektem Englisch, er habe mit einem amerikanischen Stipendium einen Studienplatz an einer Universität in Ankara erhalten, aber keine legale Chance, in die Türkei zu kommen. Er hatte die US-Botschaft in Ankara kontaktiert. Deren Rat: Er solle einfach selbst schauen, wie er herkomme. Der Rest werde sich regeln lassen: »Verrückt, aber jetzt versuche ich, mich bis in die Türkei schmuggeln zu lassen, um dort dann mein Auslandsstudium anzutreten und meinen Status irgendwie zu legalisieren.«

Aus einem Bauchladen verkaufte ein Junge, der behauptete, er sei zwölf, aber jünger aussah, Pillen, flüssige Arzneien und Mullbinden. Die kaufe er en gros im Basar ein. Sein Name sei Schahpur. Ob er zur Schule gehe? »Tsss.« Später vielleicht einmal, »keine Ahnung, was die Zeit bringt«. Für den Moment waren er und seine zwei Brüder die Einzigen in der Familie, die überhaupt Geld verdienten. Die Taliban seien gut fürs Geschäft: »Seit die an der Macht sind, ist hier mehr los. Außerdem stiehlt keiner mehr.« Als ein Erwachsener unter den Umstehenden wiederholt unsere Fragen an Schahpur für ihn beantwortete und erläuterte, »das ist doch noch ein kleiner Junge, der ist schüchtern«, schaute der ihn kampfeslustig an und rief etwas, was sich sinngemäß übersetzen ließe mit: »Ich, kleiner Junge? Schüchtern? Verpiss dich, du Missgeburt!« Gelächter.

Durch die Menge der Wartenden drängte ein Weiterer nach vorn, seine Geschichte loszuwerden: »Ich, meine fünf Brüder und mein Vater waren alle bei der Armee. Die Taliban haben uns nach ihrem Sieg alle festgenommen und nur unter der Bedingung freigelassen, dass wir unser Land verlassen.« Er wollte weiterreden, da mischte sich ein Mann in Zivil ein: »Was fällt dir ein? Du solltest dem Emirat dienen und dankbar sein!« Offenbar einer der diskreten Wächter des neuen, kontrollbesessenen Regimes, die oft wie aus dem Nichts sofort einschritten, wenn sich Ungehorsam regte. Der Exsoldat sagte noch, dass die Taliban einen Onkel von ihm als Geisel behalten wollten, bis er und seine Brüder ein Video aus dem Ausland schickten zum Beweis ihres Exils. Da wurde der andere drohend: »Wenn du weiter so redest, wirst du bald nicht mehr in der Lage sein zu fliehen.« Die Umstehenden schauten schweigend zu. Der Bedrohte zupfte sachte am Bart des anderen, eine Geste der beschwichtigenden Unterwerfung, »ich werde ja gehen, kein Problem«, und verschwand in der Menge.

Im Spiegel afghanischer Geschichte war es ein Fortschritt, die Feinde von gestern nach dem eigenen Sieg nicht umzubringen, sondern zu vertreiben. Barbarisch war es trotzdem und weit entfernt von der im Sommer zuvor verkündeten Vergebung für alle.

Noch im Juni 2021 waren wir in Mazar-e Scharif bei den afghanischen Ortskräften des letzten, von der deutschen Öffentlichkeit weitgehend vergessenen Bundeswehrfeldlagers Camp Marmal gewesen und hatten dort die Angst jener miterlebt, die Deutschland nicht ausfliegen wollte, obwohl sie jahrelang für die deutschen Truppen gearbeitet hatten. Mehrere von ihnen hatten die Drohbriefe der Taliban, Untersuchungsberichte von Polizei und Geheimdienst nach Anschlägen auf sie, Fotos von Einschusslöchern in Aktenmappen gesammelt. Bei einem Übersetzer der deutschen Eliteeinheit KSK waren die Taliban im Heimatdorf vorbeigekommen, hatten sämtliche Apfelbäume im seinem Garten gefällt und die Botschaft hinterlassen, so würde es bald auch ihm und seiner Familie ergehen.

In einer letzten Geste bürokratischen Wegduckens hatten die deutschen Ministerien nebst dem afghanischen Kernpersonal zwar den Fitnesstrainern in Camp Marmal die Mitnahme bewilligt, nicht aber den Köchen, Putzleuten und Elektrikern. Denn diese Gewerke waren von der deutschen Innenverwaltung schon vor Jahren zu Subunternehmern abgeschoben worden – obwohl ihre Tätigkeiten exakt dieselben geblieben waren. Doch fortan waren obskure Firmen mit Sitz in Dubai oder sonst wo für die Angestellten der Deutschen verantwortlich. Einige Übersetzer hatte die Bundeswehr vor Jahren entlassen, weil sie zu viele Todesdrohungen der Taliban erhalten hatten: »Eine weitere Beschäftigung würde die Sicherheit und Ordnung im Feldlager gefährden«, stand schriftlich in einer der Kündigungen. Dass auch die Sicherheit dieser Afghanen gefährdet war, war fortan ihr eigenes Problem.

Zigtausende im ganzen Land mussten fürchten, dass die Taliban nach dem Machtwechsel ihre Drohungen wahr machen würden. Nach dem Sieg Ende 2001 hatten ja auch einige der Partner des Westens Tausende Taliban ermorden lassen, die sich bereits ergeben hatten. Der usbekische Milizenführer Raschid Dostum, später lange Jahre Vizepräsident Afghanistans, soll Tausende gefangene Taliban in Frachtcontainern einem grauenhaften Tod durch Ersticken oder Verdursten überlassen haben.

Doch den Befürchtungen zum Trotz kam es diesmal etwas anders. Im Mai 2021, religiös eingebettet in das islamische Eid-al-Fitr-Fest, verkündete das Oberhaupt der Taliban, Hebatullah Achundzada, aus dem Untergrund via WhatsApp eine Amnestie für alle. So, wie es ja schon der Prophet Mohammed nach seinem Sieg über Mekka 14 Jahrhunderte früher getan habe. Grund, dem zu vertrauen, gab es wenig. Was wog ein Versprechen an alle gegen die Aktenmappen voller Todesdrohungen und Belege der Einzelnen? Und was wog es gegen die Erinnerungen an ein Vierteljahrhundert zuvor, als die damals vorrückenden Taliban ganze Stadtviertel und Dörfer massakriert hatten?

Seit sie nun erst die Provinzen, dann Kabul in rasender Geschwindigkeit erobert hatten, waren immer wieder einzelne Menschen verschleppt, manche ermordet worden, andere verschwunden geblieben. Die Organisation Human Rights Watch recherchierte 47 solcher Morde von Mitte August 2021 bis Ende Oktober 2021. Die UNO-Mission UNAMA kam später auf 160 Morde an ehemaligen Sicherheitskräften bis Mitte Juli 2022. Doch wen es traf, waren vornehmlich Angehörige der Armee und der Spezialeinheiten, der Polizei und des Geheimdienstes. Solche, die ihre Gegner zuvor persönlich misshandelt und getötet hatten. Eine feingliedrige Distinktion der Rache, wie wir sie schon in Kunduz erlebt hatten. Und nicht immer wurde gemordet. Vielfach wurden die Männer gefoltert und anschließend gewarnt, das Land zu verlassen, wenn sie am Leben bleiben wollten. Wie der geflohene Polizeioffizier und Vernehmungsexperte aus Dschalalabad, der in Kabul bei einem gemeinsamen Bekannten untergetaucht war, wo ich ihn zufällig traf. Dort saß er im Gästezimmer, ein verstörter, wimmernder Hüne mit rot verätzten Unterschenkeln. Die Taliban hätten ihn angerufen, Wochen nach der Machtübernahme: Er möge doch bitte in sein Büro zurückkehren. Das tat er. Und wurde sofort überrumpelt, gefesselt, geschlagen, dann in einen Bottich niedrig konzentrierter Säure gestellt. Für wie lange, wusste er nicht mehr, aber seine verätzte Haut bezeugte die Folter. Anschließend hätten sie ihn freigelassen.

Die Bedeutung der afghanischen Bundeswehr-Ortskräfte hingegen als Helfer der Feinde war offenbar verblasst, als diese Feinde selbst endgültig verschwunden waren. Eine Rachewelle, wie sie nach fast 20 Jahren Krieg zu befürchten war, blieb aus. Stattdessen hatten die Taliban ihr neues Reich in eine Grauzone manövriert: Nicht mehr offen bekämpft, aber immer noch zu barbarisch, um ihrem weltweiten Paria-Status zu entgehen und als Regierung anerkannt zu werden. Zumal die Taliban-Ministerialen selbst nach den bewiesenen Morden an ehemaligen Sicherheitskräften und trotz gegenteiliger Beteuerungen niemanden vor Gericht stellten. Jedenfalls wurde kein Verfahren bekannt.

Auf dem staubumwehten Terminal in Zarandsch reihten

262

sich nun die Vertriebenen neben jenen ein, die aus eigenen Stücken flohen. Einer der Fahrer verteilte gedruckte Karten mit seiner Telefonnummer an seine Passagiere auf der Ladefläche des Pick-up. Er mache das erst seit einigen Monaten, »als Bauer hatte ich einen Trecker, den habe ich verkauft. Diesel, Düngemittel, Saatgut, alles ist teurer geworden, aber wer kann die gestiegenen Preise für mein Getreide bezahlen? Wer kann überhaupt noch etwas bezahlen?« Er haderte mit seinem Tun: »Schreibt, welches Elend diese Leute erwartet!« Niemand helfe den Afghanen. Die Taliban hätten zwar die Flucht legalisiert, aber zugleich ein Geschäft daraus gemacht: Umgerechnet zehn Euro müsse jeder Fahrer bei Abfahrt entrichten, noch einmal fünf beim letzten Kontrollposten vor der Wüste. Dazu kamen eine Reihe neuer Vorschriften, als ließe sich das Dilemma bürokratisch einhegen: Frauen mussten in der Fahrerkabine sitzen, mindestens zwei, höchstens vier, damit auch beim Menschenschmuggel die Moral gewahrt bliebe, dann »pro Wagen höchstens 20 Menschen statt 30 oder mehr wie vorher. Und bei schwerem Regen oder Schneefall darf gar nicht gefahren werden.«

Der tägliche Exodus der Tausende spiegelte in seinen Facetten die Tragödie des Landes. Keiner hielt die Menschen auf, aber es geschah auch nichts, die Gründe der Flucht zu lindern. Die Fliehenden waren ein lukratives Exportgut, das einzige, das seinen Transport selbst bezahlte. Bloß wollte kein anderes Land auf der Welt sie haben.

Das mit den Beschränkungen der Passagiere pro Fahrzeug sei schon eine gute Maßnahme der Taliban, murmelte ein Fahrer. Zwei Monate zuvor erst seien mehr als zehn Männer gestorben, als sich ein völlig überladener Pick-up bei rasender Fahrt überschlagen hatte. Ein Drittel von ihnen werde durchkommen, zumindest bis nach Teheran, schätzten er und seine Kollegen, die anderen würden festgenommen und abgeschoben. Und es meist abermals versuchen, solange Geld oder Kredit reichten.

Bei jenen, die nachts zu Fuß über den Grenzwall liefen, war die Erfolgsquote noch geringer. Der offizielle Grenzübergang, eine Brücke über den Helmand-Fluss, wurde von Fußgängern fast nur in einer Richtung benutzt: Ab mittags kamen hier die Abgeschobenen zurück, eine mehrstündige Prozession der Frustrierten, Geschlagenen. Ohne eine Miene zu verziehen, ließ der Talib auf der Brücke die Hundertschaften des Unglücks an sich vorüberziehen. Die Abwechslung waren wir, kamen aus der anderen Richtung. Als er hörte, dass wir aus Deutschland stammten, lachte er glucksend. Sein Bruder sei als Flüchtling in Deutschland: »Er hat sich als Verfolgter der Taliban ausgegeben.« Es amüsierte ihn sehr, und ein bisschen neidisch sei er auch.

Fast alle, die uns in der Nacht zuvor ihre Geschichten erzählt hatten, tauchten am Nachmittag in der Schlange wieder auf: Nasrullah, der Schneider aus Herat mit seiner Familie. Ghulam Yahya, der alte Obstverkäufer. Ali Akbar, der unverdrossene 17-Jährige, der schon Griechisch gelernt hatte. Nur ein durchtrainierter Fliesenleger aus Ghazni und ein paar andere junge Männer seien durchgekommen, erzählte er. Über den Wall hätten sie es noch geschafft, auch die dünnen Lichtlinien der Laserpointer in der Ferne gesehen, an denen sich die Gruppen orientieren sollten. Aber dann seien Soldaten aufgetaucht. Wenigstens hätten die nicht geschossen, sie nicht geschlagen oder wochenlang eingesperrt wie sonst oft.

Auf ihren Telefonen hatten viele heimlich aufgenommene

Videos, die zeigten, wie es anderen in iranischen Lagern erging: strammstehen zu müssen und immer wieder geohrfeigt zu werden; wie ein Frosch über den Platz hüpfen zu müssen; als Abschaum beschimpft zu werden. Aber sie würden trotzdem wieder gehen, bekräftigten sie eine Spur zu laut, als wollten sie sich selbst Mut machen, all die Gefahren, Schläge und Kosten noch einmal auf sich zu nehmen für ein bisschen Minimalfortschritt, von einem Elend ins andere zu wechseln. Immer wieder, bis sie pleite waren. Oder tot.

Überhaupt seien die Demütigungen nicht das Schlimmste, erzählten sie anschließend, als sei ihnen da noch eine Sache eingefallen, die der Vollständigkeit halber genannt werden sollte. Ein Rückkehrer und ein Talib-Grenzposten sprachen als Erste davon, dass die zurückgeschickten Toten aus dem Iran ohne ihre Nieren und manchmal auch ohne andere Organe zurückkämen. Das klang erst einmal nach den gängigen Horrorgerüchten. Doch auf Nachfrage schilderten sie beängstigend präzise konkrete Fälle. Als ein Sarg im Handkarren über die Brücke geschoben wurde, öffneten die Begleiter auf unsere Bitte hin das Leichentuch. Vom Bauchnabel bis zum Kehlkopf zog sich eine grobe Naht. Der 27-jährige Tote hatte als Bauarbeiter in Teheran gearbeitet, war mit einer leichten Kopfverletzung ins Krankenhaus gekommen, dort nach Stunden für tot erklärt und Tage später Verwandten übergeben worden.

Ein weiterer Leichnam, abermals ausgewickelt, zeigte am nächsten Tag eine ähnliche Narbe: »Qias hatte Bauchschmerzen, ging abends ins Krankenhaus in Kerman, telefonierte noch mit seiner Mutter und sagte ihr, dass es ihm schon wieder besser gehe«, erzählten ein Verwandter und der Leichenfahrer, die gekommen waren, ihn an der Grenzbrücke abzu-

265

holen: »Am Morgen haben sie ihn dann für tot erklärt. So machen die das andauernd, ich fahre seit zehn Jahren Leichen, die jungen sind fast alle vernäht«, das würden ihm die Verwandten nach der Leichenwäsche erzählen: »Die Iraner sagen, das sei sauberer so.«

Die nächste Leiche ein paar Stunden später war die seiner jungen Schwägerin, erzählte Zakir Rahmani, der mit ihrer Familie aus Sar-e Pul im Norden geflohen war: »Sie war gerade erst in Schiraz angekommen und morgens ins Krankenhaus gegangen, weil sie dachte, ihr Blinddarm sei entzündet. Niemand durfte mit rein. Um 17 Uhr wurde sie für tot erklärt.« Er sei extra zum örtlichen Gericht gegangen, um zu verhindern, dass sie obduziert werde, wollte ihren Leichnam sofort abholen: »Die haben mich weggeschickt. Erst nach vier Tagen bekamen wir sie.« Zeigen wollte er sie einem fremden Mann nicht, auch nicht als Leiche.

Es war gespenstisch: Auch der stellvertretende Krankenhausdirektor und der Medien-Mufti der Taliban-Provinzregierung bestätigten diese Praxis. Ein afghanischer Mitarbeiter der UNO-Flüchtlingshilfsorganisation IOM, die überführte Leichen registrierte, meinte, offiziell dürfe er dazu nichts sagen: »Aber klar, so läuft das. Wir prüfen ja nur die Papiere für die Freigabe, nicht die Leichen.« Das sei traurig, »aber jeder weiß doch, dass man als Afghane in Iran nicht ins Krankenhaus gehen sollte«.

Niemand wollte dem weiter nachgehen, weder das Krankenhaus oder die Taliban noch die trauernden Verwandten oder der Leichenfahrer. Er wenigstens versuchte es ein paarmal nach unserer Abreise, aber gab rasch auf. Ohne die Anwesenheit von Ausländern »weigerten sich alle, einen Toten zu enthüllen, dachten, ich würde damit irgendwie nebenher

Geld verdienen«. Niemand hatte ihm geglaubt, dass es um Aufklärung und Recherche ging. »Wir sind Afghanen«, konstatierte Rahmani, der Schwager der toten Frau, als sage das schon alles: »Wir sind Verlorene, es hat doch alles keinen Sinn mehr.«

Die Karawanen der rasenden Pick-ups mit jenen, die den tagelangen Weg durch die Wüste und Berge auf sich nehmen wollten, brachen stets gegen Mittag auf. Am Ende der Straße, hinter dem letzten Kontrollposten der Taliban, begann die Wüste. Der sandige Wind war schneidend, immer wieder mussten alle absitzen, die einsinkenden Wagen freischieben. Es sah aus wie eine Bibelverfilmung im Setting eines Endzeitthrillers vom Schlage *Mad Max*. Überall rannten kleine Gruppen durch das elfenbeinfarbene Nichts und schoben schrottreife Fahrzeuge die nächste kleine Düne hoch, sprangen sofort wieder auf, um möglichst einen Platz in der Mitte der Ladefläche zu ergattern. Bis zur nächsten Senke, da begann das Manöver von Neuem. Noch waren sie nirgends angekommen, aber immerhin dem Klammergriff der bärtigen Machthaber entronnen. »Fuck the Emirate!«, brüllte einer gegen den schneidenden Wind an, bis der Pickup mit ihm und seinen schwankenden Gefährten auf der Ladefläche vom Sandsturm verschluckt wurde.

Auf dem langen Weg zurück nach Kabul begleitete uns wieder die Stimme Ahmad Zahirs, der im Kreislauf der Vergeblichkeit nicht einmal Afghanistan verlassen musste, sondern immer schon an den inneren Grenzen gescheitert war. »Wenn die Wellen deines Haares den Morgenwind berühren«, sang er, solange kein Taliban-Posten in Sicht war, »wird jeder wieder hineingezogen ins Elend.« Damals, zu seiner

Zeit, war es noch das Elend der Liebe gewesen, nicht das des schieren Hungers. Aber scheitern musste es, alles, immer wieder.

KAPITEL 14

Im Tal der Missverständnisse

Provinz Nangarhar, Bezirk Dara-e Nur; 2007–2011,
Juni und Oktober 2021

Schade sei das schon gewesen, dass die Amerikaner 2010 das Tal einfach aufgegeben hätten, erzählte der Talib mittleren Ranges. Wir hingen wieder einmal fest an einem der Myriaden Checkpoints an der Überlandstraße in Kunar, ganz im Osten Afghanistans, und der Mann war in Redelaune. Gewiss, sie hätten jahrelang unter großen Verlusten gekämpft gegen die Eindringlinge, die ihre Basis mitten im Korengal-Tal errichtet hatten, das sich vom breiten Kunar-Fluss nach Westen bis ins Hochgebirge zog. Doch als die US-Marines aufgegeben hätten und abgezogen seien, sei ihr Sieg rasch zum Problem geworden: »Keiner wollte mehr zum Dschihad kommen. Wir fanden kaum noch Männer. In den Dörfern fragten sie uns: Gegen wen sollen wir kämpfen? Es sind doch keine Ausländer mehr da.« Und über ihr eigenes Tal hinaus habe die Bauern dort nichts interessiert.

Er sah die Paradoxie der Situation. Nur warum waren seiner Meinung nach die Amerikaner überhaupt erst gekommen? »Weil sie uns alle unterwerfen wollten!« Anschließend

269

rapportierte er die gängigen Phantasmen von gewaltigen Schätzen in den Bergen, von denen man sich überall in Afghanistan gern erzählte, mal in der Variante von Diamantvorkommen, mal in der von vergrabenem Gold noch aus dem Heerzug Alexanders des Großen.

Jahre zuvor hatten die Amerikaner auf die Frage, warum sie im Korengal-Tal so erbittert bekämpft würden, angegeben, dass sie hier wohl auf die fanatischsten Dschihadisten gestoßen seien. Osama Bin Laden wurde hier vermutet, preisgekrönte Bücher und Filme entstanden über diesen »Hort des Terrors«. »Eine der gefährlichsten Regionen Afghanistans«, hatte der SPIEGEL 2008 über Korengal geschrieben.

Doch letztlich war das Ganze ein jahrelanges Missverständnis. Die Verdichtung des gesamten Afghanistan-Einsatzes auf ein kleines, felsiges Tal. Ein Missverständnis, das allein in Korengal zahllose Afghanen und 42 US-Soldaten das Leben kosten würde. Im April 2006 hatten US-Marines hier eine Basis errichtet. Die Truppen waren in eine Fehde zweier Clans hineingezogen worden, die um den profitablen Schmuggel von illegal geschlagenem Zedernholz konkurrierten. Der eine Clan hatte den anderen bei den Amerikanern als Taliban angeschwärzt. Das immergleiche Muster wie schon 2002 in Uruzgan. Die einen bekämpften Amerikaner, die anderen benutzten sie, versorgten sie mit vermeintlichen Feinden, die sehr rasch zu echten wurden.

Doch anstatt das Tal unter Kontrolle zu bringen, entfachten die Truppen einen erbarmungslosen jahrelangen Zermürbungskrieg, beschossen die waldigen Hänge mit Artillerie und aus Kampfhubschraubern und wurden fortwährend selbst attackiert. Die Präsenz der Amerikaner hatte einen Krieg entfacht, den es ohne sie nicht gegeben hätte. Bis die

Militärs nach vier Jahren aufgaben und abzogen. Kaum waren sie weg, wurde es wieder still im Tal.

Ein Malik, was sich mit »Dorfvorsteher« nur unvollkommen und eher als »Souverän« seines winzigen Volkes übersetzen ließe, erzählte mir damals ein paar Täler weiter, wie eine Delegation amerikanischer Offiziere zu ihnen gekommen sei: um sich mit den Maliks aller Talabschnitte des Dara-e Nur zu treffen, einem Tal am untersten Rand des Bergmassivs, das sich entlang der Ostgrenze Afghanistans zieht. Das Treffen sei höflich verlaufen, erinnerte sich Malik Hadschi Mahbub. Aber seine Botschaft an die Offiziere war klar, und die Amerikaner waren klug genug, sie zu verstehen: Gäste seien willkommen, würden bewirtet mit grünem Tee, Rosinen und zuckrig glasierten Mandeln. Aber kämen sie mit Truppen nach Dara-e Nur, sei Krieg. Das war deutlich. Die Amerikaner gingen und kamen nie wieder.

Hadschi Mahbub war der Malik von Sutan, dem höchsten Dorf im Tal, bis zu dem die Straße reichte. Dara-e Nur war 2007 das letzte zugängliche Hochtal, das noch nicht von den Taliban überrannt oder gleich zur Kampfzone geworden war. »Der Krieg kam nur nach Korengal, weil die Amerikaner dorthin kamen«, sagte er damals. Wären sie in sein Tal gekommen, wäre auch dort das Inferno losgebrochen. »Dschihad«, erklärte er, »um jeden Preis hätten wir unsere Freiheit, Heimat und Ehre verteidigt.« Die Amerikaner aber kamen nicht, »und so konnten wir später auch den Taliban sagen, dass sie wegbleiben konnten. Es sei ja niemand da, gegen den sie Krieg führen müssten.« Und an der islamischen Frömmigkeit der Talbewohner könne niemand zweifeln.

Aus Dara-e Nur stammte überdies einer der einst höchsten Richter Afghanistans noch zu Zeiten der Monarchie, von dessen ins Exil verstreuten Söhnen vier aus Erlangen nach Afghanistan zurückgekommen waren, wohin sie Flucht, Schicksal und Verteilungsschlüssel deutscher Behörden verschlagen hatten. Dieses Tal war ein schmaler, aber für mich guter Zugang in jenes Afghanistan, in dem noch die Clanchefs, Stammesältesten und Maliks herrschten, nicht die Warlords, die Regierung oder die ausländischen Streitkräfte. Außerdem war mit jedem Monat des Daseins in Kabuls Steppenatmosphäre meine Sehnsucht nach Grün, Wäldern und Luft gewachsen, die man atmen konnte, ohne ein Kratzen im Hals zu spüren.

Von Dschalalabad, der sommers erdrückend schwülen Metropole des Ostens, ging es durch Reisfelder den Fluss entlang, dann schlängelte sich die kleine Straße in die Höhe. Aus dem milchigen Dunst wuchsen Bergkämme, und zwischen den Hängen öffnete sich ein kilometerweiter Garten: in der Mitte ein Fluss, uralte Maulbeer- und Walnussbäume, Terrassenfelder und Rosen an den Böschungen. Und ganz oben Wälder, deren Kronen noch aus Kilometern auszumachen waren.

Ali Hamidi, einer der vier aus Erlangen Zurückgekehrten, war von seinem Vater im pakistanischen Exil kurz vor dessen Tod ins heimatliche Tal zurückgeschickt worden, weil es eine große Fehde zu schlichten galt. Mehrere Menschen waren erschossen worden, aber niemand war mehr da, den Sturm der Vergeltung aufhalten zu können. Ali, der zuvor im Bistro des ICE auf der Strecke Frankfurt–Basel gearbeitet hatte und der als »Ali, der Teppichhändler« auf süddeutschen Kleinkunstbühnen aufgetreten war: Er, befand der Vater, konnte gut reden. Also musste er nach Hause gehen und dort Frieden schaffen.

Die Fehde hatte begonnen, wie viele Fehden in Afghanistan beginnen: mit einer Kleinigkeit. Mit einer Kuh, die dem Käufer als trächtig versprochen worden war, was aber nicht stimmte. Mit bösen Worten, die dann folgten, mit Beleidigungen und Geschrei und am Ende mit tödlichen Schüssen. Ali Hamidi hatte in Deutschland seinen Bausparvertrag aufgelöst, um all die Maliks, Mullahs und Ältesten bewirten zu können, die es zum Beenden einer Fehde brauchte: »Ich habe weiße Gewänder für alle Vermittler gekauft, weiße Tauben, Essen für Tausende Euro, habe geredet und gebrüllt, dass sie ihr Herz von Zorn und Hass frei machen sollten! Wer lehrt das heute noch? Keiner. So viel Leid wegen so etwas Blödem wie einer Kuh!«

Weil ein kleiner Makel die Ehre eines Einzelnen befleckt hatte, begann immer wieder eine Spirale der Vergeltung, der sich niemand entziehen konnte: In einem Dorf wirbelte ein Autofahrer eine Staubwolke auf, wurde angehalten, ein Wortgefecht, Stunden später wurden zwei Schwerverletzte in letzter Minute ins Krankenhaus der Provinzhauptstadt gebracht. Oder ein Junge wurde als Kind einem Mädchen versprochen, aber das Leben entwickelte sich anders – und es genügte einer, der sich betrogen fühlte, um ganze Familien, Clans, Dörfer gegeneinander aufzubringen.

Eindringlinge vermochten die Menschen von Dara-e Nur fernzuhalten – aber dann machten sie einander das Leben zur Hölle, weil es stets nur um Vergeltung, nie um Vergebung ging. Hamidi verstand seine Landsleute nicht mehr. »Was soll all die Ehre, wenn keiner mehr da ist, die ausbrechenden Fehden wieder beizulegen?«

Jenseits davon war das Tal ein Paradies. Ich kam öfters her, hörte mir die Geschichten an, sah immer wieder auf Grabsteinen, an uralten Holzpaneelen mancher Hauswände wellenförmige Ornamente, die an keltische Muster erinnerten. Alle Talschaften hier gehörten zum Volk der Paschai, das wie die Nuristanis weiter nördlich erst Ende des 19. Jahrhunderts mit Gewalt zum Übertritt in den Islam gezwungen worden war. Auch wenn niemand mehr wusste, was die Zeichen aus versunkener Zeit zu bedeuten hatten: Sie waren noch da.

Als die erste Moschee des Dorfes Sutan renoviert wurde, landeten elegante Säulenkapitelle, mit Schnitzereien verzierte Halbbögen, Säulen voller verwobener Muster, die im vorislamischen Stil gefertigt Gottes Ruhm bezeugen sollten, auf dem Haufen für Brennholz. Ich schleppte sie nach Kabul und begann, meine Rolle als unbeteiligter Beobachter ein klein wenig aufzugeben. Ich fragte Ali Hamidi, Hadschi Mahbub und die Ältesten der Dörfer, ob sie interessiert wären, mehr aus dem kostbaren Holz ihrer bislang mangels Straße immer noch erhaltenen Wälder zu machen, anstatt für Kümmerbeträge einzelne Bohlen zu verkaufen, als Bauholz oder an Firmen in Kabul.

Doch, ja, sie seien sehr interessiert daran, sagten alle. Die letzten, meist uralten Schnitzer kamen nach einigen Wochen zusammen, brachten Stücke mit, die sie noch besaßen. Etwa einen kleinen, reich verzierten Klappschemel zum Ablegen des Korans, der aus einem einzigen Holzblock geschnitten worden war. Ich hatte derweil alle Exponate des Nationalmuseums in Kabul fotografiert, in dem die beim ersten Sturm der Taliban nach 1992 zerhackten Skulpturen aus den Bergen der Ungläubigen wieder restauriert worden waren. Da gab es surrealistische Gesichter vergessener Götter, verschlungene Ornamente, ein sich umarmendes Paar als Abschluss eines Türpfostens.

Aus Dissertationen und Expeditionsberichten hatte ich Abbildungen besorgt und schlug vor, ähnlich zu verfahren, wie es die »Turquoise Mountain Foundation« tat, eine millionenschwere Organisation zur Rettung traditioneller Handwerkskünste in Kabul: Stücke zu schaffen, die auf ein breiteres Interesse stoßen würden als Wandpaneele und Koranschemel, mithin Tische, Betten, Schränke. Dafür könnten sie die alten Muster und Figuren neu arrangieren. Oder auch neue erfinden. Die »Turquoise Mountain Foundation«, gegründet vom einstigen Hoflehrer Prinz Williams und Prinz Harrys, dem schriftstellernden Afghanistan-Wanderer und späteren Tory-Abgeordneten Rory Stewart, war erfolgreich darin, alte Fertigkeiten des Teppichwebens, der Keramik, der Holzkunst zu verfeinern. Nur half das nicht den Gemeinden auf dem Lande.

Dort, in Dara-e Nur, hatten sie das Material, die Fähigkeiten und ihre Tradition, aus dem Holz geschnitzte Möbelstücke, einen Mehrwert zu schaffen. Sie wollten dringend, sagten sie, ihre Einkommen daheim steigern, anstatt mehr und mehr junge Männer zur Armee und zur Polizei zu schicken oder zu den Taliban abwandern zu sehen. Wohin Männer ohne Ausbildung eben gingen.

Ich war gekommen mit dem optimistischen Gedanken, nur der Vermittler zu sein, alte Muster und Designs zu beschaffen, erste Stücke zu kaufen, Interessenten in Kabul zu finden. Aber letztlich müsste es ihr Projekt, ihr Geschäft sein. So begannen wir mit einem Pilotprojekt: einem Bett.

Das Walnussholz dafür hatte Hadschi Mahbub für sie umstandslos aus dem Korengal-Tal besorgt, der Hauptkampfzone zwischen amerikanischen Truppen und örtlichen Kämpfern wie zugereisten Dschihadisten. Nur meine Idee, das sich umarmende Paar auf die Posten am Kopfende zu schnitzen, ging ihnen zu weit: »Wir sind Muslime! So was schnitzen wir nicht!« Aber die beiden Figuren seien bestimmt verheiratet, warf ich ein, und küssen würden sie sich in dem geplanten Muster auch nicht. »Trotzdem. Nein.« Ich kapitulierte, sie sägten, hackten schnitzten die kommenden Monate. Als ich wiederkam, traute ich meinen Augen nicht: Kein Paar prangte auf jedem der beiden Pfosten – stattdessen ein behelmter Reiter, eine der alten Gottheiten aus dem Nationalmuseum. Zweifelsfrei noch viel weniger islamisch als Mann und Frau in der Umarmung.

Das Bett war indes perfekt gearbeitet, 300 Kilo schwer, in neun Teile zerlegbar und mit präzise passenden Holzzapfen zu fixieren. Nur blieb es das einzige Stück. Zwei mühsam verhandelte Ausbildungsplätze bei der »Turquoise Mountain Foundation« blieben leer. Kabul sei so weit weg, fanden alle, die Bezahlung dort zu gering, das Ganze irgendwie mühselig. Es schlief ein.

Es war eine widersinnige, wiederkehrende Erfahrung an den unterschiedlichsten Orten Afghanistans: Kleinbauern, Tagelöhner, Schneider, Garküchenbetreiber rackerten, arbeiteten sich halb tot für kümmerlichste Einnahmen. Aber öffneten sich Möglichkeiten, mit neuen Ideen, Fähigkeiten und Produkten mehr Geld zu verdienen, waren oft rasch erlöschendes Interesse, ja Misstrauen die Reaktionen. Es waren nicht allein Phänomene der Besatzungszeit nach 2001, aber die verschärfte Ungleichheit hatte sie verstärkt. Wer mit Eigeninitiative Erfolg hatte, riskierte den Neid seiner Nachbarn. Florierende Entwicklungsprojekte auf dem Lande mussten stets damit rechnen, der Gier der Regierenden in Kabul zum Opfer zu fallen. Selbst funktionierende Unternehmen wie die legendäre Spinzar-Baumwollspinnerei in Kunduz oder die von Deutschen errichtete Fabrik für Tür- und Fensterrahmen in Ost-Paktia waren in den Kriegen vernichtet worden und anschließend nie wieder auferstanden. Ihr Verlust wurde wehmütig beklagt, aber sie kamen nicht wieder.

Eines der ältesten Projekte deutsch-afghanischer Kooperation, die ab 1938 in der Nordprovinz Baghlan gebaute Zuckerfabrik, die bis 1991 noch produziert hatte und wundersamerweise unzerstört geblieben war, sollte Anfang der 2000er-Jahre wieder instandgesetzt werden. In den verstaubten Werkshallen standen immer noch Druckkessel und Dampfmaschinen aus den Škoda-Maschinenbau-Werken, die einst von den Nazis in der damaligen Tschechoslowakei demontiert und nach Afghanistan expediert worden waren.

Nun flossen Millionensummen aus Deutschland. Ein Joint-Venture der afghanischen Regierung, privater Investoren und ausländischer Expertise sollte die einzige industrielle Zuckerfabrik des Landes wieder zum Laufen bringen. Eigentlich eine sichere Bank angesichts der mehr als 40 000 Tonnen Zucker, die jährlich im Land konsumiert wurden. Doch dann zerstritten sich alle Beteiligten, obstruierte Kabul, wurden die Bauern übervorteilt und die hochgezüchteten Zuckerrübensorten von Schädlingen weitgehend vernichtet. Anfang November 2007 tötete ein Sprengstoffanschlag bei der Eröffnungszeremonie 75 Menschen, darunter sechs Parlamentarier. Es war ein grauenhaftes Memento mori für ein Vorhaben, das bereits gescheitert war, bevor es überhaupt begonnen hatte. Niemand hat sich je zum Anschlag bekannt, die Taliban dementierten die Täterschaft.

Vom anekdotischen Einzelfall über den Niedergang von

Kunduz, von Clanfehden bis zum erbitterten Krieg gegen die Ausländer zog sich ein Band des Misstrauens und der Abwehr durch die Jahrzehnte. Im Kleinen mündete es in Stagnation, im Großen in der wiederholten Zerstörung des Landes. Es war ein entbehrungsreicher Luxus, jahrzehntelang Krieg zu führen gegen die Russen wie die Amerikaner und dabei die schmale industrielle Produktionsgrundlage Afghanistans bedenkenlos mit einzuäschern. Die Siege gegen die Fremden waren stets auch erbitterte Kriege der Afghanen untereinander um die Frage, wie viel Veränderung sein durfte. Schaut man zurück, bleibt festzustellen: Es haben stets die Gestrigen gesiegt. Die anderen sind gegangen, ein periodisch anschwellender Strom der Geflohenen, von denen die Klügsten alsbald reibungslos in Deutschland, den USA oder Indien reüssierten.

Hadschi Mahbub, der begnadete Jongleur größerer Mächte, hatte es als Wortführer der Maliks lange geschafft, alle Kampftruppen auf Abstand zu halten. Doch als wir uns im Juli 2021 trafen, wenige Wochen vor dem Kollaps, wusste er schon, dass es diesmal kein Entkommen geben würde. »Solange die Regierung existiert, werden wir den Taliban keinen Fußbreit weichen«, sagte er damals: »Wenn aber die Taliban die Regierung sind, werden wir sie natürlich anerkennen. Wir haben ja nichts gegen sie.«

278

KAPITEL 15

Die Angst der Taliban
vor den Terroristen

Provinz Paktia; September 2021, Mai 2022

Es war das Atlantis der Deutschen in Afghanistan, gepriesen von den Alten und ihren Nachfahren noch Jahrzehnte nach dem Weggang der Ausländer. Die hatten ein paar Dörfer und einen majestätischen Zedernwald in eine Art extraterritoriales Paradies verwandelt. Es ging, natürlich, um Wald und Forst, schließlich waren die Deutschen gekommen, 1965 schon. Irgendetwas Großes mussten sie geschaffen haben. Schon vor 15 Jahren erzählten mir immer wieder aus dem Osten nach Kabul angereiste Afghanen von diesem legendären Projekt, schwärmten von Gehältern, einer Baumschule, einer Fabrik für Tür- und Fensterrahmen, Straßen, aber auch davon, dass diese seltsamen Deutschen mit den Stammesoberen gemeinsam die Wälder vor dem Kahlschlag gerettet hätten, vor der Gier der wechselnden Regierungen in Kabul. Die Deutschen, zeichnete sich in den Schilderungen immer mehr ab, hätten im Grunde einen ganzen Landstrich friedlich übernommen, in ihrer Regie und vor allem mit ihrem Geld funktionierende Gemeinwesen geprägt. Manche der Alten dort, hieß es, sprächen immer noch Deutsch. Nur wann genau alles untergegangen war, und warum, wusste niemand mehr. Mit dem Einmarsch der Sowjetarmee? Mit dem Bürgerkrieg nach deren Abzug? Nur noch Ruinen stünden dort, sagten sie, auch die letzten Baumriesen seien gefällt, von der pakistanischen Holzmafia schon vor Jahrzehnten über die Grenze geschmuggelt worden.

Ich hatte da schon immer hingewollt, seitdem ich zum ersten Mal vom deutschen Forstprojekt gehört hatte. Doch Kotkai Kalay, Ariyob Zazi, die Dörfer und Waldberge ganz im Osten der Provinz Paktia direkt an der pakistanischen Grenze, waren schon seit spätesten 2005 unerreichbar. Taliban, al-Qaida, der ganze Reigen mordfreudiger Fanatikertruppen beherrschte den Osten der Provinz. Ein Versuch, 2010 unseren afghanischen Rechercheur dorthin fahren zu lassen, endete mit der Rückkehr des zutiefst Verängstigten wenige Tage später: Direkt vor ihm sei ein Polizei-Ranger in die Luft gesprengt worden, die Örtlichen hätten ihn gewarnt, auf keinen Fall weiterzufahren. Auswärtige sollten sich fern halten. Nichts ging. Die Jahre vergingen.

Im Frühsommer 2021 tauchten plötzlich Fotos auf bei Instagram und Facebook: Dutzende private Geländewagen parkten auf den Wiesen im Wald von Kotkai, Kabuler zeigten sich euphorisch beim Picknick in dieser verbotenen Zone. Für drei Tage während des islamischen Opferfestes hatten die Taliban im Mai einen landesweiten Waffenstillstand ausgerufen und tatsächlich eingehalten. Eine Pause vom Albtraum, die viele aus den Städten nutzten, wenigstens kurz ihr eigenes, ihnen seit Jahren verschlossenes Land zu bereisen. Von Kabul bis Kotkai dauerte es vier Stunden mit dem Auto, so nah und doch so fern. Die drei Tage waren eine

Geste der Macht, wie eine vergiftete Süßigkeit. Danach ging das Töten einfach weiter.

Doch dann war der 15. August 2021 gekommen und mit der Implosion der Staatsmacht auch das Ende der alten Fronten. Nun stand das Land kopf. Was vorher das letzte erreichbare Ziel eines entspannten Tagesausflugs von Kabul gewesen war, das Pandschschir-Tal, war nun die einzig verbliebene Kampfzone. Wo die Taliban noch gegen ihre alten Feinde aus den Zeiten vor 2001 kämpften. Während die jahrelang unzugänglichsten Taliban-Hochburgen auf einmal als die sichersten Ziele galten. So auch Kotkai.

Schon im September, sobald die brodelnde Ungewissheit in Kabul sich etwas gelegt hatte, fuhren wir gen Paktia, um auszuprobieren, ob das auch stimmte. Ein überschaubarer Testlauf, hin und zurück in einem Tag zu schaffen. Monate zuvor war an der Stadtgrenze Kabuls Schluss gewesen, jetzt saßen dort nur gelangweilte Taliban und winkten uns weiter. Hier fühlten sie sich sicherer als in den Gegenden, die sie gerade erst erobert hatten. Hinter Gardez, der Provinzhauptstadt von Paktia, wurde die Straße schlechter, führten immer wieder Slalompisten um die allfälligen Krater nie geräumter Minenanschläge. Doch dann, im Herzen dessen, was lange schon Taliban-Land gewesen war: perfekter Asphalt, unbeschädigt. Ebenso unerwartet waren die Dörfer: keine kümmerlichen Ansammlungen staubbrauner Lehmhütten, sondern zweistöckige Landhäuser, oft in Türkis oder Rosa gestrichen. Paktia war wohlhabend, war es immer schon gewesen dank fruchtbarer Böden und großzügigerer Niederschläge als im Gros des Landes. Bloße Armut zumindest hatte hier die Menschen nicht in die Arme der Aufständischen getrieben.

Vorbei an schon vor Jahren aufgegebenen Hügelfestungen der US-Truppen schraubte sich die Straße durch üppig bewachsene Flusstäler in die Berge. Auf den kleinen Feldparzellen arbeiteten Männer und Frauen. Aber es waren nur Frauen und Mädchen, die Brennholz schleppten, unförmige große Ballen aus Dornengestrüpp und Ästen. Sie trugen ihre traditionelle Tracht aus festen Jacken und Kopftüchern, keine Burkas. Die hätten schon ihre erste Begegnung mit dem stacheligen Tragegut nicht überstanden. Außerdem sähe die Trägerin zu wenig, um heil durch die Geröllhänge hinauf- und herunterzukommen. Eine Burka, das war in diesem entlegenen Landesteil offensichtlich etwas für Frauen, die unterwegs waren, die nichts außer einer Tasche und vielleicht einem Kind mit sich trugen. Nur solche jedenfalls sahen wir ab und an damit entlang der Straße.

Und dann kam der Wald. Keine mächtigen, 200, 300 Jahre alten Zedern mehr, wie sie noch bis in die 1970er-Jahre hier gestanden hatten – sondern vor allem schüchterne Kiefern, Tannen, alle mit einem Stammdurchmesser von 20, höchstens 30 Zentimetern. Die Böden hatten den jahrzehntelangen Raubbau überstanden. Aber es war auch nichts mehr übrig, was sich gewinnbringend hätte über die Grenze schmuggeln lassen. »Die Deutschen? Aaaah, ja, die Deutschen!« Der Mann, der mit seinem Sohn am Bach picknickte, schwärmte umstandslos von früher. Sein Vater sei Fahrer beim Forstprojekt gewesen. Er könne uns zeigen, was davon noch übrig sei. Es war nicht viel. Die Ruine eines zweistöckigen Hauses, von dem nur noch Mauerreste standen. Eine eingestürzte Brücke. Ein Streifen zementierter Felssteine zur Hangsicherung. Am besten erhalten war noch ein unterirdischer Flusstunnel. Aber alles sah aus, als hätten Siedler hier schon vor

Jahrhunderten aufgegeben. Auch Nek Mohammad, wie der Mann sich vorstellte, wusste nicht, wann genau die Deutschen fortgegangen waren. Aber das sei eigentlich auch egal, denn es hatte nicht einen Moment des Untergangs gegeben, sondern Wellen der Verwüstung, von denen jede neue fortriss, was die vorige noch stehen gelassen hatte: »Erst kamen die Russen und kämpften hier. Dann kam der Bürgerkrieg, in dem jede Fraktion alles plünderte und brandschatzte, was dem Staat gehört hatte. Und bis die Taliban das erste Mal kamen, waren hier die Schmugglerbanden unterwegs, bewaffneten sich immer stärker, raubten erst nur das Zedernholz, später auch andere Dinge.« Er zuckte mit den Schultern. Als wäre die Zukunft vorbeigekommen und wieder gegangen. Tatsächlich hatten die deutschen Forstexperten in Paktia schon 1976 aufgegeben, waren zwischen die Fronten der Lokalbevölkerung und der neuen Regierung in Kabul geraten, die das Projekt nutzen wollte, um sich das Land und die Wälder der Stämme anzueignen. Das erste Putschistenkabinett unter Mohammad Daud Chan, der seinen Onkel, König Zahir Schah, per Staatsstreich entmachtet hatte, setzte fortan lieber auf die Sowjetunion. Aber die letzte Projektrate der Deutschen von 7,5 Millionen Mark wollte es noch seinem Budget einverleiben. Im Kern also genau so, wie es Hamid Karzai und Aschraf Ghani Jahrzehnte später in ihren Amtszeiten mit anderen Projekten versuchen würden.

Nun bestellten Nek Mohammad und die anderen Bauern hier eben weiter ihre Felder, fuhr er fort. Jetzt, im Herbst, sei alles verbrannt und staubig. Wir sollten im späten Frühjahr wiederkommen, »dann ist es hier schön«. Kurz vor der Grenze zu Pakistan blockierten Taliban-Posten den Weg, hatten sämtliche alten Stellungen der Armee übernommen und wirkten angespannt. Das erschien uns seltsam, aber es war spät geworden, wir mussten zurück.

Auf dem Rückweg nach Kabul hielten wir bei einem Straßenrestaurant in Gardez, fragten, ob wir über Nacht bleiben könnten. »Besser nicht«, sagte der Wirt, »hier treibt der ›Islamische Staat‹ sein Unwesen.« Wobei er auf Nachfrage konkretisierte, dass es kleine Banden seien, die Passanten und Autos anhielten und ausraubten, Hotels überfielen. Es klang eher nach Kleinkriminellen als einem Ableger der weltweit gefürchteten Terrororganisation.

Wir kamen im Mai 2022 wieder, wollten eigentlich mehr über das versunkene deutsche Forstprojekt erfahren, aber stolperten unerwartet über etwas ganz anderes: eines der raren Indizien dessen, wovor die Taliban wirklich Angst hatten. Denn weit mehr als ihre erklärten Feinde fürchteten sie ihre angeblichen Freunde auf der anderen Seite der pakistanischen Grenze. Pakistan war immer Rückzugsgebiet und Nachschubreservoir gewesen. In den Medresen, den allgegenwärtigen Koranschulen, in Peschawar, Quetta, den Flüchtlingslagern und zig kleineren Orten wurden jedes Jahr Zehntausende junger Afghanen in den heiligen Schriften und im aktuellen Hass unterrichtet.

Aus denselben Gründen, aus denen der krakenhafte, überaus machtvolle pakistanische Geheimdienst ISI jahrzehntelang die Taliban mit Geld, Logistik, Rückzugsmöglichkeiten und sogar Armeesoldaten unterstützt hatte, wurden nun noch radikalere Formationen gepäppelt: Pakistan wollte stets eine international verfemte, in jeder Hinsicht abhängige Macht in seiner Hand haben, die sich benutzen ließe im ewigen Kampf gegen Indien. Islamisten, die man rekrutieren könnte für Anschläge in Kaschmir, in Indien selbst, ohne dass die Spur direkt nach Pakistan führte.

Dafür waren ihnen die Taliban lange Zeit nützlich. Dass deren höchste Gremien jenseits der Verhandlergruppe in Katar »Peschawar-Schura« und »Quetta-Schura« heißen, kam nicht von ungefähr: Sie hatten ihren Sitz in den beiden ostpakistanischen Metropolen, nahe der Grenze zu Afghanistan, aber beschützt von jeder pakistanischen Regierung und vom ISI. In den Schura-Runden wurden die militärischen Entscheidungen gefällt, wurde die Nachfolge für getötete Kommandeure und Schattengouverneure entschieden, wurden letztlich sämtliche Entscheidungen getroffen, wenn sich die lokalen Führer in Afghanistan nicht einig waren.

Je staatstragender sich die andere Taliban-Exilführung in Katar gab, je stärker die nationalistische Fraktion unabhängig werden wollte vom Gängelband Pakistans, desto dringender wurde dort die Suche nach einem Ersatz. Nach Bewegungen, die sich unterstützen ließen, um die Taliban an der Flanke ihrer Fanatiker unter Druck zu setzen. Nur beweisen ließ es sich schwerlich.

Aber manchmal gibt eine Reise ja Antworten auf Fragen, die man sich vorher noch gar nicht gestellt hatte. Wieder standen wir jetzt im – nun bukolisch grünen – Wiesental zwischen waldigen Hängen und sahen uns die pakistanischen Grenzbefestigungen näher an. Mehrere bis zu sieben Meter hohe, massive Stahlzäune mit Stacheldraht, überragt von Wachtürmen mit Flutlichtscheinwerfern. Alles vor nicht allzu langer Zeit neu errichtet.

Ich erinnerte mich an eine Fahrt im Juni 2021, zwei Monate vor dem Sturz, als wir abends auf der einzig sicheren Hauptstraße in der Grenzprovinz Kunar unterwegs gewesen waren. Damals tauchte im Osten immer wieder ganz schwach eine endlose Kette kleiner Lichter auf. Wie ein unwirklicher Schimmer in der Dunkelheit kam und ging der Lichtschein in weiter Ferne, zog sich über Hügelkämme und Berggrate. Der Anblick war verwirrend. Bis unser Fahrer erklärte: »Das ist die Grenze zu Pakistan.« Mit immensem Aufwand war die früher leicht passierbare Grenze abgeriegelt worden. Niemand käme hier unbemerkt rüber, weder von Pakistan noch von Afghanistan aus.

Und doch waren die Taliban hier nun nervös. Immer wieder patrouillierten sie bewaffnet durchs Terrain, lagerten Posten unter Bäumen, fragten, wer eine Weile hielt, was er hier wolle. Nach Einbruch der Dunkelheit bezogen sie auf jedem Feldweg Stellung. Der Zugang zur direkten Grenzzone war strengstens untersagt. Als am Abend ein Auto voller Kandaharis im Dorf Ariyob Zazi ankam, in dem wir nächtigten, erklärten die Insassen den Wachhabenden wortreich und laut, sie seien wichtige Männer in Kandahar. Sie hätten sich nur leider mit der Fahrtzeit verschätzt und wollten jetzt durch. Doch auch sie mussten umkehren. Kuriosum der Gegend war, dass in Sichtweite des Grenzzauns in einem Waldgebiet ein altes Camping-Areal lag, wo man auch durchaus bleiben durfte – wenn man vor Sonnenuntergang angereist war. Auf keinen Fall danach.

Die Angst, erzählte unser Gastgeber im Dorf, hatte gewissermaßen die Seiten gewechselt: »Es geht nicht darum, Leute von hier am Fliehen zu hindern. Die Taliban wollen verhindern, dass aus Pakistan Männer eingeschleust werden.« Denn das seien im Zweifelsfall Unruhestifter, Terroristen oder deren Helfer, die nicht legal einreisen würden. Und gegen die helfe auch die imposanteste Mauer nichts, wenn sie von den pakistanischen Grenzern durchgelassen würden.

Was hier geschah, war nur ein Indiz, aber trotzdem profunder als der Nebel aus Gerüchten, die sich um das große Paradox der Sicherheitslage rankten. Soweit wir auf allen Reisen quer durchs Land gekommen waren, beherrschten es die Taliban. Doch wie zum Hohn auf die Kontrollbesessenheit der neuen Machthaber in Zeiten des Umbruchs blieb eine Konstante: der Terror des »Islamischen Staates«, weiterhin mit Selbstmordattentätern und Haftminen in grausamer Stetigkeit Moscheen beim Freitagsgebet anzugreifen, bevorzugt schiitische. Das Land mochten die Taliban beherrschen, jede Regung militärischen Widerstands zerschlagen. Aber den Terror konnten sie nicht stoppen. Sie sperrten nach jedem Anschlag die Umgebung ab, verhafteten, töteten Hunderte echte oder verdächtige Terroristen, aber es hörte nicht auf. Immer wieder zerrissen in Kabul, Kunduz, Kandahar oder Herat Explosionen Betende in den Moscheen, Passanten, manchmal gezielt hochrangige Taliban-Prediger, als könnten diese Jünger der Vernichtung nach Belieben zuschlagen.

Dieser Horror lief der sonstigen Entwicklung komplett zuwider. Denn wider Erwarten hatte im späten Winter eine unerwartete Konsolidierung der Taliban-Herrschaft eingesetzt. Es gab viele kleine Gründe dafür und eine große Tatsache, die von all diesen Gründen nicht vollständig zu erklären war: Die große Hungerkatastrophe war ausgeblieben, ebenso das Abgleiten des Landes in einen erneuten Bürgerkrieg.

Bis zum Jahresbeginn 2022 schien Afghanistan in der immer rasanter abwärts stürzenden Lawine gefangen, die sich in ihrer fatalen Kombination zusammensetzte aus finanziellem Ruin, dem Exodus der Experten, administrativer

Unfähigkeit der Taliban und der Dürre im Westen und Süden des Landes. Die Verzweifelten, so auch unsere Befürchtung, würden aus schierer Not zur militärischen Gegenwehr überlaufen. Die Versorgung mit Nahrung, aber auch mit Medizin, Strom und Treibstoff würde komplett zusammenbrechen, ebenso der Wechselkurs des Afghani. Doch das war nicht geschehen. Die Lage war trist, aber das Land blieb ruhig.

Woran lag das?

Unter anderem am Regen, der erst spärlich einsetzte, doch später im Jahr selbst in kargen Provinzen wie Dschuzdschan und Ghazni dramatisches Ausmaß annahm und zu Überschwemmungen führte.

Es lag am World Food Programme, das zum Ende des Winters still und effektiv beinahe die halbe Bevölkerung mit Grundnahrungsmitteln versorgte, wie an anderen UNO-Organisationen und dem Internationalen Komitee vom Roten Kreuz, die den Unterhalt zahlreicher Krankenhäuser sicherstellten, Lehrergehälter bezahlten.

Es lag an den Überweisungen der riesigen afghanischen Diaspora, die sich gewissermaßen als Investment aus den Fluchtbewegungen der vergangenen vier Jahrzehnte erwiesen. Seit den 1970er-Jahren waren immer wieder die Eliten, die gut Ausgebildeten, die am härtesten Bedrängten vor den jeweils neuen Machthabern oder dem Krieg ins Ausland geflohen: erst die Royalisten, dann die Liberalen, später die Kommunisten. Millionen hatten sich ins Ausland gerettet, die meisten von ihnen nach Iran und Pakistan, von wo sie ab 2002 vielfach zurückgekommen waren. Andere hatten es bis nach Europa, Dubai, Nordamerika und Indien geschafft und sich dort neue Existenzen aufgebaut. Sie unterstützten nun in Afghanistan gebliebene Verwandte, wofür es keine Banken brauchte. Das informelle Transfersystem des Hawala hatte nie aufgehört zu existieren: Eine Filiale in einem anderen Land nahm Summe x entgegen, ihre Partnerfiliale in Kabul, Kandahar, Herat oder den entlegensten Dörfern zahlte diese gegen eine moderate Gebühr aus. Ein kaum zu überwachendes, kaum Spuren hinterlassendes System, mit dem auch Drogengelder oder die Honorare von Schleusern verschoben wurden. Mit dem aber nun riesige Summen verlässlich in dieses schwarze Loch des internationalen Finanzverkehrs geschickt werden konnten.

Vor allem lag die Ruhe im Land jedoch an der Paranoia der neuen Machthaber. Die Taliban mochten wenig verstehen vom Rest der Welt. Aber sie begriffen sehr genau, wie fragil die Abwesenheit von Krieg in Afghanistan war. Sie selbst hatten ja anderthalb Jahrzehnte lang die Stabilität des alten Staates unterminiert und waren besessen davon, ihren neuen Staat nun bis in die letzten Fasern zu kontrollieren.

Ende Februar 2022, als die globale Aufmerksamkeit sich schlagartig der Ukraine zuwandte, hoben sie die gängige Definition der Razzia auf eine ganz neue Bedeutungsebene: Nun durchsuchten nicht mehr kleine Taliban-Einheiten ein paar Häuser mutmaßlicher Gegner. Stattdessen durchkämmten nach Aussagen von Kämpfern wochenlang bis zu 30 000 von ihnen Straße um Straße, Viertel um Viertel, ganz Kabul.

Auch bei den wenigen ausländischen Journalisten und Fotografen, die in der Hauptstadt lebten, kamen die Suchtrupps vorbei. Mal traten sie Türen ein, mal klingelten sie, mal stellten sie Zimmer auf den Kopf, mal schauten sie nur kurz hinein und entschuldigten sich anschließend, doch hoffentlich keine Unannehmlichkeiten bereitet zu haben. »Morgens lagen immer wieder Kalaschnikows, Munition und Handgranaten auf dem Friedhof«, erinnerte sich ein Stadtbewohner an jene Wochen der Angst im Frühjahr. Viele afghanische Familien, die für alle Fälle noch verbotene Waffen im Haus hatten, entsorgten diese nachts auf der nächsten Freifläche, in aller Regel einem Friedhof. Die Taliban mussten gar nicht jedes Haus auf den Kopf stellen. Die Drohung genügte.

Smart waren die Greiftrupps vom Geheimdienst, die oftmals nicht nur die Adresse der von ihnen Gesuchten kannten, sondern auch die Aufenthaltsorte von deren Verwandten. Die Masse der Taliban an den Posten, vor der Tür, in unseren Hotelzimmern bestand aus schlichteren Gemütern, konnte vielfach nicht lesen. Gelegentlich fragten sie uns, ob auf den vorgezeigten Dokumenten wirklich stehe, was wir behaupteten. Aber die Art der Überwachung ähnelte einem Bartenwal beim Krillfischen. Erfolge schuf sie nicht, weil sie so zielgerichtet war, sondern weil sie darauf beruhte, dass jeder irgendwann im Netz hängen blieb.

Wir als Ausländer waren so privilegiert, in der Regel nicht mit Schlägen traktiert oder für länger eingesperrt zu werden. Doch das hieß nicht, dass wir uns allzu frei bewegen konnten. Ein befreundetes Fernsehteam erhielt im März einen Anruf, als es gerade in Kandahar drehte. Ein örtlicher Geheimdienst-Emir war dran: Sie hätten doch gestern vom Dach des Hotels eine Kameradrohne steigen lassen. Das sollten sie nicht noch einmal tun. Des Weiteren hätten sie in der und der Straße gefilmt. Auch das sollten sie künftig unterlassen. Orte, Uhrzeiten, alles stimmte, war akkurat und unbemerkt beobachtet worden. Weiter geschah nichts, es blieb bei dieser Warnung. Aber es war unheimlich. Wir hatten

Narrenfreiheit, immer noch, im Vergleich zu den immer weniger werdenden afghanischen Journalisten, von den Journalistinnen ganz zu schweigen. Aber diese Grauzone zwischen Drohung, Gewalt und Zurückhaltung: Sie funktionierte bei uns genauso gut wie im Land als großen Ganzen.

Doch aus Sicht der Fanatiker in ihren eigenen Reihen agierten die Taliban-Führer viel zu beflissen gegenüber den einstigen Feindmächten des Westens. Jene, die zumeist mit einer Schmalspurausbildung in Sachen Hass und religiösem Furor aus den Koranschulen des pakistanischen Exils in den Kampf gezogen waren, fragten sich: Wofür hatten sie jahrelange Entbehrungen hingenommen, um diese ungläubigen Ausländer zu vertreiben, wenn die eigenen Anführer jetzt umgehend als Bittsteller bei den just Verjagten vorstellig wurden? Ihre Vorstellung vom Islam als eisernem Korsett war ihnen Wesenskern und Heilsgewissheit zugleich, wie sollte man davon auch nur einen Schritt abweichen dürfen?

Die Taliban steckten in der Klemme. In den Augen vieler ihrer eigenen Kader wurden sie langsam zu Opportunisten. Für ihre aufgeklärten Kritiker und vor allem Kritikerinnen blieben sie unverbesserliche Radikale. Es wäre leicht, all die Einzelbelege ihrer Unterdrückung zu einem Bild des Horrors zu verbinden. Aber das würde zu kurz greifen, denn die Lage war komplizierter als die geläufige Annahme vom erneuten Untergang Afghanistans.

Die Ruhe im ganzen Land bedeutete einen Wert an sich, den viele Chronisten übersahen, die Kabul nie verließen. Der Friede war nicht friedlich errungen worden, aber dennoch hielt er. Das gesamte Land mit Ausnahme des Pandschschir-Tals war nun gefahrlos zu bereisen, die für alle Menschen dort gefährlichen Frontlinien und Kampfzonen waren verschwunden. Bauern konnten ihre Ernte in die Städte bringen, Kinder zur Schule, Kranke zu den Hospitälern kommen ohne Gefahr für Leib und Leben.

Fast niemand berichtete darüber, dass der Grundschulbesuch afghanischer Mädchen im ersten Schuljahr unter der erneuten Taliban-Herrschaft von 44 auf 54 Prozent gestiegen war, so eine Studie der Weltbank vom Frühjahr 2022. Der Anstieg lag nicht an Ermutigungen der Taliban, Mädchen zur Schule zu schicken. Sondern eben daran, dass Familien es wagten, ihre Kinder gehen zu lassen. In ihren wolkigen Konzeptpapieren voller Konjunktive hatten Regierungen der Interventionsmächte zwei Jahrzehnte lang immer wieder dieselben Schlagworte eingestreut: »Stabilität«, »Sicherheit« und eine »größere afghanische Eigenverantwortung«. Zur Halbzeit des 20-jährigen Krieges verfügte der Nato-Operationsplan 2010 als Ziel: »Eine eigenständige, moderate und demokratische afghanische Regierung, die in der Lage ist, unabhängig ihre souveräne Herrschaft in ganz Afghanistan auszuüben.«

Und nun hatten die Taliban eine Hälfte dieses Wünsch-dir-was-Afghanistans fulminant umgesetzt, während sie die andere Hälfte klein geschreddert hatten. Äußerst eigenständig, wenn auch pleite, übten die Taliban ihre Souveränität im ganzen Land aus. Sie schufen damit für die Menschen zumindest Stabilität und Sicherheit, da die Bevölkerung nun nicht mehr zwischen die Fronten geraten konnte. Nur demokratisch war diese Macht absolut nicht, gab es nicht einmal vor zu sein. Und moderat? Dieses kleine Wort und sein weites Deutungsfeld wurden zur Kampfzone der kommenden Verhältnisse.

Noch hielt die immense Loyalität des Taliban-Fußvolks zu

ihrer Führung. Jahrelang hatte es an den Dschihad gegen eine amoralische, korrupte Regierung von Amerikas Gnaden geglaubt. Regelmäßig bezahlt worden waren die Männer nie, wurden es auch weiterhin nicht. Ihre Familien mussten die Kämpfer durchfüttern. Was mittlerweile dazu führte, dass sich manche Kämpfer an den Kontrollposten hörbar über die Kommandeure beklagten, die in schweren Geländewagen unterwegs seien und in teuren Restaurants äßen. Nun, allzu offen zu sein für westliche Vorstellungen und Gelder, das klang für viele nach Verrat am Islam.

Und genau das beklagte der »Islamische Staat«, die hochaktive Terrorbewegung im Land. Ausgehend vom unblutigen Sieg der Taliban in Kabul, spannen die theologisch versierten Terrorpaten eine große Verschwörungsgeschichte: Die »neuen Taliban« hätten in den »Hotels von Katar« einen Deal mit den Amerikanern geschlossen, während deren Bomberjets von der Al-Udaid-Luftwaffenbasis, ebenfalls in Katar, aufstiegen, um sie, die wahren Muslime, zu töten. Taliban-Wortführer Mullah Baradar, das sei doch in Wirklichkeit »Mullah Bradley«, benannt nach dem amerikanischen Panzermodell. Die Taliban, so der beißende Spott der IS-Propagandisten, seien längst auf dem »Pfad der Gottlosen«. Die alte Hochburg des IS in Ostsyrien und im Westirak mochte lange schon untergegangen sein. Aber in Afghanistan hielt sich rätselhafterweise die Dependance der »Islamischen Staates – Provinz Khorasan«, wie die zentralasiatische Region früher genannt wurde, zu der das Gebiet des heutigen Afghanistans gehört.

Schon seit 2014 war die IS-Khorasan-Formation, ISKP, im Osten Afghanistans entstanden, hatten sich Koranstudenten aus Pakistan, Fanatiker aus den Dörfern und einige abtrünnige Taliban-Kommandeure ihm angeschlossen. Mehrere unzugängliche Täler waren nach und nach von ihm eingenommen worden, von Bewaffneten, die sich erst freundlich gaben und dann umso brutaler ihre Macht festigen wollten mit spektakulären Hinrichtungen und wahllosem Morden. Die vor der Brutalität der einrollenden Kämpfer Fliehenden berichteten schon 2017 Seltsames: »Die Taliban kannten wir ja, da kamen die meisten von hier«, erzählte uns ein Mann aus Tschapa Dara, einer traditionellen Extremisten-Kleinstadt in Kunar: »Doch die da jetzt kamen, kannten wir überhaupt nicht. Die waren alle maskiert, kamen von außerhalb, es war unheimlich.«

2019 hatten die Menschen in den bedrängten Dörfern schließlich begonnen, sich gemeinsam mit den Taliban und der afghanischen Regierung gegen diesen Feind aller Seiten zu wehren. Letztlich wurde der IS in einer gemeinsamen Operation der amerikanischen Luftwaffe, afghanischer Armeeeinheiten und der Taliban aus den Bergen im Osten Afghanistans vertrieben. Eine bizarr erscheinende Episode temporärer Kooperation, von der einer ihrer Initiatoren noch im Sommer 2021 schwärmte: »Wir haben die Taliban mit den Pick-ups der Armee zur Front gefahren. Das hat gutgetan, zu merken, dass die auf der anderen Seite auch nur Menschen sind«, resümierte Mohammad Danesch, der Bezirksgouverneur von Dangam am Ostrand der Provinz Kunar: »Es hat die Stimmung zwischen beiden Lagern verändert.« Mittlerweile würden lokale Stillhalteabkommen geschlossen, für die Erntezeit, für ein Bauprojekt oder durchaus auch, weil auch die Taliban mehr Respekt für den Willen der Lokalbevölkerung zeigten.

»Oben auf den Hügeln sitzen die Taliban, unten sitzen

wir, und alle bleiben ruhig«, resümierte Danesch, der während des seltsamen Krieges den Shuttle-Service der Armee für die Aufständischen mit organisiert hatte: »Zur Front und zurück im Pick-up, und ich habe Softeis für alle gekauft«, während US-Jets flankierend die Stellungen des ISKP bombardierten.

Doch schon seit dem Frühjahr 2021 war der ISKP wie von Geisterhand wieder mächtiger geworden, vor allem im Osten, hatte Kabul mit einer Serie von Selbstmordattentaten gegen Mädchenschulen und Krankenhäuser überzogen. Die Geisterhand aber hatte einen Namen. Und es gab einen Grund, warum die Taliban trotz aller Feindschaft Schwierigkeiten hatten, erfolgreich gegen sie vorzugehen. Denn der Aufstieg des ISKP, sein Wiedererstarken nach jedem Rückschlag, ließen sich nicht erklären ohne die Rolle Pakistans.

Bereits im Juni 2021 hatten verschiedene Informanten in den Ostprovinzen sehr detailliert von ähnlichen Phänomenen berichtet. Mohammad Danesch erzählte von der sprunghaft gestiegenen Zahl radikaler Kämpfer aus Pakistan, die über seine schwer zu kontrollierenden Hügel kämen, »jede Nacht«. Ein Aufklärungsexperte einer internationalen Organisation im Land beschrieb, wie Stammesführer über Mittelsleute Angebote bekämen: Der »Islamische Staat« sei bereit, sie auszurüsten, zu bezahlen. Ein einflussreicher Clan-Chef hatte zugesagt und war zum Grenzübergang beordert worden. »Aber ich habe keinen Pass«, sagte er den Mittlern. »Kein Problem, nenn dem Grenzposten das Code-Wort.« Das tat er, sei umstandslos durchgewinkt und in einem Geländewagen mit verspiegelten Scheiben nach Rawalpindi gebracht worden, der Millionenstadt neben Islamabad. Dort wartete eine Runde Anführer, die ihm von der glänzenden

Zukunft ihrer Terrorgruppe und den künftigen finanziellen Mitteln vorschwärmten. Als ob sich hier, mitten im Herzen Pakistans, eine weltweit berüchtigte Terrorgruppe einfach so niederlassen und florieren könnte. Es erinnerte ein bisschen an Osama Bin Ladens Alterssitz in Abbottabad, der bevorzugten Stadt für pensionierte Offiziere.

Offenbar hatte Pakistan schon frühzeitig mit der Aufbauhilfe für radikale Gruppen wie »Jaisch-e Mohammad«, der »Armee Mohammeds«, oder eben dem ISKP begonnen, um auch nach dem Sieg der Taliban die Trumpfkarte des Terrors weiterhin ausspielen zu können. Nur wollten sie die fortan eben nicht mehr mit, sondern gegen die Taliban zücken. Während die selbst nur begrenzte Möglichkeiten hatten, sich dagegen zu wehren. Denn ihre Familien, oftmals auch ihre Läden und Firmen, blieben weiterhin in Pakistan.

Es war schwer zu belegen, inwieweit Pakistan tatsächlich hinter den fortwährenden Anschlägen steckte. Aber die Angst der Taliban von der Einschleusung von Terroristen durch den pakistanischen Sicherheitsapparat, die war echt, zu besichtigen im idyllischen Waldgebiet im Grenzgebiet von Paktia.

Um die Hardliner aus den eigenen Reihen in diesem Spannungsfeld zu befrieden, trafen die Taliban-Führer Ende März 2022 die wohl fatalste Entscheidung ihrer bisherigen Machtzeit: Just an dem Tag, als das neue Schuljahr begann, brachen sie das Versprechen, auch Oberschulen für Mädchen weiterhin offen zu halten. Die Taliban-Regierung in Kabul hatte zuvor die Universitäten wieder für Studentinnen geöffnet, damit aber die Schura der obersten Führung in Kandahar weitgehend vor vollendete Tatsachen gestellt. Nun, im Fall der Mädchenschulen, stellte diese sich dagegen. »Sie ersticken uns, Schritt für Schritt«, klagte eine junge Lehrerin am Telefon, die im vergangenen September noch an einer Frauendemonstration in Kabul teilgenommen hatte: »Die Schule war meine einzige Chance, noch eine eigene Existenz außerhalb des Hauses zu haben.« Umgehend legte die Weltbank ein geplantes Programm über 600 Millionen Dollar auf Eis, nannten zehn große Geberstaaten die Entscheidung »zutiefst verstörend«.

Es war eine irrsinnige Entscheidung, Mädchen die weitere Schulbildung zu verwehren, und das in mehrfacher Hinsicht. Nicht nur brüskierte sie die Sponsoren aus dem Westen, denen die Taliban doch in rascher Folge und drängendem Tonfall Mahnungen präsentierten, endlich wieder Geld zu schicken. Sie verstieß ebenso gegen das eigene Taliban-Modell der rigiden Geschlechtertrennung. Woher sollten langfristig all die Krankenschwestern, Ärztinnen und Lehrerinnen kommen, die sich um ihre Patientinnen und Schülerinnen kümmern sollten, wenn nicht auf dem Weg der Ausbildung? Das stieß selbst vielen Taliban-Kommandeuren auf. Die fragten sich, wozu sie denn ihr Emirat durchgesetzt hätten, wenn die Umstände nun angeblich trotzdem zu unsicher seien, ihre Töchter zur Schule zu schicken? Mehrfach hatten wir Offizielle getroffen, die längst begriffen, dass Bildung für alle der Königsweg aus Armut und Abhängigkeit war. Wer, wie viele, seine Familie noch im pakistanischen Exil hatte, schickte dort oft auch die Töchter zur Schule. Doch auch von den offeneren Geistern wagte keiner, der entrückten Runde in Kandahar den Gehorsam in der Bildungsfrage zu verweigern. Es herrschte eiserne Parteidisziplin, obwohl sie nicht einmal eine Partei waren. Für Frauen und Mädchen war nicht das Land weiter, sondern nur das Gefängnis größer geworden.

Trotzdem bedeuteten die Taliban im Frühjahr 2022 nicht die tumbe Wiederkehr ihrer früheren Grauensherrschaft, sondern standen für ein paradoxes Widerspruchsgebilde: Bis auf das Pandschschir-Tal beherrschten sie kampflos das gesamte Land. So viel Ruhe hatte es seit den 1970er-Jahren nicht mehr gegeben. Was essentiell war für Handel, Aufbau und Auslandsinvestitionen. Nur hatten die Taliban genau dafür überhaupt keinen Plan, wussten nicht, wie sich Afghanistan entwickeln ließe, ohne weiterhin zu drei Vierteln von Geldern westlicher Staaten durchgefüttert zu werden – deren letztes Wohlwollen sie beharrlich ruinierten mit solchen Entscheidungen wie dem Unterrichtsverbot. Jahrelang hatten die Taliban ihre Vorgängerregierungen als Lakaien des Westens beschimpft. Nun wollten sie derselbe Sozialfall bleiben, nur mit Radikalenfahne. In ihrer Egozentrik waren sie ihren alten Feinden ähnlicher, als sie ahnten.

Die Taliban waren nicht so blutrünstig zur Rache geschritten wie befürchtet (und wie die Vasallen der von Berlin und Washington ins Amt gehievten Regierung Hamid Karzais es 2001 getan hatten). Aber die versprochene allumfassende Vergebung hatte es auch nicht gegeben, genauso wenig wie die ebenfalls versprochene Offenhaltung der Mädchenschulen und weiter möglichen Berufstätigkeit für Frauen. Stattdessen hatten sie sich verstolpert im Niemandsland allgemeiner Ablehnung.

Das einzig Große, was sie geschafft hatten, war, dieses von Fehden, Rassismus und Rachedurst zerfressene Land zur Ruhe zu bringen und diese Abwesenheit von Krieg (»Frieden« wäre ein zu euphemistisches Wort) auch zu bewahren. Nur nahm das von außen fast niemand wahr. Während sie selbst ratlos schienen, was sie mit diesem kostbaren Zustand anfangen sollten. Der jedoch währte nun schon länger, als die Skeptiker vermutet hatten. Aber auf Dauer würde das befriedete Land ohne Existenzgrundlage nicht friedlich bleiben.

Bis auf Weiteres würde keine Armee der Welt in Afghanistan einmarschieren. Aber die diskrete Infiltration aus Pakistan und der fortwährende Terror, der fast immer freitags in den Städten zuschlug, ließen die Angst nicht weichen. Schon im März erzählte uns ein geflohener afghanischer Sicherheitsanalyst, der jahrelang die Ostprovinzen beobachtet hatte, von der Rückkehr der ISK-Kämpfer in die unzugänglichen Berge von Kunar und Nuristan, denselben Gegenden, in denen sie sich zuvor schon ausgebreitet hatten. Jenseits des reinen Terrors würden sie dort bereits wieder beginnen, Dörfer und Täler unter ihre Kontrolle zu bringen. So hätten es ihm seine Quellen erzählt, von denen inzwischen aber viele nach Pakistan, Iran oder zumindest in andere Landesteile geflohen waren. Waren das Schauergeschichten, Übertreibungen von Taliban-Gegnern? Oder stimmte es, und die Taliban unterdrückten jede Berichterstattung? Mit ihren Repressalien gegen halbwegs unabhängige Journalisten hatten sich die Taliban jedenfalls keine Stille erkauft, sondern eine wuchernde Gerüchtewelt bekommen, kursierten Geschichten über Serienmorde an Frauen, verkaufte Babys und Sexsklavinnen von Taliban-Kämpfern im Netz, ohne Belege, aber auch ohne Korrektur.

Auf nach Nuristan also. So weit wir kämen. Falls wir diesmal überhaupt hineindürften.

KAPITEL 16

Wohin nur mit dem Antilopengott?

Provinz Nuristan; Juni 2006, Oktober 2021, Mai 2022

Sein Großvater sei ein wilder Krieger gewesen, erzählte der alte Chan Mohammad im Halbdunkel seiner Diele. Jahrelang hatte der gegen die Muslime gekämpft, die seit jeher immer wieder ins schmale Hochtal einfielen, habe sein Haus zur Festung ausgebaut, Keller um Keller in den felsigen Boden gehackt, Getreide und Wasser für Monate, Jahre der Belagerung gebunkert. Bis der organisierte Feldzug des »eisernen« Emirs Abdurrahman Chan aus Kabul 1895 schließlich die gesamte Bevölkerung des Tals unterwarf und seine Truppen anschließend nur jene verschonten, die dem alten Glauben abschworen. Dann ließ der Eroberer der östlichen Täler und Bergfesten die Provinz umbenennen: Aus Kafiristan, dem Land der Ungläubigen, wurde Nuristan, das Land des Lichts.

Gegen den Islam hatten sich im abgelegensten Bergland Afghanistans noch bis vor 120 Jahren die Bewohner verbissen zur Wehr gesetzt. Hier, im äußersten Osten des Landes, lebten sie in einer anderen, uralten Welt voller Götter, die in Felsen, im Wasser den Flüssen oder in heiligen Bäumen hausten und als geschnitzte Antilopenköpfe oder Reiter mit Helm verehrt wurden. Ender hieß ihr wichtigster Gott im Westen der Berge, Keti wurde nur ein paar Täler weiter im Norden verehrt. Indra war der Gott des Weins, den die Patriarchen der Familien bei hohen Festen aus Silberpokalen tranken, die in Nuristan geschmiedet und als kostbare Mitgift vererbt wurden.

Chan Mohammad sah das alles gelassen. Seinen Vollbart hatte er im Stile frommer Muslime mit Henna orange gefärbt. Seine fünf täglichen Gebete verrichte er gewissenhaft, beteuerte er. Aber seinen Keller dürften wir trotzdem sehen, sagte er nach kurzem Nachdenken, weil ein alter Freund von ihm mich hergebracht hatte. Er entflammte einen Kienspan aus Zedernholz und stieg eine erste Treppe hinab. Und dann eine zweite. Schließlich eine dritte. Der eingeschossige, geduckte Bau war dreigeschossig unterkellert und voller riesiger, aus dem Stein gehauener Vorratsbecken. Ein paar der Stützbalken im untersten Geschoss trugen die Gesichter von Antilopen. Ihre Züge warfen bewegte Schatten im flackernden Licht. »Je nun«, hob der Hausherr die Arme. Sein Großvater habe bis zu seinem Tod die Heiligenfiguren verehrt, und auch wenn er nun ein guter Muslim sei: Man sollte Göttern kein Leid antun. Jedenfalls nicht im untersten Kellergeschoss. Eine Art Rückversicherung bei höheren Mächten. Draußen schrie ein Adler.

Chan Mohammads Dorf Aschtiwi war das letzte im Tal von Parun, wo an den Hängen Wacholderbüsche wuchsen, deren Früchte niemand erntete und an dessen Ende ein Geisterwald lag, in den kein Hirte mit seinen Tieren ging. Riesige Bäume wüchsen dort in seltsamen Verschlingungen und Formen, »alle hatten Angst, ihr Vieh dort grasen zu lassen«, erzählte der Herr der Keller. Auf Friedhöfen am Wegrand ragten stilisierte Pferdeköpfe, aus Stein gemeißelt und flechtenüberwachsen, bis zu zwei Meter hoch über alte Gräber hinaus. Die Orte der Toten waren das lebendigste Glied zur Vergangenheit. Die Legende hielt sich, dass das Vorbild für diese Stelen jene Tiere gewesen sein mussten, die einst mit den Heeren Alexanders des Großen nach Afghanistan gekommen waren.

Wenn Afghanistans Ruf darin bestand, unzugänglich, archaisch und wehrhaft zu sein, dann war Nuristan gewissermaßen das Afghanistan Afghanistans: so schroff und bergig, dass sein zentrales Tal von Parun überhaupt erst seit 2005 durch eine Piste mit dem Rest des Landes verbunden war. Seit Emir Abdurrahmans Eroberungszug hatten keine fremden Heere mehr Nuristan besetzt: weder die Sowjettruppen noch die Taliban, die sich in den 1990er-Jahren mit dem Wissen zufriedengegeben hatten, dass hier Muslime lebten. Auch die Amerikaner hatten versucht, Nuristan einzunehmen, und waren gescheitert. Die afghanische Armee versuchte gar nicht erst, über den Hauptort Parun hinaus präsent zu sein.

Oben in der Diele von Chan Mohammads Haus stand ein dreibeiniger, reich verzierter Holzstuhl, der mir bekannt vorkam. Genau so einen hatte die »3. Dänische Zentralasien-Expedition« 1953 oder 1954 in diesem Dorf fotografiert und später in einem ihrer Berichte abgedruckt, die ich kannte aus meinen Recherchen über die Schnitztraditionen der Gegend. »Ja, die Dänen waren hier«, erwiderte Chan Mohammad lakonisch: »Da war ich noch ein kleiner Junge und schaute gebannt auf ihr riesiges Tonbandgerät, das sie aufgebaut hatten, um aufzunehmen, was die Leute von früher erzählten.«

Den Stuhl hätten sie damals auch fotografiert. Er stehe immer noch da, wo er vor 50 Jahren gestanden habe.

Es war meine erste Reise nach Nuristan Ende Juni 2006. Ich ahnte nicht, dass es für lange Zeit auch die letzte sein würde. Schon damals hatten die Sicherheitsleute im Büro der UNAMA-Mission in Asadabad, der Hauptstadt der benachbarten Provinz Kunar, dringend davor gewarnt, nach Nuristan zu fahren. Die Nadelöhre der Täler auf dem Weg dorthin seien längst unter Kontrolle der Aufständischen. Man sollte besser den Hubschrauber nehmen. »Die warnen einen immer«, sagte anschließend Mohammad Isa Wahdat. Er war Nuristani, aber lebte in beiden Welten, sprach fließend Englisch und vermittelte zwischen den Gemeinden in den Bergen und ausländischen Hilfsorganisationen, welche Projekte sinnvoll und vor allem umsetzbar seien. Ein hochgewachsener, charismatischer Emissär der Vernunft aus einer angesehenen Familie, der sich zwischen den Fronten bewegte im Dienste kleiner Wasserkraftwerke für Dörfer, die noch nie Strom gehabt hatten, und Krankenstationen, die auch winters offen blieben. Für ihn war es nicht ohne Risiko, mich mitzunehmen. Andererseits fand er, dass seine Heimat mehr Aufmerksamkeit verdiente.

Mein Bart war lang, Paillettenkappe, Schalwar Qamiz und die traditionellen über Kreuz genähten Ledersandalen ließen mich unauffällig aussehen. Solange ich nicht den Mund aufmachte. »Du sitzt in der Mitte, heißt Sardar und schweigst, egal, was passiert«, war seine knappe Ansage. Also quetschte mich das Team in die Mitte der Doppelkabine ihres höher gelegenen Allrad-Pick-ups.

Im Morgengrauen ging es durch das erst breite, immer steiler und schmaler werdende Tal des Petsch-Flusses los nach Westen. Jede freie Fläche des fruchtbaren Talbodens war mit kleinen Weizenfeldern bebaut, die nun schon abgeerntet wurden. Ein friedliches Bild, das täuschte. Keine fremden Heere hatten das Tal erobert, sondern Fußgänger, kleine Gruppen von Radikalen, waren aus Pakistans Koranschulen herübergekommen, oftmals die erwachsenen Söhne einst geflohener Familien. Ihr Gepäck waren Predigten wider alle ungläubigen Einflüsse der amerikanischen Truppen, aber ebenso der Regierung in Kabul und sämtlicher Ausländer.

Auf einigen Lehmdächern während der ersten Kilometer des Weges saßen Männer mit Mobiltelefonen in der Hand, später, als das Netz erlosch, einmal einer mit einem Funkgerät. Unbehelligt kamen wir durch, und als der Nachmittag sich neigte, die Schotterstraße nach Norden abbog und einem Geröllbett wich, entspannten sich Wahdats Züge: »Hier ist Nuristan. Hier ist mein Land. Hier ist es sicher.« Eine Woche blieben wir im winzigen Hauptort Parun, fuhren hoch bis Aschtiwi, sahen Murmeltiere, Hirten und, überaus optimistische Vorhaben, zwei hölzerne Rohbauten geplanter Touristenhotels.

Die Männer im Parun-Tal erzählten von alten Göttern und der Hoffnung auf neue Projekte, Brücken, Straßen, kleinen Wasserkraftwerken. Die Frauen waren stumme Wesen, die sich abwandten, wenn ich auf den Fußpfaden auch nur in ihre Nähe kam. Allzu weit aber, warnte Wahdat, sollten wir uns nicht abseits der Hauptwege in die Berge vorwagen. Es war sein Land, gewiss, und Parun war sicher. Es gab auch keine Überfälle auf die einzige Straße. Aber trotzdem war da immer eine Furcht spürbar, mal stärker, mal schwächer, vor den anderen. Seien es Taliban, Radikale anderer Gruppen, feindselige Dörfler. Die Grenzen des Wagbaren waren selten sichtbar. Aber sie waren da und würden fortan dem Regierungsgebiet immer näher kommen. Im Sommer 2006 war das Tal von Parun das Äußerste des Möglichen.

Danach versank ganz Nuristan für anderthalb Jahrzehnte im Nebel der Unerreichbarkeit. Erst waren die Taliban gekommen, dann weitere Radikalengruppen wie Laschkar-e Taiba, die außer in Grenznähe zu Pakistan nirgends sonst in Afghanistan Fuß fassen konnten. Gruppen, deren Anführer vielfach Pakistaner waren, die nun in den abgelegenen Tälern missionierten mit ihrer Botschaft vom Dschihad gegen alle und jeden.

Im Sommer 2010, demselben Jahr, als die Amerikaner das Korengal-Tal aufgaben, war eine Gruppe von Ärzten der christlichen »International Assistance Mission« (IAM) für drei Wochen von Norden nach Nuristan aufgebrochen, um jenen Menschen medizinische Hilfe zu bringen, die sonst keine bekämen. Sie taten das seit Jahrzehnten immer wieder. Unter Führung des New Yorker Augenarztes Tom Little, der seit den 1970er-Jahren in Afghanistan gearbeitet hatte, waren im zwölfköpfigen »Nuristan Eye Team« auch eine auf Geburtshilfe spezialisierte Chirurgin, ein Zahnarzt und eine deutsche Übersetzerin für die Patientinnen. Die Gruppe hatte sich seit Jahren enge Kontakte zu den Dorfältesten und Clan-Oberen in Nuristan aufgebaut, die für ihre Sicherheit garantierten. Nie war ihnen etwas zugestoßen. Wer sollte auch etwas gegen die Einzigen haben, die tagelange Strapazen über bergige Geröllpisten auf sich nahmen, um Menschen vor dem Erblinden, Mütter vor dem Tod bei einer komplizierten Geburt zu retten?

Doch als sie Anfang August 2010 auf dem Rückweg nach

Norden an der Grenze zur Nachbarprovinz Badachschan waren, wurden sie bereits erwartet: Ein Killertrupp hatte drei Schusspositionen in den Felshängen an einer Furt errichtet. Die Männer hielten den Konvoi an und ermordeten alle Mitfahrenden ohne Zögern – bis auf einen Afghanen, den sie verschleppten, die Plünderbeute zu tragen, und nach Tagen freiließen. Warum sie die Ärzte ermordeten? Es gab keinen Grund, außer dass sie die einzigen Fremden waren, die man hier ermorden konnte. Sonst kam ja niemand. Erst übernahm Taliban-Sprecher Zabihullah Mudschahid mit einer Lügenversion von missionierenden Spionen, die man umgebracht habe, die Verantwortung für das Massaker. Doch lokale Taliban-Führer protestierten vehement, sie seien es nicht gewesen. Niemals hätten sie den bekannten Ärzten und der Ärztin ein Haar gekrümmt!

Das Geld, einige Ausrüstungsgegenstände und mindestens ein Satellitentelefon hatten die Killer mitgenommen in ihr Dorf nahe dem Ort Barg-e Matal. Das ließ sich rekonstruieren, denn sie benutzten das Telefon: als örtliches Fernsprechamt, über das die Dörfler gegen Gebühr telefonieren konnten. IAM zahlte noch monatelang die Rechnung, um die Spur nicht zu verlieren. Ich kam zwei Monate später von Norden an den Tatort (aber nicht weiter), recherchierte in den bitterarmen Dörfern entlang der Route.

Aus den Berichten von dort und Ermittlungen der überwachten Telefonate stellte sich heraus, dass aufgehetzte Dörfler unter dem Befehl eines pakistanischen Laschkar-e-Taiba-Mannes die Ärzte erschossen hatten. Doch wie sollten die Mörder festgenommen werden in einer Gegend, in die sich nicht einmal die US-Armee traute? Die Täter wurden nie gefasst, nie zur Verantwortung gezogen. Wer in den

Dörfern an den Augen erkrankte, konnte fortan nur warten, bis er von selbst genas oder erblindete.

Nuristans Täler und Dörfer waren so fern, als seien sie Romanerfindungen. Orte wie Barg-e Matal, Kamdesch, das Korengal-Tal, fast die gesamte Provinz tauchten jahrelang höchstens in den körnigen Aufnahmen der Helmkameras amerikanischer Soldaten auf, die einige winzige Basen errichtet hatten, per Hubschrauber versorgt wurden und sich erbitterte Kämpfe mit unsichtbaren Kontrahenten lieferten, ohne die Gegend je unter ihre Kontrolle zu bringen. Im Juni 2021, zwei Monate vor dem Untergang der alten afghanischen Regierung, war Asadabad die absolute Endstation für westliche Ausländer: »Viel zu gefährlich«, hatte der damalige Gouverneur in seinem festungsartig bewachten Amtssitz unsere Fragen nach Weiterfahrt beschieden.

Doch mit dem Blitzsieg der Taliban im August 2021 war auch der Weg nach Nuristan offen. Nun war Asadabad nicht mehr das Ende, sondern Zwischenstation, auf einen geländegängigen Pick-up umzusteigen. Wenige Kilometer hinter der Stadtgrenze begann die alte Felspiste entlang wechselnder Flüsse hoch in die Berge. Der »Nuristan-Highway«, von dessen Bau die Regierenden jahrelang stolz erzählt hatten, er war irgendwo verschwunden im schwarzen Loch der Korruption.

Wir waren erst spät im Oktober endlich dazu gekommen hinzufahren. Zu spät, um lange bleiben zu können. Denn nach einem Tag dort setzten Schneefälle ein, steckten wir fest im Morast, in eisiger Kälte und den Warnungen, dass die Taliban alle Straßen zwar kontrollieren, im Winter aber vermutlich nicht räumen würden. Es reichte dennoch für eine Überraschung: Über Parun, dem immer noch dorfartigen

Hauptort, den die Kabuler Regierung seit Jahren fast nur noch per Hubschrauber erreicht hatte, wehte weiterhin prominent die schwarz-rot-grüne Trikolore der afghanischen Nation. Militärischen Widerstand hatte auch in Parun niemand geleistet. Die Taliban waren in einigen Pick-ups vorgefahren, der Gouverneur war bereits geflohen, sein Vize hatte kapituliert.

Aber beliebt waren die neuen Machthaber deswegen nicht. »Die Taliban mögen uns nicht«, sagte der Mann, den alle nur »Ingenieur Mandal« nannten, der im gewählten Ortsrat saß und den die Taliban bislang in Ruhe ließen. Mandal sprach furchtlos über die neue Zeit: »Sie haben uns nie gemocht. Wir sie auch nicht. Wir hatten nichts gegen die alte Regierung, auch wenn die hier nie viel für die Menschen getan hat. Aber wir bräuchten Ruhe und Entwicklung.« Im Herzen der berüchtigten Aufstandsprovinz saßen staatstreue Pragmatiker? Die Zuschreibung der Provinz sei ungerecht, fand Ingenieur Mandal. Was die Leute in ihren Dörfern wirklich glaubten und wollten, »das hat im Rest der Welt, ja selbst in Kabul niemand mitbekommen. Alle Zufahrtswege waren in der Hand der Taliban, von al-Qaida und anderen Gruppen, die uns manchmal monatelang die Durchfahrt verwehrten.« Mandal war für die Menschen in Parun eine kleine Berühmtheit, weil er mit einigen Cousins und Freunden 1984 mitten im Krieg die allererste, winzige Wasserturbine mit Maultieren aus dem pakistanischen Chitral über die Berge ins Tal gebracht hatte, um dort ihren eigenen Strom zu produzieren. Mittlerweile gab es ein kleines Wasserkraftwerk flussaufwärts, und die Hütte, in die wir uns zum Gespräch zurückzogen, war bullig geheizt. Mit Strom.

Anderntags würden wir nach Kabul zurückkehren, um

nicht stecken zu bleiben im wunderschönen Tal, wo die Zedern immer noch bis an den Ortsrand von Parun reichten. Es war gerade noch genügend Zeit, hoch nach Aschtiwi zu fahren, das letzte Dorf am Talende. Zu schauen, was aus Chan Mohammad und den Antilopengöttern in seinem Keller geworden war. Von den Berggraten blendete das Weiß des frisch gefallenen Schnees, aprikosengelb leuchtete das Herbstlaub der Birkenwäldchen am Fluss, dazwischen lag das Grün der Wiesenhänge. Afghanistan mangelte es an vielem, aber es war maßlos gesegnet mit spektakulären Tälern. Und dieses war eines der großartigsten.

In Aschtiwi waren viele Menschen auf den Beinen, rannten kleine Jungen und Mädchen zum Vorplatz der Moschee, wo der Fahrer eines kleinen Lastwagens Säcke voller Bohnen und Walnüsse auf die Ladefläche wuchtete und offenbar etwas Faszinierendes dabeihatte. Jedenfalls für die Kinder, die ihn belagerten. Einmal im Jahr, so sagten die Erwachsenen, komme er im Herbst für einen Tag, ihnen die Ernte von Nüssen und einer bestimmten begehrten Bohnensorte abzukaufen. Dann brachte er Bonbons mit. Er gab sie den Kleinen, die sie johlend hochhielten, einander abjagten, mit Freunden teilten und anschließend in ihren Taschen verschwinden ließen. Fast niemand wickelte eines aus und aß es einfach.

Stunden nach dem Bohnenaufkäufer wurde auch noch der Konvoi des WFP erwartet, der Mehl, Zucker und Öl für die Bedürftigen, also die Mehrheit der Bewohner, brächte. Es war zu viel Trubel, diskret nach Chan Mohammad zu suchen, ihn gar zu Hause zu besuchen. Ein paar Männer vom Ortsrat, der auch hier weiterhin die Geschicke bestimmte, brachten den mittlerweile Uralten stattdessen zum

Moscheeplatz. Er freute sich und beteuerte, sich noch an den Besuch damals zu erinnern. Dann wollte er schon wieder gehen. Vorsichtig fragte unser Übersetzer in letzter Minute, ob wir mitkommen könnten.

»Nein«, sagte er. »Der Keller?«, fragten wir vorsichtig nach, doch so schmerzhaft, wie er nun schaute, war das Geheimnis seines Kellers inzwischen kein Geheimnis mehr. Was, wenn jemand die Taliban informierte? Wer wusste, wem er in diesen Zeiten noch trauen konnte? Es war ein Fehler gewesen zu fragen, aber nun hatten wir es ausgesprochen. Chan Mohammad schaute bedrückt in die Runde. Räuspern. »Ach, der Keller«, bemühte er sich um einen gelassenen Tonfall: »Da bin ich schon Jahre nicht mehr runtergestiegen.« Pause. »Manchmal stelle ich mich an die Tür und pisse von oben rein.« Den Stuhl, der ein halbes Jahrhundert lang nicht bewegt worden war, den habe er auch weggeschmissen. Alle lachten erleichtert. Chan Mohammad verabschiedete sich und trippelte zurück nach Hause. Auch wir brachen auf, begleitet vom schlechten Gewissen, den alten Mann unbedacht in diese kompromittierende Lage gebracht zu haben.

Über den Winter und im zeitigen Frühjahr kamen die Gerüchte auf: Die Radikalen, die im vergangenen Spätsommer wie vom Erdboden verschluckt gewesen waren, seien zurückgekehrt nach Kunar und Nuristan. Ihre Kämpfer hätten sich in manchen Tälern nahe der Grenze nach und nach bereits wieder festgesetzt. In Parun widersprachen unsere Kontakte dem am Telefon: Alles sei ruhig. Aber wie es ein paar Täler weiter aussehe, wisse man nicht, jedenfalls nicht jetzt im Winter, wo die Bergpfade meterhoch verschneit lagen. Die Taliban wiederum hatten mittlerweile die afghanischen

Medien so verfolgt und eingeschüchtert, dass nicht mehr viel zu hören war aus weiten Teilen des Landes. Was stimmte?

Als der letzte Schnee im Mai endlich geschmolzen war, kamen wir wieder, beantragten bei der stetig komplizierter werdenden Taliban-Bürokratie in Kabul die Akkreditierung für Nuristan. Wir bekamen sie umstandslos. Auch auf der Holperpiste ins nunmehr grün erblühte Tal schauten die Taliban-Posten nur kurz ins Auto, wirkten entspannter als ein halbes Jahr zuvor. Bauern und Händler waren wieder unterwegs über die Gebirgspässe, erzählten von der Lage in den entfernteren Tälern. Aber nirgends waren die Dschihadisten vom »Islamischen Staat« zurückgekehrt, hatten gar Gebiete wieder zurückerobert. Die Gerüchte stimmten nicht. Die Taliban beherrschten nun auch die so lange unbeherrschte Provinz. Wo immer wir hinwollten, hielt uns niemand auf, waren sogar weniger Bewaffnete unterwegs als in anderen Provinzen.

Im einzigen geöffneten Hotel Paruns stapften drei Bewaffnete, die sich als die örtlichen Geheimdienstler vorstellten, morgens um sieben schwerbewaffnet in unser Zimmer und entschuldigten sich lächelnd für die Störung. Pässe, Zettel, Ausweise, alles wurde fotografiert, dann zogen sie wieder ab. Nach zwei Stunden aber kamen sie wieder: Das mit dem Abfotografieren habe nicht ganz geklappt, sie müssten es wiederholen.

Weitere drei Stunden später, wir waren bereits aufgebrochen, kam eine zweite Delegation, die sich dem Hotelbesitzer als Zuständige vom örtlichen Geheimdienst vorstellten und nach uns suchten, nur waren es andere als vorher. Dann kamen abends noch mal die Ersten und reagierten höchst irritiert auf die Nachricht von den anderen, fragten uns aus, wie die ausgesehen hätten, was wir aber ja auch nicht wussten. »Wir sind hier die einzigen Zuständigen«, empörte sich ihr Emir. Wenn die anderen wiederkämen, sollten wir sofort zum einzigen Restaurant des Orts kommen, da säßen sie meistens, und ihnen Bescheid geben! Allerdings kamen die anderen nicht noch einmal. Die Qualität geheimdienstlicher Überwachung in diesem winzigen Ort mochte fragwürdig sein, ihre Quantität war erstaunlich.

Auf den ersten Blick schien die Armut in Parun geringer als in anderen Gegenden. Es hatte geregnet, seit dem Winter fast überall in Afghanistan und hier noch einmal mehr. Die Gefahr einer erneuten Dürre war vorerst abgewendet. Die Regale der paar Läden waren gefüllt. Strom produzierten die Dörfer selbst mit ihren Turbinen am Fluss.

Erst am zweiten Abend im besagten Restaurant, etwas abseits von Geheimdienstgruppe A, die bereits vertraulich grüßte und noch mal nach der Konkurrenz fragte, begann ein Handlungsreisender aus Chost, tiefer im Süden, von der Not hinter der Normalität zu erzählen: »Wir exportieren Pinienkerne«, ein so begehrtes Gut, dass die Bauern schon vor der Ernte eine Anzahlung bekamen. »Früher konnten wir die in alle Welt exportieren, da gab es Handelsabkommen. Aber seit die Taliban wieder herrschen, sind die Grenzen dicht. Uns bleibt nur der Schmuggel nach Pakistan, für einen Bruchteil des Preises.« Außerdem würden die Taliban mehrfach Steuern auf dieselben Güter erheben: Die Bauern müssten »Uschr«, den Zehnten der Ernte, abgeben, die Händler müssten weitere Abgaben zahlen. Auch andere Gäste klagten nach und nach über immer neue, rigoros eingetriebene Abgaben.

Ein paar Tage später, als wir mittags dort saßen, erhob

sich Geschrei am Geflügelstand auf dem Basar gegenüber. Ein Bauer war mit dem Pick-up gekommen, die Ladefläche voller kleiner Holzkäfige, um seine Hühner beim Händler zu verkaufen. Zwei Taliban mit einer Waage neben ihm bestanden darauf, jedes Huhn einzeln zu wiegen, nickten manche ab, schüttelten bei anderen den Kopf. Es war die »Marktaufsicht« der neuen Machthaber, deren Vertreter nun nachprüften, ob jedes Huhn auch das neuerdings vorgeschriebene Verkaufsgewicht von 800 Gramm habe. Jene Vögel, die darunter lagen, wanderten zurück auf den Wagen. Verzweifelt barmte der Bauer, der Händler möge ihm einfach ein paar Afghani weniger geben, aber er wolle die Hühner doch nicht wieder mitnehmen! Die beiden Bärtigen von der »Marktaufsicht« aber blieben unerbittlich. Außerdem müsse der Mann eine Gebühr zahlen für das widerrechtliche Inverkehrbringen untergewichtigen Geflügels. Das ganze Land stürzte in die Armut, und die Taliban maßen jedes Huhn.

Was wir in Nimruz erlebt hatten, die Gebühren der Taliban für den Menschenschmuggel nach Iran, manifestierte sich in den absonderlichsten Formen nun überall. Einen wirtschaftlichen Masterplan hatten die Taliban immer noch nicht. Stattdessen waren sie auf das Naheliegendste verfallen, worin sie schon Übung besaßen: Steuern erheben! Auf alles! Sie besteuerten die Ernte. Die übrig gebliebenen Firmen, die noch produzierten. Die Ladenbesitzer. Sie verlangten sogar rückwirkende Zahlungen, denn viele Geschäftsleute hatten früher lieber Schmiergelder gezahlt, besaßen aber nun keine Quittungen für die Vorjahre. Immer neue Abgaben fielen den Taliban ein: Für die Straßenbenutzung hatten wir schon im Herbst für unsere 200 Afghani kleine

Quittungszettel bekommen. Für den Besitz eines Hauses, eines Stückchen Lands, ja für die schiere Existenz als Haushalt musste nun bezahlt werden, ebenso für den Besitz eines Autos, Motorrads, selbst eines Fahrrads. In Kabul kassierten sie eine neue Gebühr von den Tagelöhnern, die parkende Autos bewachten, respektive übernahmen sie gleich selbst deren Jobs. Was aber wenig änderte am Dilemma, ein dramatisch geschrumpftes Budget lediglich umzuverteilen. Afghanistan ging wortwörtlich das Geld aus: Selbst in den größten Wechselbüros Kabuls, die weitgehend den Platz der Banken eingenommen hatten, bekam man nur noch uralte, zerfledderte Afghani-Scheine. Neue gebe es nicht mehr, hieß es überall bedauernd. Die Scheine seien im Ausland gedruckt worden, und es kämen keine mehr, auch die Zentralbank verteile nur die abgenutzten Scheine.

Tagsüber, in den Bergwäldern rund um Parun, trafen wir immer wieder auf Fremde aus anderen Provinzen, die unterwegs waren auf der verzweifelten Suche nach irgendeiner Einnahmequelle: »Ich will Murmeltiere jagen«, sagte ein junger Mann mit einer Flinte, die vor allem von Klebeband zusammengehalten wurde. Murmeltierfett sei gut gegen Rheuma, er habe schon Abnehmer dafür in seiner Heimatstadt Dschalalabad. Nur waren es noch mehrere Tagesmärsche bis ins Hochgebirge, und er hatte nicht einmal einen Schlafsack dabei. Traurig nickend murmelte er, dass er auch noch nie ein Murmeltier gesehen habe. Aber was sollte er sonst machen?

Neben ihm lief ein Freund, der in den Bergen nach Edelsteinen suchen wollte. Nach was für welchen, wusste er auch nicht genau, aber hatte gehört, dass es weiter oben welche geben sollte. Falls das scheiterte, wollte er sich den Goldsuchern anschließen, die sich zu Tausenden weiter nördlich im Hindukusch entlang der Flussufer niedergelassen hatten. Dort zogen sie immer weiter ins Hochgebirge, den nachsetzenden Steuereintreibern der Taliban zu entgehen.

Die großen Dramen Afghanistans, sie erreichten Nuristan in ihren Ausläufern. Der Staat war auch schon vorher kaum präsent gewesen. Ein Mobiltelefonnetz gab es jenseits der Ortsgrenze von Parun nicht. Eine Oberschule für Mädchen habe hier nie existiert, sagte ein Grundschuldirektor im Bezirk Kamdesch im Norden der Provinz, und könne nun von den Taliban auch nicht geschlossen werden. Nicht, dass die Dinge sich zum Besseren gewendet hätten, seufzte er. Nur gut seien sie auch vorher schon nicht gewesen.

Doch manches wandelte sich auf unerwartete Weise. Wir stießen zufällig darauf, in jenem einzigen Restaurant, wo alle Wege zusammenliefen. Erst kam ein junger Talib und forderte alle Gäste auf, zum Beten in die Moschee zu kommen. Ein kurzer Wortwechsel mit dem Wirt, danach rief er: »Gut, wer nicht isst, muss beten gehen.« Alle aßen, auch der Taliban-Kommandeur eines Nachbarortes. Niemand ging. Erst recht nicht die Runde von Stammesältesten, die im Separee des Restaurants offenbar heikle Verhandlungen führte. Es gehe um Krieg und Frieden, sagte der Wirt und wirkte dabei erstaunlich entspannt. Der Taliban-Chef von Kamdesch sitze dort mit zwei Stammesdelegationen der Kamdeschis und der Kuschtozis, deren mörderische Fehde zurückreichte bis in die Mitte der 1990er-Jahre. Parun sei als neutraler Ort gewählt worden.

Der Rest der Welt hatte in den vergangenen 20 Jahren von Afghanistan nur den Krieg der Taliban gegen die Truppen des Westens und die Regierungen in Kabul wahrgenommen.

Doch darunter lagen und liegen bis heute zahllose kleine, nicht minder tödliche Kleinkriege, Fehden nicht um die Frage, wer den Staat beherrschte, sondern darum, wem die Weiden, Wälder und das Wasser gehörten. Wie in Kamdesch, wo sich beide Seiten nicht einigen konnten, wer welches Anrecht besaß auf die größte Quelle im Tal.

Eigentlich gab es genug Wasser für alle. Aber die beiden Stämme hatten sich nicht einigen können, wie es aufgeteilt werden sollte, waren über Lappalien eigenmächtig gebauter, von anderen beschädigter Leitungen in einen Streit geraten, dem bald die ersten Hirten durch Schüsse zum Opfer gefallen waren.

In einer Nacht des Frühsommers 1997 hatten die Kamdeschis alle Angehörigen des kleineren Stammes vertrieben, mehr als 1000 Menschen. 25 Jahre Guerillakrieg folgten, Kuschtozis kamen zurück und verminten die Wasserkanäle. Immer wieder gab es Gefechte, Hunderte starben, Hunderte wurden verstümmelt. Es war ein Krieg im Krieg, unlösbar, solange überall in den Bergen gekämpft wurde. In Nuristan hatten sich schon früher ganze Dörfer gegenseitig über Jahre beinahe ausgerottet im Streit um Wasserquellen.

In Kamdesch hatten über die vergangenen zweieinhalb Jahrzehnte beide Seiten schwer gelitten. Das Ende des großen Krieges nun eröffnete die Möglichkeit, auch diesen kleinen Krieg beizulegen. Die letzte Runde der Unterhändler tagte im Separee und fand am Nachmittag darauf zu einer Einigung. Monatelang hatte es gedauert, erzählte Mohammad Tahir Hanafi anschließend, der Taliban-Chef von Kamdesch. Er war nach Kabul und Dschalalabad gereist, um die Vertriebenen zu treffen. Dann musste geklärt werden, wer zurückkehren durfte, wie ein Komitee zusammengesetzt werden sollte, die Wasserverteilung künftig zu regeln. Alles festgehalten auf Zetteln, die sein Sekretär in einer altmodischen Aktenmappe stetig hinter ihm hertrug.

In einer unspektakulären Zeremonie mit Limonade und kurzen Ansprachen wurde im Garten des Gouverneurssitzes die Einigung besiegelt. Dass es just in diesen Tagen geschah: Zufall. Dass es überhaupt geschah: vielleicht auch Glück. Hätte einer der beiden Stämme zu den Todfeinden der Taliban gezählt, wäre es anders ausgegangen. Aber ohne diese Beilegung würde die Gegend anfällig bleiben für jeden Versuch der äußeren Einmischung, würde die unterlegene Seite jede Gelegenheit nutzen, aufzurüsten und in den Krieg der Rache zu ziehen. Wie in Korengal.

Auch im Hauptdorf von Kamdesch, zwei Tagesreisen nördlich von Parun, erzählten die Bauern und Hirten von ihrer Erleichterung, wieder ohne Angst in den Wald gehen zu können. Über Kamdesch, ebenso wie zuvor in Parun, flatterte noch hier und da die alte Flagge der Republik. »Offiziell haben wir uns den Taliban noch nicht unterworfen«, stellte Zakaria Musafir klar, der neue, erst 30-jährige Chef des Ältestenrates. Aber alles wurde verhandelt, niemand wollte Krieg. Selbst die Taliban-Schura im pakistanischen Quetta habe zugestimmt, dass die Männer von Kamdesch vorerst ihre Waffen behalten durften: »Die Hirten brauchen sie, wenn sie in die Berge gehen. Schon wegen der Wölfe.«

Von Kamdesch aus führte eine Piste weiter gen Norden, nach Barg-e Matal, ins letzte Dorf vor dem Hochgebirge. Erst ein einziger westlicher Ausländer sei vor uns hergekommen, sagten die Dorfbewohner. Hier hatten zwölf Jahre zuvor die Mörder des internationalen Ärzteteams das geraubte Satellitentelefon monatelang als örtliches Fernsprechamt genutzt, ein bisschen Geld zu verdienen. Immer noch gab es keinen Telefonempfang in Barg-e Matal, gab es stattdessen ein »public call office«, nur jetzt mit einem stationären Satellitentelefon betrieben. Von den möglichen Ursprüngen seines Fernsprechladens wisse er nichts, sagte der Besitzer. Er habe ihn erst vor Monaten übernommen. Männer hämmerten draußen an ihren Häusern, ein Zuckerwatteverkäufer wurde belagert von Kindern. Nichts war zu spüren davon, dass eine Bande mordender Bergbauern sich ein Dutzend Jahre zuvor hierhin unbehelligt zurückgezogen hatte.

In einer unwirklichen Umkehrung der Verhältnisse setzte sich auch in Barg-e Matal, wie zuvor in zwei anderen Orten Nuristans, nach einer Weile ein Mann zu uns auf den Boden des Dorfrestaurants, wo nur Teppiche und ein paar Kissen lagen. Er hatte offenbar darauf gewartet, dass die allgemeine Neugierde auf die Fremden nachließ und wir allein dasaßen. Er wollte etwas loswerden: »Ich habe mich hierher geflüchtet, war bei den Special Forces und mit den Amerikanern unterwegs«, bekannte er: »Hier war ich schon einmal mit US-Truppen, aber da hatte ich ja eine Sturmhaube auf. Hier kennt mich niemand.« Ein anderer erzählte, er sei beim Geheimdienst gewesen, ein dritter davon, bei der Armee im Süden gekämpft zu haben. Sie seien hier am Ende der Welt in Nuristan mit erfundenen Legenden untergetaucht und sprachen von der Hoffnung, irgendwie in die USA zu kommen. Sie beschworen uns, nichts weiterzuerzählen, und redeten sich um Kopf und Kragen. Aber warum erzählten sie uns das alles?, fragten wir entgeistert. »Weil ich mit irgendwem darüber reden *muss*!«, lautete die immergleiche Antwort: »Sie sind Fremde, Ihnen kann ich vertrauen. Sonst werde ich wahnsinnig.«

Nur ein paar Kilometer entfernt auf der schmalen Piste entlang des Flusses stießen wir auf zwei Pick-ups voller bärtiger Bewaffneter, die uns Zeichen gaben anzuhalten. Ihr hagerer Befehlshaber stieg aus. Der Geheimdienstchef von Barg-e Matal. Wer wir denn seien? Und was wir hier wollten?

Wieder holten wir die mittlerweile schon abgegriffenen Zettel und Briefe heraus, er las, seine Miene hellte sich auf: »Journalisten? Hier? Hervorragend, Sie sollten weiterfahren, in die Berge, nach drei Stunden kommt eine spektakuläre Hochalm«, er zückte sein Telefon und wischte durch eine Bildergalerie voller Picknickfotos mit seinen Schergen, die uns irritiert musterten.

Wie es weitergehen würde in Nuristan, das blieb unklar. Aber die Kontrolle selbst über diese so unbeherrschte Bergwelt, die seit 120 Jahren niemand mehr erobert hatte, besaßen die Taliban zweifellos. So, wie nun über das gesamte Land.

NACHWORT

Man dürfe Afghanistan jetzt nicht vergessen, enden pflichtschuldig viele der wenigen Berichte, die noch über das Land erscheinen. Was man der politischen Klasse und dem eigenen Gewissen halt gern ins Merkheft schreibt am Ende einer lange, leider korrekten Aufzählung der sich verschlechternden Zustände: dem fortschreitenden Ausschluss von Frauen und Mädchen aus Bildung und Berufen, ja selbst den Parks, dem verhängten Schleierzwang, den barbarischen Strafen und der wachsenden Verelendung aller Menschen dort.

Nur: Afghanistan hatte die Aufmerksamkeit der Welt.

20 Jahre lang schickte der reiche Norden Milliardensummen, Truppen, Aufbauhelfer an den Hindukusch. 20 Jahre lang führte er Krieg, starben mehr als 100 000 Afghanen, mehrere Tausend der ausländischen Soldaten. Bis heute ist der traumatisierte Kunduz-Veteran der Bundeswehr eine Größe im deutschen Filmschaffen.

Mehr Aufmerksamkeit geht kaum. Doch was hat sie gebracht?

Sie hat Afghanistan in eine Umlaufbahn geschleudert, die es nach 20 Jahren wieder dort aufschlagen ließ, wo es 2001 schon einmal stand. Beherrscht von den Taliban, gemieden vom weitgehenden Rest der Welt. Vermutlich wären sie

heute nicht mehr an der Macht, hätten sie nach 2001 weiter-
geherrscht. Das Handwerk des Regierens hat sie auch damals nur in den Teilen interessiert, in denen es um Macht,
Kontrolle, Gerechtigkeit ging. Aber wie Afghanistans Wirtschaft florieren, die Menschen ernähren, das Land An-
schluss an die Welt finden könnte – darauf haben sie selten
Antworten gesucht. Doch als Machthaber hätte die Realität
sie früher oder später gezwungen, sich zu ändern. Der
Mythos vom gottgewollten Widerstand gegen die eingerück-
ten Ausländer hingegen war der perfekte Nährboden ihrer
Wiederkehr.

Mit größter Aufmerksamkeit haben wir das Gegenteil unserer Intention erreicht.

Ein solches Scheitern sollte grundsätzliche Fragen aufwer-
fen: Was bedeutet dieses Fiasko mit Ansage für alle unsere
Interventionen in Ländern ähnlicher Zerrüttung, Fremdheit?
Welche Kräfte wecken wir mit unserem Eingreifen? Wissen
wir überhaupt, was wir tun? Und interessiert das die Ent-
scheidungsinstanzen in den Apparaten des Militärs, der zivilen Behörden der Entwicklungshilfe? Oder sind unsere mil-
liardenschweren Interventionen letztlich innenpolitische
Manöver auf fernen Benutzeroberflächen?

So sang- und klanglos, wie Ende 2022 der jüngste Bundes-
wehreinsatz in Mail abmoderiert wurde, spricht wenig dafür,
dass eine ehrliche Bestandsaufnahme unserer Fähigkeiten
stattgefunden hat.

Afghanistan wird nicht in Vergessenheit geraten. Es ist
dort längst angekommen. Schon in den Frühjahrsmonaten
2021, als der Absturz der Regierung in Kabul sich bereits
abzeichnete, verhielten sich die beteiligten deutschen Stellen

so still, als hofften sie, sich vor dem Kommenden wegducken zu können.

Die heutige Realität Afghanistans stellt die Regierungen in Berlin, Washington et al. vor ein Dilemma: Unternähmen sie mehr als das absolute Minimum humanitärer Nothilfe, müssten sie mit den Taliban verhandeln, deren Herrschaft über das gesamte Land anerkennen. Damit würden sie sich angreifbar machen. Also ignorieren sie Afghanistan, setzen die Politik der 1990er-Jahre fort, die Taliban-Regierung schlicht nicht anzuerkennen. Nur war das Land damals gespalten, beherrschten die Taliban nicht ganz Afghanistan, hatten den Nordosten nicht unterworfen. Seit Herbst 2021 aber kontrollieren sie die gesamte Fläche.

So opportunistisch es war, 20 Jahre lang Unsummen in den Selbstbetrug zu investieren, man sei auf dem richtigen Weg in ein demokratisches, friedliches Afghanistan, so opportunistisch ist es auch heute, den Staat und seine knapp 40 Millionen Einwohner zu ignorieren, indem man nicht einmal die sie beherrschende Macht anerkennt. Man muss die nicht mögen, aber erreicht so auch nichts für die weitere Entwicklung des Landes.

Zwar will niemand Afghanistan hungern sehen. Das UNO-Welternährungsprogramm und andere Organisationen versorgen immer größere Teile der Bevölkerung mit Grundnahrungsmitteln. Solange sie können, denn die schwindende Aufmerksamkeit schmälert auch ihre Mittel.

Darüber hinaus beschränkt sich die Hilfe auf schmale Einreiseerleichterungen für bedrohte Afghaninnen, Menschenrechtlerinnen, Journalisten, ehemalige Ortskräfte ausländischer Truppen – denen zu helfen geboten ist. Nur fehlen sie damit dem Land, das seit einem halben Jahrhundert immer wieder von jenen verlassen wurde, die es hätten verändern können.

Ansonsten wird Afghanistan gemieden in den Spitzen der Verwaltungen und Politik. Dabei wird dieses Wegschauen ausgerechnet durch die einzige große Errungenschaft der Taliban erleichtert: das ganze Land zu befrieden und ruhig zu halten – anstatt abermals in den Bürgerkrieg zurückzustolpern.

Schon der Wirtschaftstheoretiker John Maynard Keynes hatte am Ende des Ersten Weltkriegs Befriedung als Vorbedingung allen Aufbaus ausgemacht. Es könne, so Keynes damals, keine ökonomische Stabilität und langfristige Entwicklung geben ohne friedliche Konsolidierung.

Es ist ein kalter Frieden, die Taliban haben ihren Sieg mit Gewalt errungen. Sie haben ihn gehalten mit ihrer Kontrolle auch der entlegensten Täler. Diese große Chance macht es nun umso leichter, sie gleichzeitig zu ignorieren. Afghanistan ist aus den Hauptnachrichten verschwunden, taucht nur noch mit gelegentlichen Schreckensmeldungen auf.

Das Verhältnis zwischen dem Westen und den Taliban ist im Niemandsland der allseitigen Enttäuschungen stecken geblieben. »Wir sind doch ganz anders als früher, viel milder«, erzählten die Taliban-Unterhändler im katarischen Exil den ausländischen Diplomaten. Um anschließend vorgeführt zu werden von ihren Befehlshabern, die immer das letzte Wort haben, die Burka-Zwang und Schulschließungen für Mädchen dekretierten. Weniger brutal als vor 30 Jahren, aber doch zu barbarisch, um als Partner akzeptiert zu werden. Zumal die Tendenz in Richtung wachsender Unterdrückung geht.

So hermetisch die Taliban nach außen auftreten, seien sie

mitnichten, bilanzierte vor einer Weile ein Taliban-Richter in Ghazni, südlich von Kabul, der vergleichsweise offen in kleiner Runde sprach. Da sei die Fraktion, die klar gesehen habe, dass ohne fortgesetzte Hilfe aus dem Ausland ihr neues »Islamisches Emirat Afghanistan« wirtschaftlich ins Nichts stürzen werde. Das zu vermeiden, sei Sinn und Zweck der neuen Milde gewesen, die Einreiseerlaubnis für Journalisten, der versprochene (wenn auch nur bedingt eingehaltene) Verzicht auf Rache. Doch die Dividende sei ausgeblieben. Keine staatliche Anerkennung, keine Freigabe von im Ausland blockierten Staatsgeldern, keine Aufbauhilfe.

Und nun sehe sich die radikalere Fraktion am Zug, ihre Vorstellungen durchzusetzen: »Sie sagen, dafür haben sie 20 Jahre lang gekämpft«, so der Richter. Ihr Sieg habe sie dazu ermächtigt, das erbarmungslose Repertoire ihrer Vorstellungen von Rechtsordnung, die Verdammung der Frauen zur taubenblauen Unsichtbarkeit unter der Burka zu verwirklichen.

Vor aller Augen stürze das Land ins Elend, meinte der Richter weiter. Aber das halte die Hardliner nicht von ihrem Kurs ab, machten sie doch für die Misere das Ausland verantwortlich, das einfach seine Zahlungen eingestellt habe. Als ob Afghanistan ein ehernes Anrecht darauf besitze, vom Rest der Welt alimentiert zu werden. Die Taliban sind nicht weniger illusionistisch als ihre Gegner, nur anders. Ihre Niederlage vor 20 Jahren mündete in ihrer Rückkehr. Doch dieses Mal lässt ihr Sieg zerfallen, worüber sie gesiegt haben. Denn die Ausländer, die von den Taliban mit solcher Verve bekämpft wurden, hatten ja nicht nur die Armee, die Polizei, den Geheimdienst der afghanischen Regierung bezahlt, sondern letztlich auch deren Gegner über Schutzgelder finanziert. Nun fehlen die ausländischen Gelder, die zuvor drei Viertel des Staatsbudgets ausgemacht hatten. Es fehlt das Geld, es fehlen die Fachleute, es fehlt das Verständnis bei den Taliban, dass sie fehlen.

Nun, anderthalb Jahre nach ihrem jähen Sieg, haben die neuen Herrscher begonnen, das Zeitfenster zu schließen, das unsere Reisen und letztlich dieses Buch ermöglich hat. Akkreditierungen werden verweigert, Reisen verboten. »Lasst uns ins Ruhe«, sagte uns im Winter 2022/23 einer der Medienverantwortlichen im Informationsministerium. Im September 2021 hatte er seine stets raschen Antworten an mich und andere noch mit digitalen Blümchen dekoriert. Die Flitterwochen mit den Fremden sind also vorbei. Die Annahme, sich mit der Offenheit gegenüber Journalisten das Wohlwollen des Westens zu erkaufen, hat sich als Fehler erwiesen. Vielleicht hätte es anders kommen können, aber das Scheitern blieb stets die wahrscheinlichere Option.

Dennoch waren diese Monate eine faszinierende Zwischenzeit, eine Phase der Verwirrung, Erleichterung auch über das Ende des Krieges, ebenso der wachsenden Verzweiflung. Wir konnten sie erreisen, erleben in den fernsten Provinzen, die jahrelang unzugänglich gewesen waren – und bald wieder sein werden, wenn wir überhaupt nicht mehr ins Land kommen.

Es war ein Kaleidoskop der Stimmungen, und in der Rückschau mögen die Schilderungen bei aller Düsternis des Erlebten immer noch zu optimistisch erscheinen. Aber so war die Zeit. So habe ich, haben wir die Begegnungen, Situationen erlebt. Diese Reisen waren die großartige Chance, einmal den Menschen jenseits von Kabul und den anderen Großstädten eine Stimme zu geben. Wir konnten selbst recherchieren, was von all den Gerüchten über die Lage in Afghanistan stimmte. Wir konnten die Konturen der Taliban-Macht beschreiben, belegen: ihre immense Fähigkeit, das Land zu kontrollieren, zu beherrschen. Die Loyalität ihres Fußvolks, das vielfach auch nach einem Jahr kein Gehalt bekommt, während die Emire der Taliban in luxuriösen Geländewagen unterwegs sind. Ihre Ignoranz gegenüber dem wirtschaftlichen Kollaps und den Widersprüchen der eigenen Agenda. Denn ohne Ausbildung wird es bald keine Hebammen, Krankenschwestern und Ärztinnen mehr geben, die nötig wären, wenn Frauen nicht mehr von Männern behandelt werden dürfen. Wie die Taliban ihre rigide Geschlechtertrennung dann aufrechterhalten wollen, bleibt ihr unlösbares Geheimnis.

Vorläufig ist das »Islamische Emirat Afghanistan« ein internationaler Sozialfall mit Radikalenfahne geworden.

Doch das Elend wächst. Die Massenflucht, wie früher vor allem in die Nachbarländer Iran und Pakistan, funktioniert auch nicht mehr, strandet an den härteren Grenzen.

Den Taliban bleiben zwei Möglichkeiten, dem Druck ihrer zunehmend verzweifelten Bevölkerung zu begegnen: nachgeben, die eigene Ideologie preisgeben zugunsten ausländischer Hilfe. Oder mit aller Härte jeden Dissens unterdrücken, noch viel brutaler agieren, als sie es bislang tun. In der Lage dazu wären sie. Weit und breit existiert kein Gegner in Afghanistan, der es mit ihnen aufnehmen könnte. Von außen intervenieren wird auch niemand mehr.

Nur würde es langfristig das Einzige zerstören, was sie dem Land gebracht haben: Frieden, Ruhe. Sie haben den Anfang zu etwas geschaffen, mit dem sie seitdem nichts anzufangen wissen.

Nichts ist je zu Ende, kein Land, keine Geschichte, keine Straße. Auch die eiserne Herrschaft der Taliban wird auf Dauer so nicht funktionieren. Doch diesmal wird die Kraft zur Veränderung aus dem Inneren kommen müssen. Es wird an den Afghanen und Afghaninnen sein, durchzusetzen, wie sie leben wollen. Diese Perspektive ist düster. Aber ehrlicher, realistischer als die Appelle und Versuche der vergangenen 20 Jahre.

REGISTER

330

331

332

333

BILDNACHWEIS

DANK

Es könnte auch ein afghanisches Sprichwort sein: Wenn du schnell gehen willst, geh allein. Wenn du weit gehen willst, gehe mit anderen. Die Monate der Reisen durchs Taliban-Emirat, die Jahre meiner Zeit als Korrespondent in Kabul, die ganzen zwei Jahrzehnte der Recherchen in Afghanistan wären nie möglich gewesen, ohne die Hilfe vieler Menschen.

Ihnen möchte ich hier noch einmal danken.

Lutfullah Qasimyar war unser wunderbarer, umsichtiger Begleiter und begnadeter Unterhändler auf den heiklen Reisen durchs Afghanistan der Taliban ab September 2021. Wir werden das Glückskissen auf der ersten Fahrt nie vergessen!

Hasan Azimi, Hamidullah, Borhan Younus, Habib Zahori, der vermutlich einzige vegetarische Feminist Afghanistans, waren großartige Begleiter in den Jahren ab 2006, die mir Zugang zu so unterschiedlichen Welten wie den ersten Taliban-Gruppen, der afghanischen Sex-Industrie oder den irrlichternden Warlords des Nordens verschafften. Dank Kiana Hayeri konnte ich Kabuls Künstlerszene noch in den Wochen vor ihrem Untergang kennenlernen.

Walim Wafi, ein Freund seit fast zwei Jahrzehnten, fand immer wieder Kontakte in den letzten Winkeln des Landes, ohne die ich nicht weitergekommen wäre. Gleiches gilt für

Thomas und Iris Ruttig, Cate Clark, Fabrizio Foschini und das ganze Team des »Afghanistan Analysts Network«, die immer wieder ihr immenses Wissen und ihr Haus mit mir teilten.

Anand Gopal und Matthieu Atkins sei gedankt für ihre stete Kollegialität, mit dem Fundus ihrer Kontakte zu helfen, Marcel Mettelsiefen für die Kühnheit seiner Ideen, Jan Köhler und Kristof Gosztonyi für die Details aus dem Norden.

Dafür, nie den Glauben an kleine Schritte und die Verbesserung der Umstände aufzugeben, möchte ich Annemarie und Peter Schwittek danken, die seit Jahrzehnten funktionierende Schulen aufgebaut haben; den evangelischen Ordensbrüdern Jac und Schorsch, die eine Ausbildungswerkstatt und ambulante Kliniken betreuten.

In den chaotischen Monaten nach der Machtübernahme der Taliban sei Theresa Breuer und Vanessa Schlesier noch einmal gedankt, die vor allem vielen Afghaninnen das Entkommen ermöglichten.

Weiterer Dank für vieles gilt: Rahim Ataee-Saheb, Julian Busch, Daniel Böhm, Wolfgang Dambier, Gregor Enste, Dr. Maria Gernbauer, Khalid Gharanai, Stefanie Glinski, Nilab und Fahim Hakim, Ashley Jackson, Kathrin Jäger, Massoud Karokhail, Stefan Kindermann, Can Merey, Mika Nijhuis, Michaela Paech, Juan Carlos Quinteros, Christine Röhrs, Hans-Ulrich Seidt, Thore Schröder, Sanjar Sohail, Abdul Wadud, Nils Wörmer - und Afghan Gul, die aus ärmsten Verhältnissen in Kabul stammte, erst Köchin, dann Unternehmerin wurde, Lesen und Schreiben lernte, während sie mit dem Fuß den Topf umrührte und viel zu früh starb.